JN034005

English Education and Machine Translation - New Approaches and Practices

英語教育と機械翻訳

—新時代の考え方と実践—

監修者：山田優　編者：小田登志子

山田優・小田登志子・山中司・南部匡彦・田村颯登・山下美朋
幸重美津子・西山聖久・守田智裕・平岡裕資・ラングリッツ久佳

金星堂

まえがき

小田　登志子

2016年にGoogle翻訳を見た時のことを今も覚えています。それまでの機械翻訳は未発達であり、日本語—英語間の翻訳にはあまり役に立たないという定評がありました。言語学の分野においては、言語能力は人間固有のものであるとされ、ゴリラやチンパンジーを使った実験によって頭のよい類人猿であっても人間と同じように人間言語を習得することはできないことが分かっています。機械の誤訳は言語が人間のみに与えられた能力であることを再認識させてくれる存在でした。しかし2016年のある日、Google翻訳が出した英語を見た時に、まるでスクリーンの向こうに人間がいるように感じました。もう少し厳密に言うと、人間のふりをしているが人間ではないおかしなものがいるという違和感がありました。ロボット工学の分野では、ロボットが人間にあまりにも似てくると、人々が一種の嫌悪感を抱く「不気味の谷」という現象があることが指摘されています（森, 1970）。筆者が感じた違和感もその一種だったのかもしれません（cf. 山田, 2016）。

2016年にニューラル機械翻訳が登場して以来、私は機械翻訳が日本の英語教育に少なくない影響を与えるだろうという確信を抱いてきました。それは不安と期待の入り混じったものでした。好奇心に駆られた私は、2019年にJAITS（日本通訳翻訳学会）において「機械翻訳と外国語教育について考える」というプロジェクトを結成し、仲間と共に研究を重ねてきました。本書は主にこのプロジェクトの2022年度までの成果をまとめたものです。

プロジェクト「機械翻訳と外国語教育について考える」について簡単に紹介します。このプロジェクトはJAITS会員の有志によって2019年に発足しました。集まったメンバーの中では機械翻訳を外国語教育に積極的に利用したいという考えが強かったものの、当時はまだ一部の外国語教員の間では機械翻訳をタブー視する風潮もあったことから、プロジェクト名を「機械翻訳と外国語教育について考える」と中立的な名称とし、機械翻訳が外国語教育に与える正と負の両面について議論することを目指しました。メンバーは全員何らかの形で英語教育に関わっているものの、翻訳学を専門とする教員、言語学を専門とする教員、英語教育を専門とする教員、高校英語教員、大学院生などバックグラウンドはさまざまです。機械翻訳は多くの人に関わる問題であると考え、学際的な集団を形成することを目指しました。また、学会発表などを通じて知り合った英語教育関係者に本書の執筆に参加していただくことができました。その甲斐があり、本書は機械翻訳と外国語教育(英語）についてかなり包括的な内容をカバーできたと自負しています。

プロジェクトメンバーはこの本を通して日本全国の英語の先生方と情報を共有するとともに、先生方が自信を持って機械翻訳と対峙できるように応援したいと考えています。機械翻訳の使用が広まって以来、英語の先生方からさまざまな不安の声が聞かれるようになりました。「これほど機械翻訳が発達すると、学生が英語を学ばなくなるのではないか」と口にする先生にたくさん出会いました。学会で「英語教員としての仕事の中で、今後機械にとって代わられるものは何か」という話題が取り上げられたこともあります。こういった戸惑いを反映してか、機械翻訳使用が広まった後も、英語教員がほぼ沈黙に近い状態を保っていた時期がありました。

しかし我々プロジェクトメンバーは、このような沈黙を破って英語教員が積極的に発信すべきだと考えています。そして、英語教員は英語の専門家として、高性能の機械翻訳があってもなぜ英語を学習する必要があるのか、どんな英語を学ぶべきなのか、自信を持って答えるべきだと考えています。そして、本書を通じて実例を示したいと考えています。また、こうした情報を提供することにより、より精緻な量的・質的な第二言語習得研究を行うための一助となることを願っています。機械翻訳を使用した英語学習の効果はまだ全く明らかではなく、機械翻訳について英語教員が公に議論できる風潮が形成された2022年前後がまさに研究の出発点であるからです。

本書の主な対象読者は日本の大学英語教育関係者です。しかし、多くの中学・高校英語教育の関係者にも参考になる内容であると考えています。また、本書の内容のほとんどは日本語などの英語以外の言語の教育にも共通した問題を扱っています。なぜなら、機械翻訳によって我々は「人間にとって言語を用いるとはどういう意味なのか」という根本的な問いを投げかけられているからです。

本書の内容を簡単に紹介します。まず、第1部では機械翻訳が世の中でどのように使用されているのか概要を説明するとともに、機械翻訳のしくみと著作権などに関する機械翻訳使用のルールを一般の読者にわかりやすく説明します。そして、日本の英語教育界では機械翻訳に関してこれまでどのような議論があったのかを紹介します。また、機械翻訳が一種のゲームチェンジャーとして日本の英語教育に与えうる影響について論じます。

第2部では、学習者に焦点を当てて論じます。まず、大学生を中心とする日本の英語学習者の間で機械翻訳がどのように使用されているのかについての調査結果を紹介します。そして、学習者が自らの英語力向上のために機械翻訳を利用するモデルの一つとして、機械翻訳の訳出を参考にして自らのライティングを改良するモデルを紹介します。また、英語の授業において学習者が従うべき機械翻訳使用のルールの例を提示します。ここでポイントになるのは、学習者が自分の英語に責任が持てるように機械翻訳の訳出を「身の丈に合った英語」に直して用いることです。本書を執筆した2022年後半～2023年3月の時点において、学習者による機械翻訳使用はすっかり浸透したものの、機械翻訳を上手に活用するための「機械翻訳リテラシー」はまだ広まっていません。そこで第2部の最後に学習者に提示できる形で機械翻訳を使用するためのコツや、剽窃等の不正をしないための注意事項などをまとめました。

第3部では、教員の側に焦点を当てて論じます。まず、機械翻訳と共存できる英語教育とはどのようなものか考察し、一例を紹介します。以前は機械翻訳を教育現場から排除すべきであるという風潮がありました。しかし機械翻訳の性能が向上し、その使用が広まった結果、もはや機械翻訳を教育現場から排除することは難しく、機械翻訳と共存する英語教育の在り方を模索しようとする機運が高まってきました。本書では一つの方法として人的交流を重視した英語教育を提案します。次に、教育機関単位で機械翻訳を導入した例を紹介します。2023年3月の時点において、少数ではあるものの、日本の大学において大学が有料の機械翻訳を契約し、学生にその使用を推奨する例が見られるようになりました。しかし、学生に機械翻訳を使用させる場合、機械翻訳の効果的な使用方法は学生の習熟度や専攻によって異なるのではないかという声が教育現場から繰り返し挙げられています。そこで第 3 部の後半において、教養英語を学ぶ学生、理工系の学生、中学・高校生の三つのグループに対して行った機械翻訳を利用した英語教育の実践例を掲載しました。

第 4 部では、「日本の英語教育の先にあるもの」と題して、少し大きな視点から論じます。まず、社会人が機械翻訳をどのように活用しているのか紹介します。語学は実学であり、英語教育関係者にとっては学生の卒業後の進路を見据えて英語教育を行うことが重要であるからです。日本の労働現場ではすでに機械翻訳が広く使用されています。同時に、多くの人々がどのように機械翻訳を効果的に使用すべきか知りたがっています。英語教育関係者は、教育現場における機械翻訳の使用に賛成・反対のどちらであったとしても、こういった社会の現実を知っておくべきではないでしょうか。

第 4 部の最後に、機械翻訳時代の英語教育が今後どうなるのか、本書の執筆者が自由に意見を交換した座談会の様子を紹介します。この座談会の会話には 2022 年 11 月末に OpenAI によってリリースされた ChatGPT (Open AI, n.d.) がしばしば登場します。ChatGPT は機械翻訳よりもはるかに柔軟に多様な問題に対応できるため、外国語教育のみならず教育全体にとっての脅威になるのではないかという声が上がっています (Criddle & Staton, 2022)。機械翻訳の外国語教育に対する影響に対して積極的に発信を行っているトム・ガリー氏は自身のウェブサイトの中で「ChatGPT は外国語教育に対して機械翻訳よりもさらに大きいインパクトを与えるだろう」という趣旨の発言をし、教育界に注意を促しています (Gally, 2022)。テクノロジーの進化に対して、英語教育界はどのように対峙してゆけばよいのか、今後を見据えた意見交換を行い、対談記録として記しました。

人工知能があたかも人間のように自然言語を操るようになった今、英語教育に未知の世界が訪れようとしています。人間にとって英語を含む言語とは何なのか、なぜ外国語としての英語を学ぶのか、どのような英語を学ぶべきなのか、教員と AI はどのように役割分担をすべきなのか、読者の皆さんと共に模索していきたいと考えています。

なお、本書においては機械翻訳／MT／自動翻訳／AI 翻訳といった表現は特に断りのない限りにおいて同義として用いられています。ニューラル機械翻訳／NMT についても同様です。

最後に、執筆にあたり編集の労を取っていただいた金星堂の横山裕士氏ならびに倉林勇雄氏に心よりお礼申し上げます。

〈引用文献〉

森政弘 (1970).「不気味の谷」『Energy』7(4), 33–35. エッソスタンダード石油（株）.

山田優（2016).「翻訳テクノロジーを学ぶ第 4 回〜機械翻訳編その 2〜」『JTF ジャーナル』286, 34–35. 日本翻訳連盟.

Open AI (n.d.). *ChatGPT.* https://openai.com/blog/chatgpt/

Criddle, C. & Staton, B. (2022, December 18). AI breakthrough ChatGPT raises alarm over student cheating. *The Financial Times*. https://www.ft.com/content/2e97b7ce-8223-431e-a61d-1e462b6893c3

Gally, T. (2022, December 27). *ChatGPT and Language Education*. Gally.Net. 最終閲覧日 2023 年 3 月 30 日, https://www.gally.net/temp/202212chatgpt/index.html

目　次

第 4 部　日本の英語教育の先にあるもの

第 1 部
機械翻訳について

キーワード： 機械翻訳の社会実装
機械翻訳のしくみ
日本の英語教育との関わり
機械翻訳がもたらすインパクト

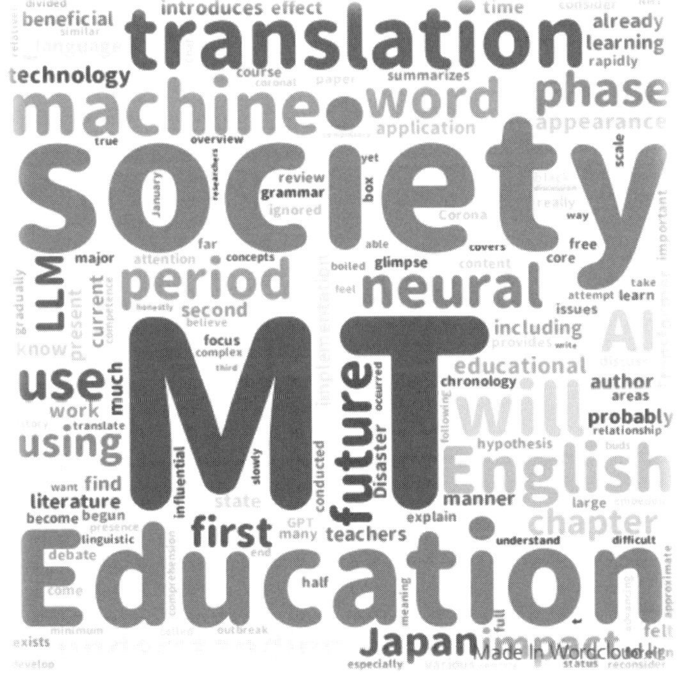

第1章
機械翻訳の教育・社会実装の状況

山田　優

はじめに

2012年に元ハーバード大学の学長サマーズ氏が以下のように発言したことが話題となりました。

> 英語がグローバル言語として台頭したことと、機械翻訳が急速に進歩したことにより、外国語教育のための必要投資がこれまでのような価値があるかどうかは、見極めなくてはならない時期になった。
>
> Clifford et al., 2013, p. 109（訳は筆者）

日本においては、第3回教育振興基本計画（文部科学省, 2017, 2018a, 2018b）が、高等学校卒業段階で英語力の達成目標を、CEFR A2レベルの学習者の割合を50%以上とすると掲げています (2018b, p. 61)。令和3年度「英語教育状況調査」（文部科学省, 2022）は、高校3年生の約半数がこの水準の英語力への到達が見込まれると報告しています。他方で、総務省によるグローバルコミュニケーション計画2025は、「文脈・発話の意図等を補う同時通訳機」の開発・実用化を2025年までに、そして2030年には「シビアな交渉にも使える同時通訳機」を実現するテクノロジーの開発を目指しています（総務省, 2020)。

これに加えて、私たちが日常的に利用できる機械翻訳 (MT) や大規模言語モデル（LLM、例 ChatGPT）などの技術は、CEFR A2の英語力をはるかに凌駕する勢いで発展しています。その英語力は、実用レベルの英語力をもつビジネスパーソン以上であるとも報告されています（みらい翻訳, 2019)。

このような流れの中で、「わざわざ外国語を学ぶ必要はない！」

(O'Callaghan, 2014) と主張する者も現れています。一方で、MT は外国語学習に対する脅威ではなく、言語学習に役立つツールとして認識すべきだという考え方も広まっています（3 章参照）。Jiménez-Crespo (2018) は、翻訳関連のテクノロジーは否応なしに今後も存続し続けるものであるのだから、翻訳教育、あるいは外国語教育の研究と実践は、21 世紀において批判的に再考されなければならないと主張します。

AI 技術は急速に進歩しており、将来的にどのくらいまで発展するのかは、正直わかりません。しかし、英語・外国語教育における MT や AI の存在は既に無視できないほどに影響力を持ってきており、特に、日本国内においては義務教育に近い形で実施されている英語教育のあり方について、考え直す時期に来ているのは事実でしょう。多くの英語教員や英語教育研究者も同様に感じていることと思います。

そのためにも、まず、MT や AI の現状や教育への応用、社会実装に関しての最低限の理解をしておくことは重要です。本章では、AI を活用した MT（および LLM を含む）の実力、教育応用、社会実装の現状を概観します。

1　MT の実力

MT の英語力については、数字が独り歩きしているものの、大まかには TOEIC 960 点以上と言われています（みらい翻訳, 2019）。日本人の平均スコアは約 570 点であり、トップレベルのドイツでも 826 点ですから MT の実力が非常に高いことがわかります[1]。つまり、MT は、通訳者や翻訳者のような高い実力を持っていると考えられます。以下では、この実力を示す資料の一部の詳細を見ていきます。

2　正確性と流暢性

MT の品質は、2010 年代頃からニューラル機械翻訳 (NMT) という仕組みが使われるようになってから飛躍的に向上し、その後も何度も革新的な変更が加わりました。2017 年に提案された Transformer (Vaswani et al., 2017) というアーキテクチャーにより、処理速度の改善かつ飛躍的な品質向上が見込まれるようになりました。この技術は LLM にも使われており、

MTを含む自然言語処理に大きな進化をもたらしました

このように進化したNMTではありますが、以前の非NMTと比較すると、その翻訳品質は「正確性」の向上だけでなく、ネイティブ話者のような文章を作り出す「流暢性」の側面が飛躍的に向上したと言われます（図1）。

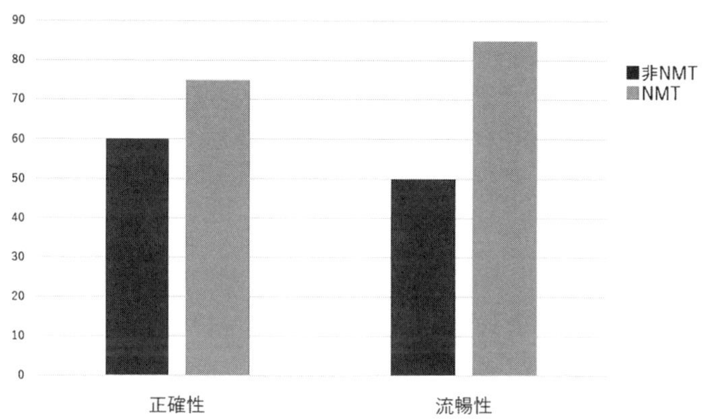

図1：NMTでの品質向上（坂西・山田, 2020）

正確性とは、情報が正しいか（正しく訳されているか）に関わり、それに対して、流暢性はその情報をどのように伝えるのかに関係します。具体例を示しながら説明します。しかしこれらの例は、実際のMTが犯すエラーではなく、正確性と流暢性を分かりやすく示すために作成したものです。

2.1　正確性エラーの例

昔話の『ももたろう』の冒頭の文が、英語で次のように書かれていたとして、これに対応する日本語（訳文）を考えてみます。

例1：

【英語（原文）】Once upon a time, there were an old man and an old woman.

【日本語（訳文）】むかしむかし、あるところに、お猿さんとおばあさんがいました。

この例では、「an old man」に対応する部分が「お猿さん」と誤訳されてしまっています。原文の情報が訳文で正確に伝えられていません。これが「正確性」エラーです。ただ、この文は、日本語としては「流暢」です。

このように現在のMTは、流暢な文を生成することを得意とする一方で、正確性エラーを起こすことあります。この特性はChatGPTなどのLLMでも同じです（詳しくは2章を参照）。

2.2　流暢性エラーの例

次の例を見てみましょう。

例2：

【日本語（訳文）】むかしむかし、あるところに、おじいさんとおばあさんがいたザマスよ。

この例では、原文に含まれる情報はすべて正しく訳出されています。例1でみた「お猿さん」という誤訳は修正され、「おじいさん」と正しく訳出されています。つまり正確性エラーはありません。しかし、文末の「いたザマスよ」とういう口調がすこし変です。昔話というジャンルの語り口調からは逸脱しています。これが流暢性エラーです。狭義では助詞のエラーなどが対象となりますが、ここでは少し拡大解釈しています。ただ、今のMTやLLMでは、あまり流暢性エラーは起きません。むしろMTやLLMなどは流暢に事実でないことを言うことがあるのではないでしょうか。

換言すると、MTやLLMの特徴は、正確性のエラーが多少はあるものの、流暢性は非常に優れているといえます（詳細は2章を参照）。ちなみに、MTの正確性エラー率は、10%以下と言われます（隅田, 2022）。筆者の研究室の調査でも、分野によっては数パーセント以下であることも分かっています（坂西・山田, 2020）。

3　インプットとアウトプット

実力の詳細の前に、英語の4技能と、インプットとアウトプット、そして訳出の方向性の関係を整理しておきます。英語を学ぶとき 4 技能を意識します。「読む（リーディング）」「書く（ライティング）」「聞く（リスニング）」「話す（スピーキング）」です。

多くの日本人にとって、英語で「読む」「聞く」ことは、英語を理解して情報収集することなので、（情報の）「インプット」に対応します。このとき、MT での訳出方向は英語→日本語です。

これに対して、アウトプットとは、英語で発信していくことなので、「書く」「話す」に対応します。訳出方向は日本語→英語です。自らが伝えたいことや発信したいことを、まず日本語で考えてから、MT で英語に翻訳してアウトプットすることです。表にまとめます。

I/O	4 技能	訳出方向
インプット	読み、リスニング	英→日
アウトプット	書き、スピーキング	日→英

表 1　I/O、4 技能、訳出方向の対応表

MT を英語学習に活用するといっても、インプットとアウトプットのどちらのアクティビティをするのかによって訳出の方向性が変わり、上で述べた翻訳品質に対する考え方も影響を受けます。ですので、このように整理をして理解しておくことは大切です。

3.1　MT のアウトプットの実力

上の違いを理解した上で、冒頭で示した TOEIC960 点以上の MT の実力とは、アウトプットの実力です。下のグラフを見てください。ビジネス文書を英語で発信する（日→英への翻訳＝アウトプット）の評価結果です（みらい翻訳, 2019）。正確性と流暢性のスコアの両方で、MT（一番左）が、TOIEC 高得点保持者のビジネスパーソンの英語力を上回りました。よく見てみると、MT のスコアは 2 名のプロの翻訳者（図右 2 名）に匹敵します。自明ですが、MT の英語のほうが、正確性と流暢性において高いのです。MT は正確性エラーを犯すとはいっても、私たちのほとんどが誤訳を起こす

率よりは低いといえます。

グラフをみて気づくのは、流暢性の差が、MT とビジネスパーソンとで非常に大きいことです。MT の流暢性スコアが 4.29 であるのに対して、ビジネスパーソンは、3.81~3.96 の範囲にとどまっています。これに対して、正確性の差は、さほど大きくありません。むろん、プロ翻訳者は、正確性と流暢性の両方で MT を凌ぐ勢いです。ここでのポイントは、このスコアの差に、英語教育の未来のヒントがあるということです。

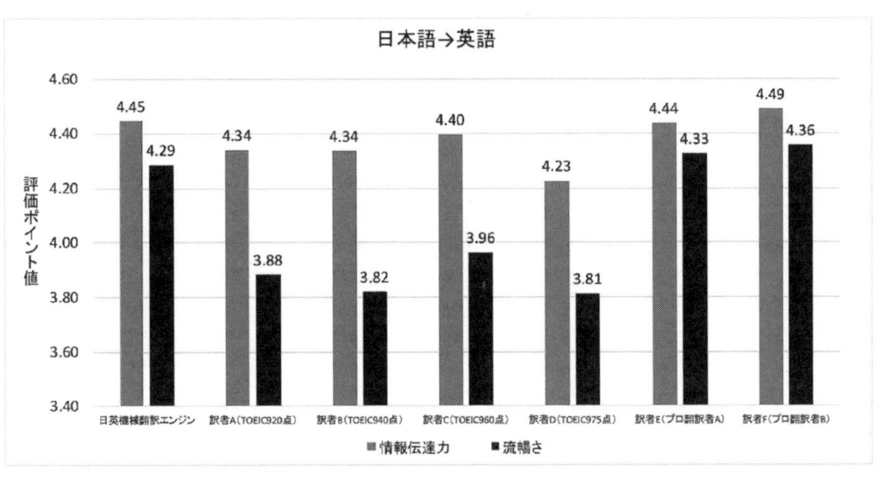

図2　アウトプットの実力（みらい翻訳, 2019）

流暢性は、MT（およびプロ翻訳者）が高いスコアであるのに対して、正確性は MT とビジネスパーソンでも大差ありません。つまり、英語でアウトプットする時に、自分が言いたいことを英語で伝えるだけならば（正確性を担保するだけの目的）、MT を使おうと自力で英語を書こうと大差ありません。しかし、ネイティブ話者のような流暢な英語で伝えたいのであれば、MT を活用したほうが得策だということです。

逆の言い方をすると、英語学習という観点からは、流暢性に関しては「MT から学ぶ」ことも可能になったということです。これを「MT as a Good model」と呼びます（2 章および 6 章を参照）。下でもう少し詳しく説明します。また英語教育的な別の視点からは、MT の実力を凌駕するような「プロ翻訳者の学び方に学ぶ」ことも示唆を与えてくれるかもしれません。高い流暢性を習得するためには、翻訳者の勉強方法や、プロ翻訳養成トレーニング方法を英語教育に取り入れることも可能性として考えられるでしょう。

4　インプットの実力

ではインプットの実力、つまり MT を使って英語から日本語に訳して内容を理解する場合はどうでしょう。MT の誤訳率は 10% くらいなので、論文やニュース記事の概要を理解するくらいなら十分使えるという感じでしょう。著名なプロ翻訳者の鈴木立哉氏は、SNS で以下のような書き込みをしていました。

> 念のためにいっておきますが、今あなたが英語を全く読めないとしても、日本語の新聞を読む程度の常識があれば、無料の DeepL を使ってニューヨーク・タイムズでもウォール・ストリート・ジャーナルでも、本文をコピペして 7～8 割読めます（なお私（筆者註：DeepL の）は回し者ではありません）。
>
> 2022 年 3 月 2 日　Facebook より[2]

プロの翻訳者たちの多くは、翻訳業に MT を使うことに関しては否定的な意見を持つことが多いです。ただ、鈴木氏は、この文脈においては一般の人（英語にあまり詳しくない人）の MT の活用を推奨しています。その理由は、世界情勢を理解するために、日本国内のメディアだけでなく海外の報道にも目を向けるべきだという警鐘を鳴らすためでした。正確性エラーがあったとしても、MT を使えば海外メディアを 7～8 割読めることの重要性を強調するプロ翻訳者のメッセージには説得力があります。

4.1　大学入試の英語の問題もすべて解けてしまう

では、MT を使って英語で書かれた文書の内容を「7 ～ 8 割理解できてしまう」とは、どういうことでしょうか？　筆者らはこれを検証しました (Nishihara, 2021)。

読解力を測定するために、RST（リーディングスキルテスト）[3] を援用しました。それと同時に、日本の大学の入試問題の英語の長文読解問題を使い、MT (DeepL) を使って日本語に翻訳して入試問題に回答できるのかを検証しました。結論を先に述べると、MT で訳した日本語だけを読んで、入試問題に全問回答できてしまうことが確認されました。

そもそも、人間や AI は、どのようにして文や文章を理解しているのでしょうか。東京大学に合格するための AI ロボット（通称、東ロボくん）の開発に携わっていた数学者の新井紀子氏は、東ロボくんの「読解力」を測定するために、RST を開発しました（新井, 2018）。そのテストでは、「読解力」を、「係り受け解析」「照応解決」「同義文判定」「推論」等に分解して測定します。具体的には、以下のような問題です。この問いに「ブラックホール」と正解するためには「係り受け」を知っていなければなりません。

［問題文］

以下の文を読みなさい。

天の川銀河の中心には、太陽の400万倍程度の質量をもつブラックホールがあると推定されている。

この文脈において、以下の文中の空欄にあてはまる最も適切なものを選択肢のうちから1つ選びなさい。

天の川銀河の中心にあると推定されているのは（　）である。

○ 天の川　○ 銀河　○ ブラックホール　○ 太陽

RST の読解問題例　※囲みと矢印は Nishihara (2021) による

RST の問題を分析の枠組みとして用い、同じ問いを MT にかけて、翻訳された文でも正しい回答を得られるかを検証しました。具体的には、上に対応する文が翻訳されて下のようになります。翻訳された英語でも、オリジナルの日本語の問いと同じように「ブラックホール (Black hole)」と正答できることが確認できます。これにより、MT にかける前の原文と訳文の間でも、読解に必要な「係り受け」を正しく再現できたと解釈できるのです。

［DeepL 問題文］

Read the following sentence.

It is estimated that at the center of the Milky Way Galaxy there is a black hole with a mass about four million times that of the sun.

In this context, choose one of the following options that best fits the blank in the sentence below.

(　) is estimated to be at the center of the Milky Way Galaxy.

○ Milky Way　○ galaxy　○ Black hole　○ Sun

RST の読解問題例の英訳 (Nishihara, 2021)

このようにしてRSTを使って読解を検証したのが、下の一覧です。特筆すべきは、「照応解決」がMT後では一問も正解できなかったということ。また「係り受け」も半分くらいしか正答できませんでした。しかし、それ以外の項目は全く問題ありませんでした。

ちなみに、「照応解決」とは「これ」「それ」「彼」「彼女」などの代名詞が示すもの（日本語の場合は、しばしば文中で省略されるもの）を正しく翻訳できるかどうかです。主語や目的語などを省略することの多い日本語から英語への翻訳だと、MTで正しく訳出できなかったのは頷けます。

問題分野	回答可能	回答不可能	その他
係り受け解析	43%	57%	0
照応解決	0%	100%	1
同義文判定	100%	0%	0
推論	100%	0%	0
イメージ同定	100%	0%	0
具体例同定（辞書）	100%	0%	0
具体例同定（理数）	100%	0%	0

表2　RSTのMT英訳での回答可能率

本セクションの論点は、インプット、つまり英語から日本語への翻訳なので、上の例だと訳出方向が逆の話になりますが、検証方法は述べたとおりで、今度は、大学入試問題の英語の長文読解を対象に検証しました。入試問題の英文読解は、以下のように選択肢から適切な問題を選ぶ形式です（下図）[4]。

"In the 1980s, psychologists discovered that exposure to a word causes immediate and measurable changes in the ease with which many related words can be evoked. If you have recently seen or heard the word EAT, you are temporarily more likely to complete the word fragment SO*P as SOUP than as SOAP." ②: The opposite would happen, of course, if you had just seen WASH.

[Question]

(2) What does Underline ② imply?

A. If the word "WASH" was viewed beforehand, a higher percentage of respondents would say "SOAP."

B. If you looked at the word "EAT" ahead of time, you are more likely to respond with "SOAP."

C. When we see the word "WASH," we feel like washing our hands with soap right away.

↓

[DeepL translation]

「1980年代、心理学者たちは、ある言葉に触れると、関連する多くの言葉がすぐに呼び起こされるようになるという、測定可能な変化を発見しました。例えば、最近EATという単語を見聞きした人は、SO*Pという単語の断片をSOAPよりもSOUPとして完成させる可能性が一時的に高くなります。②：もちろん、WASHを見たばかりであれば、その逆のことが起こります。」

[DeepL translated question]

(2) 下線部②の意味するところは？

A. 事前に「WASH」という言葉を見ていると、より高い割合の回答者が

「SOAP」と答えるだろう。

B.「EAT」という単語を先に見ていた場合、「SOAP」と答える可能性が高くなる。

C. 私たちは「WASH」という言葉を見ると、すぐに石けんで手を洗いたくなる。

入試問題の例（英語オリジナルとMTによる日本語訳）

検証結果では、MTで翻訳した日本語の文章と問いを読むだけで、全問正解できることが確認できました。ただ、その理由が、入試問題の中の問い全ての構成が、RSTの「同義文判定」と「推論」の2種類であったということでした。先に見たように、MTが訳出を不得意とする「係り受け」「照応解決」が入試問題には含まれていなかったのです。これは別の意味で驚きの結果でしたが、本章では詳述しません。

他方で、検証では、「翻訳のエラー」を別途付与しました。その結果分かったのは、正確性エラーや流暢性エラー等が100箇所以上も付与されたということでした。つまり、MTは多くの誤訳をしていたのです。しかし、誤訳があっても、入試の問いに正答するのには影響しませんでした。この検証結果は、「MTを使えば英語を7～8割読めてしまう」という事を証明したと解釈できるのかもしれません。

5　英語の教員は何を考えているのか

このような状況を踏まえた上で、筆者らは今の日本の大学で英語を教えている教員に、授業内でのMTの使用に関するアンケートを実施しました（山田ら, 2021）。質問の1つとして「現在教えている学生の英語力と比較して、MTの英語力はどう思いますか」と訊ねると、73%の教員が、MTは学生よりも優れていると答えました。大学で英語を教えている先生ですらMTの方が学生より優れていると思っているのは、筆者の心の中には少し複雑な思いがありました。

他方で、教員の多くはMTの活用を否定的にばかり考えているのではなく、半数以上は、むしろMTを積極的に取り入れたいと考えていました。

しかし、どのように活用・利用したらよいのか分からないという回答が多かったのも事実です（詳細は山田ら, 2021 を参照）。

6　教育現場と一般社会への MT 実装状況

上の大学の英語教員へのアンケートで示したように、教育現場は、ある意味で、混乱しています。MT を使いたいけれども、どのように使ってよいかわからない、もしくは「使っても良いのか？」の判断がつけられないのです。

海外でも状況は似ています。その中でカナダのオタワ大学は先進的な対応を組織レベルで実施しています (Bowker & Ciro, 2019; Bowker, 2020)。同大学は、海外留学生を多く受け入れています。その留学生がレポート等の執筆に MT を使ってもいいのかどうか、という問題を学部／大学レベルで議論し方針を打ち立て実行しています。具体的には、英語を母語としない留学生たちが、MT を使って課題をこなしたり論文を書いたりしても単位と認めるのかどうかです。大学の学部のディプロマ・ポリシーに関係するので、組織的にトップダウンで行われる必要があります。オタワ大学では、これを認めることとしました。それと同時に、教員らの理解やサポートを得られるように教員指導 (FD) を実施したり、学生のためのチューター支援体制を強化したりしています。MT や AI の積極活用のためには、教員個人の判断だけでなく、大学や学部レベルでの組織の取組みが必要になります (Bowker, 2020)。

日本国内でも、徐々に同様の取り組みがされるようになってきています。立命館大学は、「プロジェクト発信型英語プログラム」の英語授業において、約 5,000 人の学部生・大学院生を対象に MT の試験導入を開始しました[5]。AI 自動翻訳ツールを英語授業で利用し、学習成果や学生の心理面などに変化が生じるかを検証することが主な目的ですが、学生の英語スキル不足による不安感を払しょくし、プレゼンテーション能力やアウトプット精度の向上など、社会で使える英語スキルを、学生自身が能動的に体得することを目指しています。同時に、教員に対する FD を実施したり、健全な MT 活用方法の指導も行っています。

6.1　MT の英語教育への応用例

このような MT の英語教育への活用の動きは実際に広まっています (Jolley & Maimone, 2015; Niño, 2020; 小田, 2019)。特に、英語ライティング学習への MT 活用は注目される応用例のひとつであり、多くの実践報告があります (Lee, 2020; Tsai, 2020; 幸重ら, 2022 等)。Klimova ら (2022) は、2016 年以降で MT を使った外国語教育関連文献の包括的レビューを行い、以下のようにまとめています。

- MT の活用が英語教育に効果的であるのは間違いない。
- 特に読解、語彙の理解、発話の中にでてくる表現の確認において MT の活用は効果的である。
- 習熟度の低い学習者であっても、ボキャブラリーの増強とライティング能力の向上が期待できる。
- MT を使うことで、学習者が自力では出会えない単語や表現に触れられそれらを修得することができる。
- ただし、経験豊富な教師が一定のサポートを行ったり、学生同士のピアレビューを併用したりすることが必要である。
- 習熟度の高い学生は、L1 と L2 の言語差異に関するメタ言語的な認識力を向上できる。

しかし、英語学習者が MT を使用することで生じる可能性のある問題や、とりわけ MT の訳出を授業の課題に不適切に使用することに懐疑的な教員も多くいます (山田ら, 2021)。その懸念は、次のようなものです。

- MT を使うということは、母語 (翻訳) を使用することになるので、英語 (目標言語) で考えたり、英語を使用する活動量が減少してしまう。
- 学習者が MT の英語の訳出をそのまま使用する、つまりコピー&ペーストして MT に頼り切りになってしまう。

6.2　AIから学ぶ〜AI/MT as a Good model〜

後者の懸念が大きくなってきたことは、MTを用いた外国語の指導方法の変化、すなわち「MT as a Good model」が可能になってきたことと密接に関係します（田村・山田, 2021）。「Good model」とは、学習者が自力で書いた英文とMTが生成した英語（＝日本語からの翻訳）とを比較しながら、自分の英語をブラッシュアップする学習方法です (Niño, 2008; Yamada, 2019)。学習者はMTの英文を「手本」に見立て、MTを参照しながら自らの英文ライティングを修正します（詳細は6章）。MTの性能があまり良くなかった時代には「Bad model」、すなわちMTの誤訳を修正することで学びを促す方法が主流でした。学習者がMT出力に含まれるエラーを見つけて修正、ないしポストエディットすることを通して、学習効果が得られると期待するものでした (Niño, 2008; Yamada, 2019)。この場合、学習者の英語能力がMTよりも高くなることを想定していました。

これに対して、今では、MTの出力を「Good model」と見立てるアプローチが可能です。つまり、「AIやMTから学ぶ」ことが期待されるのです (Yamada, 2022, Tamura, 2023)。MTの英語訳は学生にとって手本となりうる「流暢」な英語を構成する語彙や表現が多く含まれているので、それらを自らのライティングに取り入れることができるわけです (Lee, 2020; Tsai, 2020)。

これらの対比を、学習アクティビティーの観点で図式化すると以下のようになります。Bad modelは主にポストエディットに対応し、Good modelは、MT-assisted Writingに対応します（6章参照）。

モデル	アクティビティ
Bad model	Post-edit
Good model	MT-assisted Writing

これからの時代は、Good modelを主眼においたMT活用のアプローチを考慮することが英語教育の変革のヒントになるでしょう。その上で、AI/MTを使うことの学習リスクや活用リスクを、教育カリキュラムに折り込んでいく必要があるかもしれません。例えば、AIから学ぶ英語学習者がMT

の訳出の意味を理解していないにも関わらず自らのライティングに取り入れてしまっている（MT出力をコピー＆ペーストする）危険性などが考えられるでしょう（清水, 2023）。このことは、AIに頼りきりになるのではなく、批判的にAIの出力を吟味・評価できるスキルを涵養することを、学習・教育内容に折り込む必要があることを意味します。

7　社会実装の状況と問題

ここまで、MTとAIの教育活用について話してきましたが、MTの社会活用という観点からは、多くの問題が発生しています。ユーザーがMT/AIの欠点や正しい使い方を知らないために、社会問題に発展したケースもあります。これについては「MTリテラシー教育」の必要性と繋がってきますし、正しいMTの使用方法をも英語教育に含める必要があるかもしれません。以下では、MTの急速な発展の中で起きた社会問題と、それに付随する社会的活動をみます。

7.1　Google翻訳問題

2021年には、米国バージニア州がコロナウィルスのワクチン摂取に関する情報で誤訳を流出させて題になりました[6]。英語からスペイン語に翻訳する際に「ワクチン摂取は義務」ではないという趣旨の英語の原文が、訳文で「必要」ではないと誤訳され、社会問題となりました。バージニア政府は、Google翻訳を使って情報発信をしました。この類の問題は、MTの性能の問題ではなく、どの種類のMTサービスを使っても、誤訳が出てしまう可能性があることは自明です。それが分かっていたならば、訳文言語を理解できるチェッカーが確認をしてから情報を公開すべきでした。つまり、問題の根源は、それを怠ったことです。このケースでは人の生命に関わる誤訳が流出しました。その責任はテクノロジーの性能にあるのではなく、テクノロジーを使って情報を発信した人の責任です。

7.2　浦安市の問題

国内では千葉県の浦安市で2019年に誤訳が大きな問題になりました[7]。

浦安市は外国国籍の住民が多く住んでいることもあり、英語などに翻訳されたホームページ等が多くあります。その中に不適切な翻訳が多数含まれており、住民からクレームが寄せられました。そのため、浦安市は原因究明のための調査委員会を発足させました。

調査によると、すべての問題がMTの誤りに起因するわけではないこと、しかし市役所内の翻訳担当者がプロ翻訳者でなかったこと、翻訳後にネイティブ話者らによる確認作業を実施していなかったことが明らかになりました。つまり、問題の主な原因としては、翻訳を行うための体制が整備されていなかったのです。

翻訳業界では専門家である翻訳会社が翻訳サービスを提供する場合は、国際標準（ISO 17100等）[8]により、誰がどのようにして翻訳をするべきなのかという制作プロセスが規定されています。外国語を含む「ことば」を扱うためのルールが国際標準化されている時代です。専門家でないユーザーが、この詳細内容を知り得なかったとしても、MTを使うのであれば、「翻訳」に関する最低限の知識を持っておくことは必須です。これらの問題を通して、MTリテラシー教育の必要性が浮き彫りになったと、筆者は感じます。

7.3　MTユーザーガイド

ですから、MTや翻訳を含む英語・外国語を学んだ人が社会でそれを実践（MTの社会実装）していく上で、私たちユーザーがAI/MTを正しく理解しておく必要があるのです。アジア太平洋機械翻訳協会 (AAMT)[9] は、そのための『MTユーザーガイド』を作成しました。同協会のサイトから無料でダウンロードできます[10]。まさに、MTで失敗しないための手引です。

MTユーザーガイドが強調するのは、技術的な事柄だけでなく、翻訳や言語に関する事柄、具体的には翻訳品質と翻訳制作プロセスの知識、それにMTの利用をめぐる秘密保持、責任、著作権などの法的知識を、ユーザーが正しく理解することです。この小冊子は4章からなり、パンフレットは約40ページ、1章がMTの技術的要素、2章と3章には翻訳についての説明、4章では法律に関するトピックが扱われています。MTで翻訳し情報発信する場合に「本文はMTによって訳されております」と免責事項を記したとしても、発信者の責任が免除されるわけではないこと等が書かれています。MTの教育活用の際の著作権問題などにも触れているので、教育関係者にも有益な情報を提供してくれます。

おわりに

MT/AIの存在は、もはや無視できるものではなく、「With MT/AI時代」に向けた日本の英語教育を考え直すにあたり、本章ではMT/AIの実力、教育応用の事例、教育・社会実装の現状について概観しました。「英語を使いこなす」という実用重視の立場に立てば、MTを使えばそれが実現してしまう時代になりましたが、他方で、誤訳やその流出のリスクがあることを見ました。また、優れた流暢性を有する文章を生成できるAIから学べる「Good model」も紹介しました。その上で、実際に、MTを教育現場に活用するためには、教員個人だけでなく組織的な取組みと支援が必要であることの重要性も述べました。またMTリテラシー教育などを併用しながら、教育現場・社会実装を行っていくことが大切であることを説明しました。これらの内容が、これからのMTとAIのある英語教育の将来を考えるヒントになれば幸いです。

〈付記〉

本原稿は、招待講演（山田, 2022a, 2022b, Yamada, 2022）の内容に基づき加筆・修正を加えた。詳細は参考文献を参照。

〈注〉

1 https://www.iibc-global.org/iibc/press/2022/p194.html

2 鈴木立哉氏より引用許諾を頂いた。本人のブログでもMTやChatGPTについて述べている。https://tbest.hatenablog.com/

3 RSTは、一般社団法人教育のための科学研究所が提供する項目応答理論に基づき汎用的基礎読解力を測るCBTである。https://www.s4e.jp

4 関西大学2021年英語入試問題より抜粋。同大学入試センターより、掲載許可を頂いた。

5 https://secure.ritsumei.ac.jp/ls/education/international/project.html/

6 https://multilingual.com/google-translate-causes-vaccine-mishap/
7 https://www.city.urayasu.lg.jp/shisei/johokoukai/houkoku/shiminkeizai/103
8 ISO (2015). ISO 17100. Translation services—Requirements for translation services. International Organization for Standardization.
9 Asia-Pacific Association for Machine Translation (AAMT), https://www.aamt.info/
10 https://www.aamt.info/act/MTuserguide

〈引用文献〉

新井紀子 (2018).『AI vs. 教科書が読めない子どもたち』東洋経済新報社

Bowker, L., & Ciro, J. B. (2019). *Machine Translation and Global Research: Towards Improved Machine Translation Literacy in the Scholarly Community*. Emerald Group Publishing.

Bowker, L (2020). Machine translation literacy instruction for international business students and business English instructors. *Journal of Business & Finance Librarianship*, 25(1–2), 25–43.

Clifford, J., Merschel, L., & Munné, J. (2013). Surveying the landscape: What is the Role of Machine Translation in Language Learning?. *@tic. revista d'innovació educativa*, 10, 108–121.

Jiménez-Crespo, M. A. (2018). The role of translation technologies in Spanish language learning. *Journal of Spanish Language Teaching*, 4(2), 181–193. Retrieved on December 22, 2022, from https://doi.org/10.1080/23247797.2017.1408949

Jolley, J. R., & Maimone, L. (2015). Free online machine translation: Use and perceptions by Spanish students and instructors. In A. J. Moeller (Ed.), *Learn Languages, Explore Cultures, Transform Lives* (pp. 181–200). Minneapolis: 2015 Central States Conference on the Teaching of Foreign Languages.

Klimova, B., Pikhart, M., Benites, A. D., Lehr, C., & Sanchez-Stockhammer, C. (2022). Neural machine translation in foreign language teaching and learning: a systematic review. *Education and Information Technologies*, 28, 663–682.

Lee, S. M. (2020). The impact of using machine translation on EFL students' writing. *Computer Assisted Language Learning*, 33(3), 157–175.

みらい翻訳 (2019).「機械翻訳サービスの和文英訳がプロ翻訳者レベルに、英文和訳はTOEIC960点レベルを達成」2022年11月4日取得：https://miraitranslate.com/uploads/2019/04/MiraiTranslate_JaEn_pressrelease_20190417.pdf

文部科学省 (2017).「中学校学習指導要領（平成29年告示）解説 外国語編」2022年11月4日取得：https://www.mext.go.jp/component/a_menu/education/micro_detail/__icsFiles/afieldfile/2019/03/18/1387018_010.pdf

文部科学省 (2018a).「高等学校学習指導要領（平成30年告示）解説 外国語編 英語

編」2022 年 11 月 4 日取得：https://www.mext.go.jp/content/1407073_09_1_2.pdf

文部科学省 (2018b).「教育振興基本計画」2022 年 11 月 4 日取得：https://www.mext.go.jp/content/1406127_002.pdf

文部科学省 (2022).「令和 3 年度「英語教育実施状況調査」概要」2022 年 11 月 4 日取得：https://www.mext.go.jp/content/20220516–mxt_kyoiku01–000022559_2.pdf

Niño, A (2008). Evaluating the use of machine translation post-editing in the foreign language class. *Computer Assisted Language Learning*, 21(1), 29–49.

Niño, A. (2020). Exploring the use of online machine translation for independent language learning. *Research in Learning Technology*, 28. https://doi.org/10.25304/rlt.v28.2402

Nishihara, R. (2021) *Reading comprehension of machine-translated text: A case study of English-Japanese translation*. Unpublished Master Thesis. Kansai University.

O'Callaghan, J. (2014). Don't bother learning a foreign language! Skype will soon translate spoken for- eign words in real time. *Daily mail*. Retrieved December 22, 2022, from https://www.dailymail.co.uk/sciencetech/article-2641653/Dont-bother-learning-foreign-language-Skype-soon-let-translate-spoken-foreign-words-real-time.html

小田登志子 (2019). 機械翻訳が一般教養英語に与える影響に対応するには. 人文自然科学論集 149 号, 3–27. 東京経済大学人文自然科学研究会

坂西優・山田優 (2020).『自動翻訳大全』三才ブックス

清水由香里 (2023).『機械翻訳の英語ライティング学習への活用』未刊行修士論文, 立教大学.

総務省 (2020).「グローバルコミュニケーション 2025 〜多言語翻訳技術の高度化と社会実装の更なる進化へ〜」2022 年 11 月 4 日取得：https://www.soumu.go.jp/main_content/000678485.pdf より情報取得.

隅田英一郎 (2022).『AI 翻訳革命』朝日新聞出版

田村颯登・山田優 (2021).「外国語教育における機械翻訳の使用に関する実態調査：先行研究レビュー」『MITIS Journal』2 号, 55–66 頁 . 2022 年 11 月 4 日取得：http://jaits.web.fc2.com/Yamada_Tamura_3.pdf.

Tamura, H. (2023). *Investigating Possibilities of Machine Translation in Language Teaching*. Unpublished Master Thesis. Kansai University.

Tsai, S. C. (2020). Chinese students' perceptions of using Google Translate as a translingual CALL tool in EFL writing. *Computer Assisted Language Learning*, 35, 5–6.

山田優・ラングリッツ久佳・小田登志子・守田智裕・田村颯登・平岡裕資・入江敏子 (2021).「日本の大学における教養教育英語と機械翻訳に関する予備的調査」『通訳翻訳研究への招待』, 23, 139–159. 日本通訳翻訳学会.

山田優 (2022a).「機械翻訳の進歩に接して外国語の教師が心得ておくべきこと」青山学院大学附置外国語ラボラトリー主催「機械翻訳と外国語教育——現状・課題・

展望——」2022 年 3 月 4 日.

山田優 (2022b).「機械翻訳を英語教育に活用するために～TILT から MTILT へ～」2022 年度 第 1 回　JACET 関西支部会, 2022 年 6 月 18 日.

Yamada, M (2019). Language learners and non-professional translators as users. In M. O'Hagan ed, *The Routledge Handbook of Translation and Technology* (pp. 183–199). Routledge.

Yamada, M. (2022). Machine Translation in Language Teaching. *HKBU Translation Seminar Series*. September 29, 2022. YouTube: https://www.youtube.com/watch?v=WH4BAgqyBYM&t=2530s.

幸重美津子・蔦田 和美・西山 幹枝・Tom Gally(2022).『Let's Work with AI!　AI 翻訳で英語コミュニケーション』. 三修社

Vaswani, A., Shazeer, N., Parmar, N., Uszkoreit, J., Jones, L., Gomez, A. N., Kaiser, Ł., & Polosukhin, I. (2017). Attention is All you Need. In I. Guyon, U. Von Luxburg, S. Bengio, H. Wallach, R. Fergus, S. Vishwanathan, & R. Garnett (Eds.), *Advances in Neural Information Processing Systems* (Vol. 30). Curran Associates, Inc. https://proceedings.neurips.cc/paper_files/paper/2017/file/3f5ee243547dee91fbd053c1c4a845aa-Paper.pdf.

第 2 章
機械翻訳の仕組みと活用法

山田　優

はじめに

AI やニューラル学習は、その中身が複雑でブラックボックス化しており、仕組みがどうなっているのか分かりづらいのが現状です。しかしながら、機械翻訳 (MT) を教育に利用する教員にとっては、技術的な仕組みをある程度理解しておきたいでしょう。ニューラル機械翻訳 (NMT) や ChatGPT[1] などの大規模言語モデル (LLM) のコアには、Transformer (Vaswani et al., 2017) という技術が使われているので、これが一体どのようにして、ことばを学習できたり、翻訳できたりしているのかを分かることは、教育利用上も有益となるでしょう。本章の前半では、Transformer の中の分散表現 (word embedding) と注意機構 (attention) に焦点を絞り、大胆に単純化した上で、言語的な概念である、単語と語順（文脈）の学習、それと意味の理解とに対応づけて、説明を試みます。

その上で、本章の後半では、英語学習に MT と ChatGPT を活用する 1 つの方法論を提案します。その中心には鍵概念として、「Good/Bad model」と「メタ言語能力（言葉を説明する力）」を据えます（田村・山田, 2021）。「Good model」とは、日本語から英語への翻訳（アウトプット）の際に、MT の英訳を手本と見立てて、そこから学ぶスキームです (Niño, 2008; Yamada, 2019b, 1 章も参照)。Bad model は逆に、MT 訳のエラーを発見し修正することで学びを促すスキームです (Niño, 2008; Yamada, 2019b)。これに加え、本提案では、「メタ言語能力」の重要性を説きます（Miyata et al, 2022; 山田, 2022a)。特に、ChatGPT などの対話式 LLM を活用する際には「プロンプト」[2] と言われる質問を入力する必要があり、それによって ChatGPT から得られる回答が変わってきます。すなわち、英語学習者が上手な質問を入力できるかどうかで、得られる英語や学習効果が変わってくるわけです。それを背後で支えるのが「メタ言語能力」です（山田, 2015 等）。本章では、これを MT と ChatGPT の具体的な使用例を通して説明します。なお、本提案の学習方法の対象は、大学生以上の英語の基礎を学んだ学習者を想定しています。また、学習の目標は、主に英語でのアウトプットです。

1　Transformer

現在の NMT や LLM は、Transformer というアーキテクチャーをベースにしています。Transformer は、2017 年に Google によって提案され (Vaswani, 2017)、瞬く間に自然言語処理の分野での標準システムになりました。従来のリカレントニューラルネットワーク (RNN) よりも効率的に計算できます。Transformer は MT だけでなく、ChatGPT 等の大規模言語モデル (LLM = Large Language model) にも使われています。つまり、Transformer のコアの仕組みを知ることは、MT や LLM の概要を理解することに繋がります。

1.1　分散表現と注意機構

すこし大胆に、Transformer のコア技術の内容を単純化して、言語学的な概念と対応させ、そもそも私たち（そして計算機）が、どのようにして言葉を学び理解しているのかを考えてみます。言葉は、大雑把にいうと、単語と文法（語順または文脈）に分解できます。これらの組合せにより、文を生成して、解釈できる意味が変わります。順を追ってみてみましょう。まず、単語とは次のようなものです。

water, tennis, you, I, play, drink,
水、テニス、あなた、私、プレイする、飲む

単語には、意味があります。1 つの単語に複数の意味がある場合もありますが、ここでは深入りしません。上の英単語に対応する意味（厳密には、日本語の翻訳）は下段です。

しかし、単語を単に覚えるだけではコミュニケーションをとるには不十分なので、私たちは、単語を適切な順序に並べて文（章）を作れるように、学びます。例えば、上の単語を使うと、下のような文ができるでしょう。

I play tennis.
You drink water.

正しい「単語」の並びの順序は、「文法」と考えても良いでしょう。そして、正しい語彙の並びは、「意味」をなします。しかし、不適切な順序で並んでいると、正しい意味が通じません。

* Tennis play I.
* Drink water you.

余談ですが、語順が正しいことと意味が通じることとは必ずしもイコールではありません。チョムスキー (Chomsky, 1956) が示した下の例文は、文法的には正しくても意味をなしません。これは、語順と意味が独立して存在できることを示しています。

Colorless green ideas sleep furiously.

他方で、単語の並び順が少し違うだけで、意味が大きく変わることもあります。次の例をみると、上と下の文は、単語の並びは似ていますが意味は異なります。

He likes a dog.
He looks like a dog.

ちなみに、上の文は「彼は犬が好きです」、下は「彼は不細工です」という意味になります。ここまでの説明で、単語と語順の考え方と、その組合せ

（単語の順序）によって意味が変わってくることが理解できたと思います。私たち人間は、語彙（単語）と統語（文法）を半自動的、かつ無意識的に学ぶことができます。母語の習得の過程を想像するとわかりやすいでしょう。

では、話をコンピューターに戻します。あえて擬人化していうと、Transformerによるニューラル学習も、機械学習をするためのデータを与えてあげれば、単語と適切な語順（文脈）を半自動的に学習してくれます。そして、単純化して説明すると、ニューラル学習で使われるコア技術のうち、単語の学習を行うのが単語埋め込み (word embedding) という技術です。これにより単語の分散表現というベクトル表現が、単語の意味（のようなもの）を捉えられます。そして、単語の並びの違いによる意味を捉えられるのが注意 (attention)」メカニズムです。文の理解は、具体的には注意機構（正確には、self-attention mechanism）が担います。これらの対応関係は下の通りです。それでは、以下のセクションでは、2つの仕組みの詳細をみます。

言語	コア技術	学習内容
単語の学習	単語埋め込み	単語の意味
語順の学習	注意機構	単語の並びの違いによる意味

表1　単語・語順の機械学習

1.2　単語の学習と単語分散表現

ニューラル学習を行うコンピュータは、単語や語順を学習するために、一旦、言葉を数値に変換します。とはいえ、0と1の二進法しか扱えない計算機なのだから、単語を数値に置き換えるのは当たり前だろうと思うかもしれません。ただし、ここで言う数値変換とは、単純に固定のIDを割り振るのとは違います。例えば、日本のマイナンバー制度のように、個人を固定の番号（数字）で管理するという話とすこし異なります。このような方法で割付けられたID番号には「意味」がないからです。

しかし、割り振られた数値に「意味」をもたせるとしたら、どのような方法が考えられるでしょうか？　例えば、その番号が、その人が住む場所に応じて割り振られるとしたらどうでしょう。大阪のある特定の場所に住む人が

100 番、その隣の住人が 101 番だとします。であるならば、103 番と 440 番のどちらの人が、これらの人の近くに住んでいると思いますか。おそらく前者の 103 番でしょう。いずれにしても、440 番の人は、正確な場所が分からないとしても、どこか遠くに住んでいるのだろうと想像できます。

これに似た原理を応用して、単語とその意味（のようなもの）を学習する仕組みが「単語埋め込み」です[3]。これには、分布仮説（共起行列）という考え方が用いられます。この理論は、イギリスの言語学者ファース (Firth, 1957) が提唱しました。ある単語の意味を知るためには周囲の単語を見ることが重要であるという考えです。

以下の文を見てみましょう[4]。この中で空欄には同じ単語が入りますが、周囲の単語が手がかりを与えてくれます。ここでは「drink」という単語が入るかもしれません。

I (　　) water.
I (　　) wine.

分布仮説によれば、単語の意味は周囲の単語の分布によって分かるとされているので、この原理に従って、簡単な方法で単語ベクトルを作ることができます。あるデータの中にある単語の分布を数え上げ、その数をベクトルとして扱います。

例えば、ある学習用データの中で、「水」という単語の周りを見たときに、「飲む」という単語が 189 回出現したとします。一方で、「打つ」という単語は 17 回です。同様に、「ワイン」と「球」の単語についても数え上げてみると、以下の表のようになりました。

	【飲む】	【打つ】
水	189	17
ワイン	143	5
球	2	65

表2　単語の出現頻度

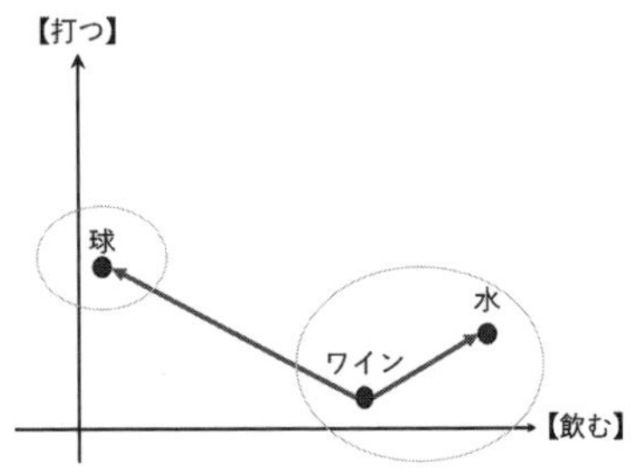

図1　ベクトル表現の例

これらの表は、コンピューターを使えば作成するのが容易そうです。この表を使って、単語ベクトルを表現できます。右図のグラフにあるように、「飲む」の出現数をX軸、「打つ」の数をY軸にとると、「水」の位置(189, 17)をプロットできます。「ワイン」と「球」も同様にプロットします。

そして、座標をみると、たとえば、「ワイン」から見た「水」の距離の方が、「ワイン」から見た「球」の距離よりも近いという関係を、ベクトルがとらえていることが分かります。つまり、このベクトル表現が、単語同士の意味的な距離関係を捉えているということです。

この例では2次元のデータ量しかありませんが、実際のニューラル学習では数百次元ものベクトル表現を得ます (Devlin et al., 2018)。また単語の距離は、コサイン類似度という方法等で計算しているようです。しかし、基本的な原理は同じです。

とはいえ、単語ベクトルは、与えられたテクストデータのみから学習されたものなので、ベクトル空間にマッピングされた単語配置が、人間が考えるような言葉の意味関係を正確に表現しているとは言い切れません。また計算機と違い人間の場合は、単語と単語の関係だけでなく、音、視覚、匂い、肌触り、過去の体験などの身体性に基づく情報と結びつけて言葉の意味を学習しているので、人の意味の理解と全く同じになるとは言えないでしょう。このような学習を行うためには、テクストデータ以外の情報を組合せたマルチモーダル学習を行う必要があります[5]。それだとしても、コンピューターのテクストの学習データの量は膨大なので、MTが驚くほどの性能を達成できているのもまた事実であります。

1.3　文脈の判断と自己注意機構

上で見たように、単語（の意味）の学習は単語埋め込みによるベクトル表現で行うことがわかりましたが、文脈すなわち、単語と単語の並び順による意味の違いの学習と判断は、自己注意機構 (self-attention) が担います。

単純化することを恐れずに言えば、ある単語が文章中に現れた時に、文中の位置情報を加味して、その単語が文中の何番目にあり、そこからみて（自己注意を当てて)、その単語の周りに出現する別の単語との関係性を学習・判断するのが、自己注意機構です。こうして文脈を考慮した意味の違いを捉えたり、句読点、主語、述語、目的語など、文法的な要素を捉えたりすることができます。

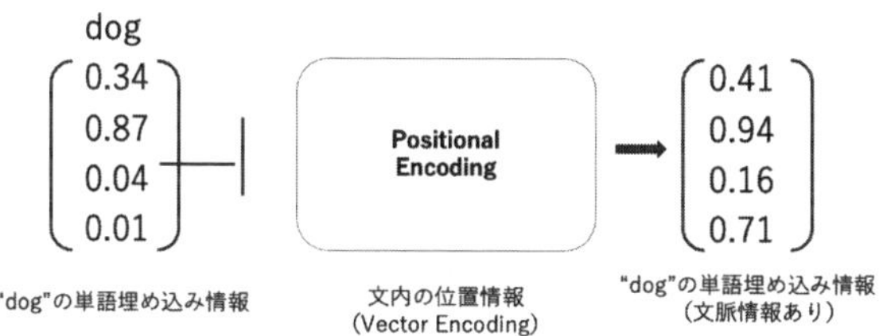

図2　注意機構の図（単語埋め込み＋位置情報）

例えば、「He likes a dog」という文が入力された場合、「dog」自身の単語埋め込み情報に文の位置情報を加えて、他の単語との結びつきの深さなどが調べられます。この場合「dog」は4番目の位置にあり、自分自身と関係の深そうな単語を「likes」と判断するのかもしれません。こうして、当該の文の中での「dog」のベクトル情報が得られます。

これに対して、「He looks like a dog」という文の中の「dog」は、文中の5番目の位置に現れ、「looks-like」と強い結び付きがあると判断されるかもしれません。こうして単語と文中の位置情報を足して得られた単語埋め込み情報の違いにより、「He likes a dog」と「He looks like a dog」の文法構造と意味の違いが判断されます。

ちなみに、「He likes dog a」という文が入力された場合は、これを文法的に非文であると、近くに出現する単語の並びの確率の観点から、排除できるかもしれません。つまり、自己注意機構とは、正確にいうなれば、文法を学習しているというよりは、各単語についての別の単語との妥当な並び順を確率的に判断しているだけといえるでしょう。結果的に、文法とそれによる文の意味の違いを学んだように振る舞えるというわけです。

1.4　翻訳をするためのソース・ターゲット注意機構

上でみた自己注意機構は、Transformer のエンコーダ側の入力で動作します。原文の理解側の処理です。しかし、翻訳をする場合は、原文を入力として、訳文を出力します。Transformer は、エンコーダ（入力）とデコーダ（出力）の2つを持っており、出力のデコーダ側では、「ソース・ターゲット注意機構」というのが、訳文の生成を行います。MT エンジンの学習では、原文と訳文が対になった対訳コーパスを用います。入力言語の文（ソース）と出力言語の文（ターゲット）の間の関係を学習・判断し、原文の単語の並びに対して、妥当な訳文の単語の並びを決定・生成します。これにより、自然な翻訳や生成が可能になるというわけです。

1.5　MT の仕組みのまとめ

ここまでで、ニューラル機械翻訳の Transformer のうち、特に言葉の「単語」と「文脈」を加味した「意味」の処理に関係する単語埋め込み（分散表現）と自己注意機構の仕組みを説明しました。言葉の「意味」を人間のように理解していない計算機は、単語をベクトル表現に置き換えて距離で意味を理解していることを説明しました（単語埋め込み）。文や文章では、出現する他の単語とその他の単語との位置関係を把握することで文の意味を推測していることを説明しました（自己注意機構）。自己注意機構が担っている処理は、従来の再帰ニューラルネットワーク (RNN) という仕組みでも行うことはできましたが、RNN では、単語の並びを1つずつ確認していかなければならなかったので、計算コストと処理時間が高くなるという欠点がありました。Transformer では、注意機構のみを活用することで、全ての単語の並び順の確認を同時に並列処理する仕組みを実現して計算コストと処理時間を短縮することができました。

とはいえ、文章データのみで学習し、単語の並び順を重視している今のTransformerは、MTとしては、「流暢な訳文を出せるけれど、正確性の誤訳をすることもある」という欠点があります。初期のMTの正確性エラーで、原文の「ベンツ」が「BMW」に翻訳されるということがあったそうですが、このような誤訳も、「同じドイツの高級車」というベクトル表現で近似されてしまったのでないかと、その仕組に鑑みると理解できるかもしれません。NMTは単語の並び順が一番よい文を作り、原文と訳文の関係性をも見て確率計算をして、それっぽい、流暢な訳文を生成している仕組みだからです。

1.6　ChatGPTの仕組み

大規模言語モデルのChatGPTについても少し触れておきます。機械翻訳モデルが原文と訳文の「対訳コーパス」を使って機械学習するのに対して、ChatGPTは対訳でない「単言語テキストデータ」を学習することに特化したものという点で異なります。とはいえ、ChatGPTでも翻訳もできてしまうので、それは驚く点です。

技術的には、ChatGPTはTransformerのデコーダー側だけを使っています。MTで訳文を生成するデコーダーのソース・ターゲット注意機構をサポートしているわけではありませんが、ソース側の自己注意機能に似たものを使って流暢な文を生成する仕組みはMTと同じです。ですから、ChatGPTは、前のテクストから文脈（単語の順序）を考慮して、次のテクストを生成することを得意とします。

たとえば、「日本で一番高い山は……」と来れば、その次に出現する可能性の高い単語を予測して、続きの言葉を生成します。この問いの答えは「富士山」でしょう。しかし、ChatGPTが正答できたからといって、それが事実を知っているのではないということです。あくまでその次に出てきそうな言葉を予測しているだけなのです。これはTransformerを使っている所以です。一言でまとめるならば、ChatGPTは「流暢だけど事実でない文を生成してしまう」モデルです。MTが、「流暢な訳文を出すけど、正確性の誤訳をすることがある」というのと似ています。これが同じTransformerというアーキテクチャーの共通点です。

2　技術的観点からみた現状のMTの限界

上で見たとおりMTは、Transformerの登場により、大きな進歩を遂げました。しかし、このシステムには、いくつかの限界があります。このセクションでは、現在の技術的観点からみたMTの言語生成の限界を説明します。

2.1　学習データ依存による問題

まず、繰り返しになりますが、機械学習全般に言えることとして、「限られた学習データからしか学べていない」ことです。つまり機械翻訳システムの性能は、高品質の学習データの有無に大きく依存します。

特に低リソース言語（LRL = low resource language = 対訳データーの少ない言語対）の場合、データの不足は翻訳品質の低下につながる可能性があります。日本語と英語の組合せのデータはそれなりの量があるとはいえ、英語と中国語、西語、仏語などとの対訳データ量と比較すると少ないといえるでしょう。

また分野による隔たりもあります。ニュースメディア、欧州議会、ウェブサイト、文学、英日では、医学、金融、特許等はリソースが集まりつつありますが[6]、分野によっては非常に少ないものも存在します。MTの性能は、高品質の学習データの有無に大きく依存するので、学習データに偏りがあったり、データに誤りがあったりしても、モデルはそれらの偏りや誤りを再現するように学習してしまう可能性もあります。逆の言い方をすれば、特定の分野（ドメイン）のデータを用意することで、その分野に特化したMTにカスタムすることも、理論的には可能です。しかし、実際問題としては、ニッチかつ専門性の高いほとんどの分野に対応できていない状況です。

2.2　固有名詞の問題

MTは単語やフレーズをベクトル表現に置き換えて、言語データ（「意味」

のようなものも含めて）を数値的な形で扱うことができることを説明しました。この仕組みは単語の意味や文脈を保持することができるため、翻訳の品質向上に寄与しますが、似ている言葉を選ぶだけでは、固有名詞の誤訳が生じることがあります。

固有名詞は、特定の人物、場所、組織などを指す言葉で、一般的に翻訳が不要か、もしくは決められた用語を当てなければなりません。たとえば、筆者の名前は「山田優（やまだまさる）」ですが、MT で「Yu Yamada」と訳されてしまうことがあります。近似した単語に置き換えることでは対応できません。固有名詞は、むしろ 0 か 1 のように固定して判別されるべきです。こういった置き換え処理は、本来は計算機が得意としていたことだと思うのですが、ニューラル学習になってからは、それが、むしろ扱いづらくなってしまいました。

2.3　正確性と流暢性の問題

上記で述べたように、NMT の特徴は「流暢な訳文を生成するが、正確性に欠ける誤訳がある」という点です。この問題は、MT や AI を実用や学習に活用する際に、問題となり得ます。正確性に欠ける翻訳が、流暢な表現で提示されるために、ユーザーにとっては困難な状況が生じます。その結果、学習者には MT の誤訳を見抜く高い言語能力が求められることになります。しかしこれは容易なことではありません (Yamada, 2019a)。

3　MT を使った英語学習の提案

上で説明したとおり、MT は流暢性の高い翻訳をすることができます。正確性もそれなりには高いのですが誤訳もします。TOEIC900 点以上の人の実力は、正確性については、MT と同じくらいです（1 章参照）。しかし流暢性に関しては、MT との点差が開いています（みらい翻訳, 2019）。つまり、英語力の高い学習者であっても、自分が言いたいこと（正確性に関わること）については、ある程度は英語で述べることができても、ネイティブのような流暢な言い方では伝えることはできないのです。

これを踏まえると、英語学習者が、流暢性の高い MT からネイティブのような英語の表現を学べる可能性、すなわちGood modelが成立します。それに対して、MTでも間違えるかもしれない正確性に関しては、学習者が翻訳エラーを確認・修正する必要があります。こちらはBad modelが役割を果たします。

3.1　メタ言語知識・説明力とプロ翻訳コンピテンス

ちなみに、プロ翻訳者は、当然ではありますが、流暢性と正確性もともに高品質の翻訳をできる能力を備えています。これは、プロ翻訳者の学習方法に、学習者が学べるヒントがあるかもしれない事を示唆します。筆者がこれまで協同研究等を通して注目してきたのは、「ことばについて説明する力」でした。なぜその翻訳が優れているのか、またなぜその訳が誤訳なのかを説明できる能力です。

この考え方は、プロ翻訳者が、自らの翻訳について説明する責任を負うことに由来し、翻訳教育プログラムで重要な考え方の1つになっています。実際問題としては、ポストエディットという仕事をプロ翻訳者がする際に、MT訳に一切手を加えずに承認したとすると、翻訳者が仕事をサボっているのではと疑われることもあるという現実とも関係し、なぜその翻訳が良いのかを説明することが求められるというわけです。また、翻訳者養成の観点からは、熟練したベテラン翻訳者の暗黙知的なスキルを後継者に受け継いでいくためにも、なぜそのような訳にしたのかを説明することが重要になります。このためにも、言葉（翻訳）を説明するメタ言語能力が大切です。

英語学習の環境においては、Good modelやBad modelのアクティビティを行った結果、学習者がMT結果をそのまま提出してくる場合が考えられるでしょう。指導者からすると、学習者がMT出力を理解した上で、MTの訳を受け入れたのか、それとも、単に判断する力がなく仕方なくMTを受け入れてしまったのかを見極める必要があります。これは、いわゆる、学習者がMTに頼りすぎてしまう問題や、剽窃・コピペの問題と関係します。このようなケースも含め、MTやChatGPTなどを使った学習に求められるのは、学習者が自らの語学的判断を説明できる能力です。ここでもメタ言語能力が大切になります。

言葉について説明するには、言葉を説明するための言葉が重要です。たとえば「美しい家」と言いたい場合に、「a beauty house」よりも「a beautiful house」の方が正しい表現であることを説明するためには、文法の知識を知っていることが必要です。この事例では、名詞 (house) を修飾するためには形容詞 (beautiful) が適切であるといった類の文法知識が有効です。このように言葉を説明する言葉のことを「メタ言語」といいます。文法はメタ言語の一種です。言葉や翻訳を説明するためのメタ言語は他にもたくさんあります (Miyata et al., 2022)。そしてメタ言語を使って説明する能力を「メタ言語能力」と言います（山田, 2022a も参照）。

4　メタ言語能力とプロンプトエンジニアリング

メタ言語能力は、ChatGPT のような対話型の AI 大規模言語モデルを活用する場合にも重要です。AI から適切な回答を得るための適切な質問をする、すなわちプロンプトを打つために必要です。これまでは、学習者がメタ言語を理解して、自ら説明することが求められました。それに加えて、これからは、メタ言語を駆使してプロンプトで質問をして、AI から説明（のヒント）を得ることも求められるかもしれません。

以上、ここまで述べてきたことは、MT を活用した英語学習のスキームとして、以下のように整理することができます。

スキーム	アクション	習得
Good model	MT から流暢性を中心に学ぶ	英語
Bad model	MT の正確性エラーを中心に修正する	英語と日本語
メタ言語	説明をする（ChatGPT に質問する）	メタ言語能力

表 3　MT 活用スキームの一覧

表では、Good model と Bad model を流暢性と正確性の学習促進に対応付け、メタ言語能力をプロンプト入力に対応付けています。以下では、これらの組合せにより、学習が促進されることを、具体的な事例を通して説明します。尚、実践においては、これらのモデルを基底としつつ、プリエディットとポストエディットの手段を通して行うことも可能です。

4.1　Good model の例

MT を「Good model」と見立てて、MT から学ぶ例をみます。具体的に、以下の日本語をビジネスシーンにおいて用いる英文に翻訳して連絡することを考えます。伝えたいメッセージ（命題）を英語に翻訳すること自体はあまり難しくないかもしれませんが、ビジネスメールで使用するため、丁寧で流暢性の高い英語表現が求められます。下の日本文を MT (DeepL[7]) に入れると示した英文が得られました。

弊社に到着したら受付で入館許可証を受け取っていただけますと幸いです。
We would appreciate it if you could pick up an entry permit at the reception desk when you arrive at our company.

まず、この MT の英訳には命題エラーはありません。つまり Bad model として見立てて MT 訳を修正する箇所はありません。ですので、学習者は、MT 訳を Good model として見立てて、流暢な表現を学ぶことに集中すべきです。たとえば、単語レベルでは、「受付」= the reception desk、「入館許可証」= an entry permit、「受け取って」= pick up、また「～ますと幸いです」= We would appreciate it if you could のような言い方を学習できるでしょう。つまり Good model という学習スキームを通して、MT から流暢な表現を学ぶことができるのです。

さらに多くの英文を作成できれば、学習者はより多くの表現を学んだり、比較検討したりすることができます。このために、メタ言語が役に立ちます。たとえば、流暢性に関わるモダリティは、場面・話し相手・話題などの「状況のコンテクスト」によって変わるというメタ言語知識を、学習者が学んでいたとします。モダリティは、何について話すか（例：医療、ビジネス）、誰と話すか（例：会社の上司、友達）、どんな媒体で話すか（例：メール、SNS）によって、文体が変化します。翻訳学の観点からは、「翻訳の目的」や「ブリーフ」の内容に対応します。これらのメタ言語知識を踏まえて、ChatGPT に以下のように指示（プロンプト）を入力できたとします。そうすると、MT では得られなかった数種類の翻訳のバリエーションを得ることができます。

>ChatGPT への質問

次の日本語をビジネス場面で使うのに相応しい英語に翻訳してください。3 通りの英訳をください。

　弊社に到着したら受付で入館許可証を受け取っていただけますと幸いです。

>ChatGPT からの回答

1. We would greatly appreciate it if you could obtain your visitor's pass at the reception desk upon arrival at our company.
2. Once you arrive at our company, kindly collect your access pass from the reception desk, which would be greatly appreciated.
3. We kindly request that you pick up your entry permit at the front desk when you arrive at our company.

このようにして、ChatGPT に適切な質問をすることで、より多くの英語表現を獲得することができました。これらを比較して学ぶことが可能になります。具体的に英語表現に着目すると、「受け取っていただけますと幸いです」に対応する表現に「kindly collect …」や「we kindly request that you pick up …」などがあることが学べます。

4.2　Bad model の例 1 〜統語的曖昧性〜

MT による正確性エラーを修正する Bad model にも、上と同じ要領を適用できます。そもそも MT が翻訳エラーを犯す原因は、多くの場合、原文に曖昧な箇所が残っているからです。日本語から英語へアウトプットする場合の、日本語の統語的な曖昧性、具体的に、係り受けの問題の例をみてみましょう。この例では、1) の「全身全霊」の係る先が「社長」なのか、「社員」なのか曖昧です。

1) 社長は全身全霊で仕事をする社員をサポートした。
2) 社長は仕事をする社員を全身全霊でサポートした。

The president supported the employees who work with all their might.
The president supported the employees who work with all their might.
(DeepL, 2023 年 3 月 29 日)

上の日本語の 1) と 2) を MT で英訳した結果が下ですが、原文の係り受けの違いを考慮した翻訳になっていません。実際には、2 つの英文は全く同じになってしまっています。

学習の観点からは、このように「係り受け」というメタ言語を教示し、考えることを通して、同概念への気付きを促すことが可能になるでしょう。「係り受け」を知った学習者は、ChatGPT を使ってその説明を求めるためのプロンプトを入力することができます。以下は、実際に ChatGPT に入力して得られた結果です。

>ChatGPT への質問
次の 2 つの文のある単語の係り受けの違いを説明し、その違いに基づいて文全体の意味の違いも教えてください。

社長は全身全霊で仕事をする社員をサポートした。
社長は仕事をする社員を全身全霊でサポートした。

>ChatGPT からの回答
両方の文では、社長が仕事をする社員をサポートしていますが、フレーズ「全身全霊」の係り受けの違いによって、文全体の意味に違いが生じています。

1. 社長は全身全霊で仕事をする社員をサポートした。
   この文では、「全身全霊で仕事をする」が社員にかかっており、社長は全身全霊で働く社員をサポートしていることを意味します。
2. 社長は仕事をする社員を全身全霊でサポートした。

この文では、「全身全霊でサポートする」が社長にかかっており、社長が仕事をする社員を全身全霊でサポートしていることを意味します。

要するに、1つ目の文では全身全霊で働く社員がサポートされていることが強調されており、2つ目の文では社長が全身全霊で社員をサポートすることが強調されています。(ChatGPT, 2023年3月30日)

実際の現場では、ChatGPTの説明が本当に正しいのかどうかを疑ってみることも教える必要があるかもしれませんが、上の例に限って言えば、ほぼ間違いのない説明がなされています。そして、英文を出力してもらうために、追加で以下のプロンプトを入力しました。

>ChatGPTへの質問

では、その違いを踏まえて1と2を英語に翻訳してください。

>ChatGPTからの回答

1. 社長は全身全霊で仕事をする社員をサポートした。
   The president supported employees who work with their whole heart and soul.
2. 社長は仕事をする社員を全身全霊でサポートした。
   The president wholeheartedly supported employees who work.

このように、メタ言語的な説明をもChatGPTから得られ、係り受けの違いに応じた英語表現を見ることができるのは興味深いです。むろん、これらの情報を鵜呑みにするのではなく、教室内では議論したり批判的に考察を行うことが大切ですが、メタ言語能力の涵養の一助となりえると考えられます。

4.3　Bad modelの例：意味的曖昧性

意味的曖昧性のある翻訳の問題の事例も見てみましょう。

佐藤さんは退職しました。

Mr. Sato retired.

この例の日本語をMTで翻訳した英訳を比較してみたあとで、2つの問題があることに気づきました。1つは「退職」という語が「retire」と訳されていることです。文脈によっては翻訳として間違っていないのですが、ここでもし「佐藤さん」が「定年退職」をしたわけではなく、転職のために会社を辞めたとすれば「retire」は不適切な英語といえます。また「佐藤さん」が、男性でなく女性であったとすると、MT訳が「Mr. Sato」と断定しているのは間違えです。MTの学習にジェンダーバイアスが働いてしまっています。これらの点を考慮すると、MT訳は正確性エラーが含まれているので、ポストエディットの余地が残ります。

ChatGPTにおいても、単に「佐藤さんは退職しました」を英語に翻訳してくださいとプロンプトを入力しただけでは、MTと同じ英訳が出てきてしまいました。そこで、これらの問題を解決すべく、ChatGPTに以下のようにプロンプトをいれると、回答が得られました。

>ChatGPTへの質問

「退職」という言葉は定年退職とは限らないと思います。また佐藤さんに関するジェンダーバイアスについても考慮してください。

>ChatGPTからの回答

すみません、その点を考慮して翻訳を修正します。

佐藤さんは退職しました。

英語訳：Sato-san has left their job.

ここではジェンダーバイアスを避けるために、継承「Mr.」を使用せず、「Sato-san」と表記しました。また、「退職」について、特定の理由（定年退職など）を限定せず、「left their job」と表記しました。これにより佐藤さ

んがどのような理由で対処したかを明示していません。

このようにして、2つの問題を解消できる糸口を得ることができました。「退職」に対応する英語の代替として「left」は良いでしょう。ジェンダーの問題の回避案として「Sato-san」を指す代名詞として「their」で受ける案も提案してくれました。実際にこれが適切なのかどうかを授業で議論するには、最良の材料ではないでしょうか。

おわりに

本章の前半では、Transformerの分散表現と注意機構に焦点を絞り、その技術的なしくみを単語や文脈（語順）、意味の理解と対応づけて説明しました。後半では、英語学習におけるMTとChatGPTの活用方法を提案すべく、「Good/Bad model」と「メタ言語能力」の概念の説明を具体的な事例を通して示しました。

テクノロジーの進歩は日進月歩で、今後も新しい技術が英語教育の現場にも影響を与えると思います。またChatGPTのプロンプトの活用などについては、今後のさらなる検討の余地が残されます。しかし本章で強調した「メタ言語能力」に関して言えば、言葉・英語を批判的に分析するための大事な思考ツールとして役割を果たすことでしょう。テクノロジーが発達し続ける今だからこそ、そのメタ言語を使った説明力の重要性は、より増すのではないかと思います。このことは、これからの英語教育を再考するための鍵概念となるかもしれません。

〈謝辞〉

本章のTransformerの仕組みと言語的事柄との関係の説明の作成にあたり、丁寧に事実確認をしてフィードバックを下さった立教大学大学院人工知能科学研究科修了生の佐々木透氏に感謝します。

〈付記〉

本原稿は、招待パネル（山田, 2023）の内容に基づき加筆・修正を加えた。詳細は参考文献を参照。

〈注〉

1 ChatGPT は、OpenAI が開発した大規模な自然言語処理モデル。GPT は、「Generative Pre-trained Transformer」の略。https://chat.openai.com/chat

2 最近では、プロンプトエンジニアリングという言葉も用いられている。プロンプトエンジニアリングとは、AI モデルと対話するためのテクストプロンプトを設計することを指す。

3 古くは、Google の word2vec やスタンフォード大学の GloVe が有名。最近では Google の BERT も、広義では、大規模データで事前学習をした単語分散モデル（言語モデル）とも考えられる。

4 分散表現の説明については「ことラボ」を参照した。https://www.youtube.com/watch?v=l8YCKz15Hn8&t=321s

5 以下などが参考になる。谷口忠大 (2014)『記号創発ロボティクス 知能のメカニズム入門』講談社選書メチエ

6 日本の翻訳バンクなどについては、以下を参照。https://www.nict.go.jp/info/topics/2019/10/07–1.html

7 https://www.deepl.com/

〈引用文献〉

Chomsky, N. (1956, September). Three Models for the Description of Language [PDF]. *IRE Transactions on Information Theory*, 2(3), 113–124. https://doi.org/10.1109/TIT.1956.1056813

Devlin, J., Chang, M. W., Lee, K., & Toutanova, K. (2018). BERT: Pre-training of deep bidirectional transformers for language understanding. In *Proceedings of NAACL-HLT 2019*, pp. 4171–4186. Minneapolis, Minnesota, June 2–June 7, 2019. c 2019 Association for Computational Linguistics.

Firth, J.R. (1957). "A synopsis of linguistic theory 1930–1955". Studies in Linguistic Analysis: 1–32. Reprinted in F.R. Palmer, ed (1968). *Selected Papers of J.R. Firth 1952–1959*. London: Longman

Miyata, R., Kageura, K., & Yamada, M. (2022). *Metalanguages for Dissecting Translation Processes*. Routledge.

みらい翻訳 (2019).「機械翻訳サービスの和文英訳がプロ翻訳者レベルに、英文和訳は TOEIC960 点レベルを達成」2022 年 11 月 4 日取得：https://miraitranslate.com/uploads/2019/04/MiraiTranslate_JaEn_pressrelease_20190417.pdf

Niño, A. (2008). Evaluating the use of machine translation post-editing in the foreign language class. *Computer Assisted Language Learning*, 21(1), 29–49.

田村颯登・山田優 (2021).「外国語教育における機械翻訳の使用に関する実態調査：先行研究レビュー」『MITIS Journal』2 号, 55–66. 2022 年 11 月 4 日取得：http://jaits.web.fc2.com/Yamada_Tamura_3.pdf.

山田優. (2015). 外国語教育における「翻訳」の再考：メタ言語能力としての翻訳規範. 関西大学外国語学部紀要, 13, 107–128. https://doi.org/10.34371/jfls.13.0_107
Yamada, M. (2019a). The impact of Google Neural Machine Translation on Post-editing by student translators. *The Journal of Specialised Translation*, 31(11), 87–106.
Yamada, M. (2019b). Language learners and non-professional translators as users. In M. O'Hagan ed, *The Routledge Handbook of Translation and Technology* (pp. 183–199). Routledge.
山田優 (2022a).「機械翻訳と翻訳のメタ言語」『翻訳と通訳の過去・現在・未来〜多言語と多文化を結んで』泉水浩隆（編）pp. 315–338. 三修社.
山田優 (2023). 既習外国語である英語教育 : 文は人なり、英語は MT なり！：AI 時代の英語力の鍛え方. パネル機械翻訳と語学教育――「避けられない」テクノロジーの進化とその効果的な「活用」を めざして――. 第 37 回関西フランス語教育研究会. 2023 年 3 月 27 日.
Vaswani, A., Shazeer, N., Parmar, N., Uszkoreit, J., Jones, L., Gomez, A. N., Kaiser, Ł., & Polosukhin, I. (2017). Attention is All you Need. In I. Guyon, U. Von Luxburg, S. Bengio, H. Wallach, R. Fergus, S. Vishwanathan, & R. Garnett (Eds.), *Advances in Neural Information Processing Systems* (Vol. 30). Curran Associates, Inc. https://proceedings.neurips.cc/paper_files/paper/2017/file/3f5ee243547dee91fbd053c1c4a845aa-Paper.pdf.

第3章
日本の英語教育と機械翻訳のこれまで

小田　登志子

はじめに

2016年以降、高性能のニューラル機械翻訳の使用が爆発的に広まりました。しかし、機械翻訳に対する英語教員のとまどいを反映してか、日本の英語教育界の機械翻訳に対する反応は鈍いものでした。また、英語教員が機械翻訳の利用について語ることは一種のタブーであるかのような風潮も一部にはありました。しかし、コロナ禍による遠隔授業の広まりを機に議論がさかんになり、2022年までには機械翻訳について公に議論が行われるようになりました。

この章では日本の英語教育において機械翻訳に関してどのような議論があったのかをおおよそ時系列に沿って紹介します。日本の英語教育と機械翻訳に関するこれまでの歴史は大きく三つの時期に分けることができます。第1節では第1期として2016年にニューラル機械翻訳が登場する前の時期の様子について筆者が探しあてた限りの文献等を紹介します。第2節では第2期として、2016年のニューラル機械翻訳登場以降からコロナ禍が発生するまでの時期の議論をまとめます。そして第3節では第3期としてコロナ禍が発生した2020年から現在（2023年1月）に至るまでの時期に発表された内容を概観します。

なお、この章では日本国内の議論に特化して紹介を行うため、海外の動向については各章で紹介された文献を参照してください。

1　第1期：ニューラル機械翻訳の登場前（1990年代〜2015年ごろ）

まず、2016年にニューラル機械翻訳が登場する前の様子について記された文献を紹介します。日本において機械翻訳を利用した外国語教育研究の試みが行われた記録は 1990 年代ごろまでさかのぼることができます。しかしこの頃は日本語と英語の間の機械翻訳の精度はそれほど高くなく、「機械翻訳は間違いが多い」というのが定評でした。しかし間違いがあるとはいえ、機械翻訳の登場は多くの人にとって驚きであったといえます。三木・高村 (2002) では小中高等学校の教員を対象に行うパソコン講習の一環として機械翻訳を紹介したことが記録されています。翻訳ソフトを使ってウェブサイトを翻訳すると、受講者から「驚嘆の声が上がる」(p. 110) と記されており、当時の状況を垣間見ることができます。

当時は機械翻訳を Bad model（悪い見本）として、機械翻訳の誤訳の修正を通じて学びを得ようとする試みが中心でした。例として、上山 (1991)、松本・上山 (1993) 等において、機械翻訳の「後編集」（ポストエディット）の作業を通じて学生に「日本語らしい」あるいは「英語らしい」表現とは何かを考えさせる試みを行ったことが報告されています。また、翻訳がそれほど正確でなくても有用である使い方も模索されていました。2009 年の『日本語学』第 28 巻 12 号で機械翻訳に関する特集が組まれています。この中で萩野 (2009) は機械翻訳ソフトに外国語資料を「ざっと読み」させる、あるいは外国語で「ざっと書き」させると役に立つと述べています。

英語教育のあり方を見直そうとする声も上がっていました。特許関係の情報誌に掲載された成田 (2011, 2013, 2014) にはかなり大胆な提言がなされています。まず成田 (2011) では「グローバル時代のコミュニケーション：機械翻訳は英語教育を救えるか」というタイトルのもと、機械翻訳を利用すれば人間の学習負担を軽減できる可能性があると指摘しています。そしてさらに踏み込んで、高校では英語を選択制として、英語ぎらいの生徒を英語から解放すべきだとも提言しています。続いて成田 (2013) では、日本語話者にとって英語習得が難しい理由を挙げ、日本人社員は海外では英語に限らず現地語で挨拶をして人間関係を構築できればよいと述べています。続いて成田 (2014) では、英語で授業を行うなどの昨今の英語教育界の方針には理論的欠陥があり、従来型の文法訳読法が見直されるべきであると論じています。これらの主張をする上で成田氏が念頭に置いているのは機械翻訳の活用と、日本語が堪能な外国人社員の登用です。事実、本書が執筆された 2023 年現在では、日本国内のさまざまな職場で日本語に堪能な英語・中国語・ベトナム語・ネパール語などの母語話者が活躍しています。

2015 年になると、人工知能の研究家として著名な松尾豊氏による『人工知能は人間を超えるか』が刊行され、ベストセラーになりました。この著書自体は人工知能全般に関するものなので，外国語教育に関する記述は少ないものの、機械翻訳などの技術の発達により「外国語学習という行為そのものがなくなるかもしれない」(p. 221) と書かれています。これは一般読者にわかりやすいように多少の誇張を含めた表現なのかと思いきや、著者としてはかなり本気で書いたようです。筆者は 2019 年に行われた日本言語学会第 159 回大会において松尾氏に質問する機会があり、この一節はどのぐらい本気で書いたのか質問したところ、すでにそれが技術的に可能な状態になっているという趣旨の回答がありました。

以上、初期（1990 年代～2015 年ごろ）に発表された機械翻訳と外国語教育に関する文献等を紹介しました。この時期に外国語教育に対する機械翻訳の影響について関心を抱いていたのは一部の関係者のみであったと言えます。

2　第2期：ニューラル機械翻訳の登場以降 (2016 年～)

2016 年に Google 翻訳にニューラル機械翻訳が搭載され、その性能が一気に向上すると、機械翻訳に関する一般の報道が増えました。一例を挙げてみましょう。『AERA』2018 年 3 月 5 日号では機械翻訳に関する特集が組まれ、「勉強に悩むより“助っ人”を頼ればいい」「勉強は不要になる？」（石臥・高橋, 2018）といった刺激的なタイトルの記事が並んでいます。そして、これからは「何のために（英語を）学ぶのか」など、英語教育のありかたに問いを投げかけています。ただし、この特集においても機械翻訳の限界は指摘されています。そして、「必要なのは手直し力」（高橋, 2018）であるとし、人間による後編集（ポストエディット）が必要であることを指摘しています。そして、後編集を行うためには一定の語学力が必要であることも言及されています。他の報道もおおよそこのような論調で、完全とは言えないものの機械翻訳が実用に耐えうるレベルになってきたことを歓迎と共に報じています。

一般メディアの華やかな報道と比較すると、英語教育関係者による発信は控えめだったと言わざるを得ません。それでも機械翻訳に関する発表や論文が少しずつ見られるようになりました。そして、英語教育では何が重要視されるべきかという議論が展開されるようになりました。しかしながら、この時期の議論は抽象的なものにとどまっていたと言えます。以下にいくつかを選んで紹介します。

日本の英語教育現場でよく購読されている『英語教育』でも機械翻訳に関連した記事が散見されるようになりました。竹内 (2017) は、英語教育はもっとアクティブであるべきであり、機械翻訳などの技術はその手助けになると述べています。関谷 (2018) は、英語力がある程度なければ機械翻訳を有効に活用することはできないため、機械翻訳を利用するためにもある程度は英語を学ぶべきであると主張しています。『英語教育』では2019年にも機械翻訳を含むAI技術と英語教育との関係についてのコラム連載や特集が組まれました。機械翻訳の技術に詳しい言語学者・作家である川添愛氏は、『英語教育』2019年4月号から連続して機械翻訳に関するコラムを発表しています。この中で川添氏は、ニューラル機械翻訳に特有の「訳抜け」「訳語の不統一」「重複訳」といった特徴を解説しています。また、「外国語や他国の文化についての知識を一切持たずに機械翻訳を使用するのは、かえって危険ではないだろうか」と警告しています。誤訳が悪口と誤解されたりするリスクを伴うからです。そして、機械翻訳を含むAI技術を外国語学習に使用する可能性に言及しつつも、結論としては「トラブルを防ぐための一番の近道は外国語を勉強することに尽きると思う」と締めくくっています。

英語教育の目標をどこに据えるべきかに関する議論も始まりました。仲 (2018) は、機械翻訳で簡単にできるようなことに労力を費やすのが本当に望ましいのかどうか再考し、学校という場所でこそ学ぶべきものは何か考える必要があると提言しています。浅野 (2018) も技能教育を前面に出した英語教育に疑問を投げかけています。そして機械翻訳が発達した状況においては、技能教育を全面に出さない英語教育が求められていると主張しています。これからの英語教育は技能教育よりも異文化理解に重点を置くべきであるという論調もよく見受けられました。高尾 (2018) による「語学力より異文化理解力　自動翻訳、世界を一つに」というタイトルの記事が日本経済新聞電子版に掲載されています。しかし、本書が執筆された2023年時点においては、英語の実技に重点を置く傾向は変わっておらず、異文化理解は重要であるとされつつも、英語教育の新たな重点に据えようという大きな動きは現れていません。

この時期の英語教育の現場においては、機械翻訳はどちらかというとやっかいもの扱いされていました。したがって、教育現場の対応としては機械翻訳の使用を禁じたり、個々の教員が何らかの工夫をしたりしていたようです。成田 (2019) では、学生が機械翻訳に頼らないで英語を日本語に訳していることを確かめるために、まず英文を音読させたのち、「英文を見ながら和訳する」ように指示していると記されています。藏屋 (2019) では英語教育の現場では機械翻訳に対する抵抗の声が大きく、活用には程遠い状況にあること、また性能の良い機械翻訳の出現によって学習者の学習意欲がそがれるといった声があることを紹介しています。当時の様子をよく反映した内容であると言えます。

それでも、機械翻訳について考える必要があるという意識が共有されはじめ、英語教育関連の学会において機械翻訳が話題として正式に取り挙げられるようになったことが注目に値します。2019年3月にJACET教育問題研究会の主催で行われたシンポジウム「AIや翻訳機が進歩したら外国語教育はどうなるか」では、シンポジストによる以下のような発表がありました。トム・ガリー氏は、機械翻訳が外国語教育に取り入れられる場合、学習者の動機づけにもたらす影響が不明であり、今後関係者による議論が必要であると述べました。馬場哲生氏は機械翻訳の誤訳を提示し、機械翻訳の限界と人間の関与の重要性について言及しました。機械翻訳が出すおかしな誤訳は参加者にとって目新しかったらしく、発表のスライドを写真撮影するシャッター音が絶え間なく続きました。成田潤也氏は「機械翻訳があれば英語の勉強は必要ないのでは？」という小学生の問いに対して教員は正面から考えるべきであると主張しました。三者とも、機械翻訳はすでに一定のレベルに達しており、学習者が機械翻訳を使うことを前提に教育内容を考え直すべき時期に来たと言う見解では一致していました。シンポジストから「機械翻訳は眼鏡のようなもの。見える人がかけるととても役に立つが、見えない人がかけても役に立たない」という発言があると、聴衆の多くがうなずいていました。機械翻訳を使いこなすためには、ある程度の語学力が必要であることの例えです。指定討論者からは「一年前にはこのようなトピックでシンポジウムが開かれることなど想像もできなかった」というコメントとともに「今後は教養教育としての英語教育が重視されるのではないか」という感想が述べられました。

2019年5月に行われたJALT CALL年次大会のテーマはAI and Machine Learning in Language Educationであり、機械翻訳に関連する発表も多数見受けられました。例としてWiz and Whiteによる発表では、発表者が聴衆に対して「Do you think it is OK for students to use MT?（学生が機械翻訳を使用しても良いと思うか）」と問うたところ、ほとんどの聴衆がyesと答えました。CALLがテーマの学会ならではの反応かもしれません。聴衆の一人から「これから英語教員の役割はどのように変わるだろうか」という問いが投げかけられると、「ラテン語教師のような役割を担うのではないか」という発言がありました。つまり、英語の教養的側面が重視されるようになるのではないかという意味です。

工学者が英語教員に対して機械翻訳のしくみについて解説する講演も行われるようになりました。2019年6月にはJACET関西支部において、井佐原均氏による「ディープラーニングで進化する機械翻訳　何ができて、何ができないか」と題した講演が行われました。井佐原氏はこの講演のためにJACET関西支部のウェブサイトに掲載した英語のアブストラクトを機械翻訳を用いて作成し、「This abstract was translated from Japanese to English using a machine translation system」と付記していましたが、参加者の中には言われるまで気が付かなかった人も多かったようです。そして、井佐原氏がニューラル機械翻訳のしくみとその性能について翻訳例を挙げながら説明すると、参加者はしんと静まり返ってしまいました。一人が沈黙を破って「機械翻訳がこのように発達すると、学生が英語を勉強しなくなるのでは」と不安の声を挙げると、井佐原氏は機械翻訳にはまだ誤訳も多いことを学習者に知らせる必要があると回答しました。この参加者が述べたような「学生が英語を勉強しなくなるのでは」という不安の声は他の学会においてもしばしば聞かれました。

以上、ニューラル機械翻訳の登場以降 (2016 年〜) の動向について紹介しました。『英語教育』など、一般の英語教員が広く目にする媒体で機械翻訳が取り上げられていること、また JACET や JALT といった日本を代表する外国語教育学会において機械翻訳が取り上げられたことが注目に値します。議論の動向としては、機械翻訳が発達しても、ある程度の外国語力を身に着けるべきであるという主張と共に、教育内容を実用的な英語から文化的な学びへとシフトするべきではないかという議論がありました。しかしながら、全体としては抽象的な議論に留まり、教員各自が教室でどうすべきかという具体的な内容には話が及んでいませんでした。

また、機械翻訳に関する発信が増加したとはいえ、英語教育界全体から見れば、機械翻訳に関する議論はほんのわずかであったと言っても過言ではありません。機械翻訳と外国語教育について積極的に発言しているトム・ガリー氏は、自身のウェブサイトで「機械翻訳の問題について外国語教員が反応するまでに時間がかかった」(Gally, 2022) という趣旨の発言をしています。

3　コロナ禍以降 (2020 年〜)

英語教育関係者が機械翻訳について沈黙を破るようになったきっかけの一つはコロナ禍でした。2020 年に中国から広まった新型コロナウイルス感染症は日本でも感染が拡大し、日本のほとんどの大学は 2020 年度の授業をコンピュータによる遠隔授業で実施することを余儀なくされました。コンピュータを介した学習が多くなると、学生が機械翻訳を使用する機会が自然と多くなります。英語教員の間からは「学生の英語がいやにうまい」「学生の英語が似通っている」といった機械翻訳の影響と思われる事例を報告する声が次々と挙がるようになりました。こうして、従来は機械翻訳に関心がなかった英語教員も機械翻訳について考えざるを得ない状況が生まれました。

本節では 2020 年のコロナ禍発生から本章を執筆した 2023 年 1 月に至るまでの機械翻訳に関する英語教育界の動向を紹介します。3.1 項にて学会発表や講演会等の口頭発表を取り上げ、次に 3.2 項にて文書で発表された内容を紹介します。

3.1　機械翻訳に関する英語教育関連の発表・催し

2020年6月はコロナ禍が日本に蔓延し、多くの大学が手探りで遠隔授業を行っていました。この時期に、英語教育学会ではないものの中国語教育学会第18回全国大会で「機械翻訳を無効化する教材の作り方」(伊藤, 2020) という発表がありました。この中で、並べ替えや空所補充などは機械翻訳で正解を出しにくい出題方法であることが紹介されました。遠隔授業においてインターネットを通じて学生に課題を出すと、どうしても機械翻訳を利用する学生が出るため、こういった方法を考えねばならないほど機械翻訳の影響が教育現場に出始めたことを象徴しています。

2021年6月にはAAMT（一般社団法人アジア太平洋機械翻訳協会）の主催による「語学教育とMT：機械翻訳の問題——第二言語教育の立場から」と題する講演が行われました（ガリー, 2021)。講演者のガリー氏は自身が所属する大学において、理工系の教員は学生が英語論文を執筆する際に機械翻訳を用いることを容認しているなど、機械翻訳がすでに教育現場で使用されている例を挙げました。そして、機械翻訳に対して教員個人のレベルのみならず、教育機関レベルでの対応が求められる段階に入ったと訴えました。ガリー氏はこれ以降の自身の講演においても、教育機関としての対応の必要性について繰り返し言及しています。

大学生による機械翻訳使用の実態の詳細が報告されるようになってきたのもこの時期の特徴です。多くの英語教員の予想とは異なり、学習者は楽をするためだけに機械翻訳を使用しているわけではないことが次第に明らかになってきました。Kennedy (2021) は自身が担当する英語科目の履修生が「英語学習の秘訣」として機械翻訳の使用を紹介したことに触れるとともに、「学生は自分の英語がひどく間違っていないかチェックすることを目的として機械翻訳を利用している」「機械翻訳の使用が不適切だという意見は皆無だった」という観察を驚きとともに報告しました。JACET 年次大会で発表された幸重・蔦田 (2021) では、大学の英語科目で学生に機械翻訳を使用させた実践例が紹介されました。そして事後アンケート結果から、学生がライティング課題において機械翻訳を使用することをとても肯定的にとらえていること、また機械翻訳を使用すると語彙や文法などの面において自分の英語表現の幅を広げる学習効果があるとコメントした学生がいたことを報告しました。

機械翻訳を用いた会話に関する報告もあります。高橋 (2021) では英語学習者に音声翻訳アプリの「ボイストラ」を使って英語ネイティブスピーカーと会話をさせ、そのやりとりの談話分析を行いました。すると、翻訳アプリを用いた会話はぎこちなく、自然な笑いがありませんでした。高橋氏からは、機械翻訳を用いた会話は report-talk には向くが rapport-talk には不向きであるという指摘がありました。これは、実際に機械翻訳を用いた会話を試したことがある人にとっては思い当たる話ではないかと思います。インターネットに掲載されたコラム記事である工藤・津久井 (2019) においても「機械翻訳を使えば言いたい内容は伝わるかもしれないが友達にはなれない」「発表ならいいけど、ターンテイキングが頻繁なやり取りに関しては、(中略) 結局本当のコミュニケーションの再現はされない」といった感想が述べられています。

機械翻訳を主なテーマとした大規模な催しが開催されるようになったのもコロナ禍以降のことです。2021 年 12 月には京都大学国際高等教育院の主催で「転換期の大学語学教育――AI 翻訳とポスト・コロナへの対応――」と題した大規模なオンラインシンポジウムが開催されました。「AI 時代の大学言語教育」をテーマとしたパネルディスカッションでは、二つの講演と三つの報告が行われた後、ディスカッションが行われました。講演者・報告者のバックグラウンドは社会言語学 (木村護郎クリストフ氏)・自然言語処理 (黒橋禎夫氏)・英語教育 (柳瀬陽介氏)・工学 (本多充氏)・文学および日本語教育 (藤原団氏) と多岐にわたりました。機械翻訳について語る際、教育全体・社会の変化を含めて考える必要があるという主催者の考えを反映したものでしょう。シンポジウムの議論の傾向としては、理工系の学生を指導する教員は機械翻訳利用にとても前向きである一方、文系の学生を指導する教員は言語を学ぶ意味を問い直すべきであるという趣旨の発言が多かった印象があります。盛んに議論が行われたものの一定の結論が出ることはなく、司会者からはシンポジウムの主な成果は問題提起が中心であるという趣旨の発言が述べられて会は締めくくられました。このシンポジウムの内容は『ことばと社会』24 号に特集として掲載されています。

2022 年 3 月に青山学院大学附置外国語ラボラトリーの主催で行われた「機械翻訳と外国語教育――現状・課題・展望――」と題するセミナーでも、幅広い分野のシンポジストによる講演が行われました。翻訳学が専門の山田優氏は英語教員向けに機械翻訳のしくみなどを解説しました。工学が専門の鷲見和彦氏は英語による自らの講義を日本語に自動翻訳した経験について発表しました。言語学が専門の小田登志子（筆者）は学生に自らが理解できる翻訳結果だけを採用させるなどのルールを決めれば、機械翻訳と英語教育はうまく共存できるはずであると主張しました。英語教育が専門の幸重美津子氏は自身の授業で学生に機械翻訳を用いて英語プレゼンテーションの原稿を作成させた実践について紹介しました。

幸重氏の発表と同様に、学生に機械翻訳を使用させた実践報告では、英語プレゼンテーションのスピーチ原稿を作成させる例がよく見受けられます。このように、機械翻訳による訳出を得た後で、口頭によるプレゼンテーションなどの機会を与えることで、学生が機械翻訳を利用して学んだことを消化することができます。訳出を得た後の活動がないと「機械翻訳をして終わり」という事になってしまいかねません。日本英語表現学会第 50 回全国大会で発表された坂本 (2021) も、英語プレゼンテーション原稿作成に際して学生に機械翻訳を使用させた実践についての報告です。坂本氏は、機械翻訳使用に対して非常に肯定的な学生が大多数であり、機械翻訳の使用が学生の英語ライティングに対する意欲向上につながる可能性があると指摘しています。

機械翻訳の使用は授業運営の観点からも有用だという指摘があります。Ang (2022) は英語で授業を行う際に口頭での指示を自動翻訳でスクリーンに投影する試みについての報告を行っています。この方法により、授業中に行うアクティビティの指示が格段にスムーズになったことや、当てられた学生が回答する前に英語による質問の意味を正しく理解できているか確認するのに役に立ったことが報告されました。ただし学生が翻訳を見ることに慣れてしまわないように、まずはなるべく自分で英語を聞くように呼び掛けているとのことでした。

2022 年に入ると、大学として機械翻訳を導入する事例が見られるようになりました。立命館大学は 2022 年 10 月 3 日付のプレスリリースにおいて、株式会社みらい翻訳が提供する機械翻訳サービス「Mirai Translator®」の有料契約を結び、約 5,000 人の学部生・大学院生を対象にして試験導入を開始したことを発表しています。さらに、大学生が機械翻訳を用いる際のコツや注意事項をまとめた「英語学習のパートナーとしての機械翻訳」という解説ビデオが立命館大学の英語教員によって作成され、一般に公開されています (立命館大学, n.d.)。立命館大学が機械翻訳を正式導入した経緯については本書の第 9 章に詳しく記載されています。

3.2　機械翻訳に関する英語教育関連の出版物

次にコロナ禍以降に発表された出版物の中から注目すべきものを紹介します。『先端教育』2020 年 2 月号では「英語教育再考」という特集が組まれています。この特集の記事「2030 年には『言葉の壁』がなくなる？　音声翻訳技術の進化と語学への影響」において、NICT（国立研究開発法人情報通信研究機構）が「2030 年には同時通訳に近いレベルを実現する」という計画を描いていることが紹介されています。そして、外国語教育への影響に関して「語学が不必要になることはない」「普通の人がいくつもの言語を習得することは難しいので、学べない言語に関しては翻訳機を利用する形が理想的」「例文集や辞書代わりに使用できる」という見解が紹介されています。

海外では日本に先んじて外国語学習に対する機械翻訳の影響に関する論文が出版されているため、田村・山田 (2021) では主な論文のレビューを行っており、今後の日本国内の状況を調査する上で参考になる研究が多数掲載されています。たとえば学生の機械翻訳の使用には懐疑的な教員が多いものの、自分で英語を修正できる上級の学生ならば役に立つ可能性があると考える教員がかなりいること (Clifford et al., 2013)、学生は機械翻訳を語彙検索やライディング課題に使用していることが多いこと (Jolley & Maimone, 2015) などです。

ガリー (2020) は 2020 年当時の雰囲気をよくとらえているエッセイです。この中でガリー氏は機械翻訳が外国語教育にどのように影響するのかはあまりにも未知であると述べています。英語学習者に英語の学習は必要なのかと聞かれた場合に何と答えるべきかわからない、機械翻訳を使って英語が上達するのかわからないので、教師が学習者に機械翻訳の利用を推奨すべきか禁止すべきかもわからない、機械翻訳によって外国語学習の動機が高まるのかどうかもわからないなど、「機械翻訳には困ったもんだ」と締めくくっています。

樋口 (2021) は大学生を対象としたアンケート調査です。「どのようなテクノロジーで言語を学習していますか？」という問いに対し、回答があった20以上のインターネット上のリソースの中で、Google 翻訳が YouTube と映画に続く第3位（211名, 51%）に選ばれています。英語教員が学生に使ってほしいであろう辞書（Weblio 等）は4位です（樋口 2021, p. 151）。機械翻訳の使用が学生の間で浸透したことがわかります。

英語教員養成のテキストに機械翻訳に関する記述が登場するようになったのもこのころです。鳥飼・鈴木・綾部・榎本 (2021)『よくわかる英語教育学』の「AI と英語教育」という章の中に「機械翻訳と英語教育」（山田優）という1頁ほどの内容があります。「機械翻訳の存在は英語教育そのものに疑問を投げかけている」と述べると同時に、プロの翻訳家が行っているプレエディット（前編集）やポストエディット（後編集）といった手法が英語教育にも応用できる可能性について言及しています。

英語教員の実態調査も行われ、機械翻訳の普及に英語教員の対応が追い付いていないことが明らかになりました。山田ら (2021) は筆者が知る限りにおいて機械翻訳について英語教員を対象として行われた日本国内では初の調査です。この報告には、調査に参加した133名のうち、教養英語を担当する日本語を母語とする大学教員60名の回答がまとめられています。学生が授業（自宅学習を含む）で機械翻訳を使うことを禁止しているかどうか質問したところ「禁止も許可もしていない」という回答が38名（約63%）で最も多い結果となりました。つまり、学生の機械翻訳使用は「野放し」の状態にあったことがわかります。また、教員自身の機械翻訳リテラシー（MTリテラシー）も高くないことがわかりました。

大学生に機械翻訳の使用を認める場合、問題となるのはどのようなルールを設定するかです。小田 (2021) では教養英語を学ぶ英語が得意でない大学生に対して以下の三つのルールを提案しています：①自分のレベル（習熟度）に合った表現のみ採用すること、②機械翻訳の結果をそのまま用いないで自分なりの表現に修正して用いること、③自分が用いる英語に責任を持つこと（小田, 2021, p. 19）。柳瀬 (2022) では、学術論文を書くための英語ライティング授業を念頭に置いて、機械翻訳使用の三つの原則として以下の3点を挙げています：①機械翻訳は下訳の提案をするだけであり翻訳の代行をするわけではない、②機械翻訳の下訳には人間の判断と修正が必要、③機械翻訳の利用については人間が自覚的に主導権と責任を取らねばならない（柳瀬, 2022, p. 3）。対象とする学生の性質が少し異なるとはいえ、両者の提案には似通った点があります。そして「機械翻訳を使用した際も、使用する英語に責任を持つのは学生である」という点で一致しています。このようなルールを設定する背景として、教育現場からは、学生が自分が提出した英語の意味を問われた際に「機械翻訳が出した英語なのでわからない」と答えることがしばしば指摘されています。

英語教員が機械翻訳使用を積極的に勧めるテキストも登場しました。幸重ら (2022) は『Let's Work with AI!　AI 翻訳でコミュニケーション』という題名が示す通り、機械翻訳使用を前提とした英語テキストです。学生が機械翻訳を用いて自らの意見を英語で書いた後、それに基づいてプレゼンテーションやディスカッションを行う構成になっています。このテキストに基づく幸重氏による授業実践の報告が本書の第 10 章に掲載されています。

西山 (2022)『理工系の AI 英作文術：誰でも簡単に正確な英文が書ける』は英語で論文を発表する必要のある理工系の大学生・大学院生を主な読者として想定した機械翻訳の活用方法を説明した案内書です。西山氏は機械翻訳を使用して英語論文をより多く執筆すれば研究者としての世界が広がると強調しています。同様の主張は他の理工系の教員からも聞かれます。理工系の研究者は大量の英文を読み英語で論文を執筆することが不可欠であるため、機械翻訳は時間の節約をもたらす強力なツールです。文系の英語教員からよく聞かれるような「その言語でしか理解できないことがある」といった情緒的な話はあまり話題になりません。なお、西山氏による理工系の学生向けの授業を想定した講義案が本書の第 11 章に掲載されています。

中学・高校の英語教員からの発信もあります。岩瀬 (2022) は中学校教諭の立場から「翻訳ソフトも、最近は驚くほど正確な訳を作れるようになった。（中略）宿題は今後、翻訳ソフトの存在を前提に考える必要がある。生徒の英作文の実力を知りたいときは、授業内で紙に書かせることが不可欠だ」と述べています。佐藤 (2022) も中学・高校での英語教育における生徒の機械翻訳使用について、学習者のレベルに合わない難しい単語が出てくる場合がある、機械翻訳で作ったプレゼンテーションの原稿を生徒自身が読めないことがある、といった問題点を挙げています。しかし興味深いことに、岩瀬氏も佐藤氏も、教育現場から機械翻訳を排除しようというよりも、いかに機械翻訳と共存できるかに注目しているようです。両氏は「辞書指導と同じように翻訳ソフト指導もより大切になっていくだろう」（岩瀬, 2022）、「自動翻訳にかけた後に自分の英語力にチューニングする作業が必須である」（佐藤, 2022）と述べています。なお、中学生・高校生に対する英語教育における機械翻訳利用については、高校教諭である守田氏が本書の第 12 章で言及しています。

以上、本節では 2020 年に発生したコロナ禍以降に発表された機械翻訳と英語教育に関する口頭発表や文書を紹介しました。特徴としては、抽象的な議論から脱出し、具体的に教室でどうすべきか議論されるようになったことが大きな変化として挙げられます。また、英語学習者を細分化して議論する動きもみられます。一概には言えないものの、理工系の学生を指導する教員のほうが学生の機械翻訳の使用に肯定的であるという印象を受けます。前述の京都大学のシンポジウムでは理工系の教員自らも機械翻訳を使用しているという発言がありました。青山学院大学のセミナーに登壇した鷲見氏が言及した学生も理工系の学生であり、西山 (2022) も理工系の読者を想定しています。機械翻訳が導入しやすい分野であるとともに、学習者の英語力育成そのものよりも、学生が研究者として自立して英語論文を執筆できることが喫緊の課題であるからだと思われます。

この時期になると、以前のような「機械翻訳の時代に英語教育は必要か否か」という極論は少なくなり、英語学習の「どの場面で学生が機械翻訳を用いると有効であるかそうでないか」という議論に焦点が移行してきました。大学生が機械翻訳を有効活用できそうな場面として提案されている内容としては、幸重ら (2022) や西山 (2022) に代表されるように、プレゼンテーションの原稿や論文執筆といったまとまった英文の作成場面が多いのが特徴です。

同時に、英語教育現場に機械翻訳を持ち込むことに対して反対意見があることにも注意する必要があります。学習者が安易に機械翻訳に頼り、学習がおろそかになることを不安視する意見があるのはもちろんですが、一種の反発のようなものがあることも指摘されています。学会発表などの公の場で話題になりにくいため全体像はわかりづらいものの、柳瀬 (2022) には機械翻訳を使用することに違和感を覚える教員・学生についての描写があります。柳瀬氏はこの中で、教員の違和感の主な理由は、英語の授業を英語オンリーで行い日本語を排除するように努めてきたところに日本語が入り込むことへの異論ではないかと推察しています。そして、日本人教員については「知の占有者としての英語教師の権威が揺らぐ」、英語ネイティブスピーカーの教員については「自分の職業的地位が大きく変わる可能性」といったことに不安を感じているのかもしれないと述べています（柳瀬, 2022, p. 6）。また、機械翻訳を使用したがらない一部の学生の例として、「これまでの自分の英語学習の努力を否定するようで、自分としては感情的に機械翻訳を使いたくない」(柳瀬, 2022, p. 6) という学生の様子を紹介しています。

おわりに

英語教育における機械翻訳使用については、賛否両論があります。しかし重要な事は、長らく一部の機械好きによってのみ論じられてきた機械翻訳が、コロナ禍によって多くの英語教員の関心事となったことです。そして、日本国内においては機械翻訳について英語教員が学会等で公に話し合うことができる風潮が2021年ごろまでに形成されました。そして2022年ごろからは、機械翻訳の積極的な活用が提案されるようになり、もはや英語教育関連学会で機械翻訳が話題になることはそれほど珍しい事ではなくなりました。この意味において、2022年は日本の英語教育史における「機械翻訳元年」と呼ぶことができるでしょう。

〈付記〉

本章は筆者による執筆物（小田, 2019, 2021, 2022）の内容より抜粋して加筆修正を加えたものです。

〈引用文献・資料〉

青山学院大学 (n.d.). 外国語ラボラトリー主催セミナー「機械翻訳と外国語教育——現状・課題・展望——」最終閲覧日 2022 年 12 月 28 日, https://www.aoyama.ac.jp/post06/2021/event_20220209_04

浅野享三 (2018).「人工知能時代の外国語教育」『南山大学短期大学部紀要』終刊号, 95–105.

井佐原均（2019 年 6 月 22 日）.「ディープラーニングで進化する機械翻訳　何ができて、何ができないか」JACET 関西支部 2019 年度第 1 回支部講演会, 神戸国際会館.

石臥薫子・高橋有紀 (2018).「英語呪縛からの脱却」『AERA』2018 年 3 月 5 日, 13–17. 朝日新聞社.

伊藤大輔（2020 年 6 月 6 日－7 日）.「機械翻訳を無効化する教材の作り方」中国語教育学会第 18 回全国大会（オンライン開催）.

岩瀬俊介 (2022).「英語教育の未来」『英語教育』, 71(3), 34–35.

上山恭男 (1991).「機械翻訳システムを用いた英語の授業」『JACET 全国大会要綱 30』, 25–26. 大学英語教育学会.

NITC（国立研究開発法人情報通信研究機構）(2022).「英語教育再考」『先端教育』2020 年 2 月号, 26–27.

小田登志子 (2019).「機械翻訳と共存する外国語学習活動とは」『人文自然科学論集』145, 3–27. 東京経済大学.

小田登志子 (2021).「機械翻訳が一般教養英語に与える影響に対応するには」『人文自然科学論集』149, 3–27. 東京経済大学.

小田登志子 (2022).「機械翻訳時代に学習者が意味を見出す大学教養英語教育とは」『人文自然科学論集』151, 17–49. 東京経済大学.

ガリー, T.（2021 年 6 月 23 日）.「語学教育と MT：機械翻訳の問題——第二言語教育の立場から——」一般社団法人アジア太平洋機械翻訳協会第 2 回定時社員総会（オンライン開催）.

ガリー, T. (2020).「ニューラル MT の問題」『AAMT Journal』, 72, 1–2.

川添愛 (2019).「今の AI について押さえておきたいこと」『英語教育』, 68(1), 66–67.

川添愛 (2019).「音声を言葉として聞き取る」『英語教育』, 68(2), 66–67.

川添愛 (2019).「機械翻訳の現状と展望（前半）」『英語教育』, 68(3), 66–67.

川添愛 (2019).「機械翻訳の現状と展望（後半）」『英語教育』, 68(4), 66–67.

京都大学国際高等教育院（2021年12月4日—5日）. 京都大学創立125周年記念シンポジウム 転換期の大学語学教育—— AI翻訳とポスト・コロナへの対応——（オンライン開催）. 最終閲覧日2022年12月28日, https://sites.google.com/view/125th-sympo-language-education/home

工藤洋路・津久井貴之（2019年2月4日）.「「自動翻訳機のある時代に、なぜ英語を勉強しますか」と言われたら」『English Coffee Break』三省堂. 最終閲覧日2022年12月28日, https://tb.sanseido-publ.co.jp/column/dialogue/column-3082/

藏屋伸子 (2019).「英語ライティング指導における機械翻訳サービスの利用意義」『国際情報研究』, 16(1), 24–35.

『ことばと社会』編集委員会 (2022).『ことばと社会』, 24. 三元社.

坂本輝世（2021年12月18日）.「英語コミュニケーションへの意欲と機械翻訳」日本英語表現学会第50回全国大会（オンライン開催）.

佐藤貴明 (2022).「中学校の言語活動での正確性はどこまで？」『英語教育』, 71(3), 24–25.

JACET教育問題研究会 (2019).『語学教育エキスポ2019予稿集』最終閲覧日2022年12月29日, http://www.waseda.jp/assoc-jacetenedu/expo2019.pdf

関谷英里子 (2018).「AI時代に英語を学ぶということ」『英語教育』, 66(12), 28–29.

高尾泰朗（2018年3月4日）.「語学力より異文化理解力　自動翻訳、世界を一つに」『日本経済新聞電子版』最終閲覧日2022年12月29日, https://www.nikkei.com/article/DGXMZO30864790T20C18A5000000/

高橋秀彰（2021年12月11日）.「機械翻訳と中上級レベルの英語学習者のパフォーマンス比較から考える外国語教育政策の可能性」日本通訳翻訳学会関西支部第57回例会（オンライン開催）.

高橋有紀 (2018).「必要なのは「手直し力」」『AERA』2019年3月5日, 19–21. 朝日新聞社.

竹内和雄 (2017).「AI時代に英語教育は必要か？」『英語教育』, 66(6), 30–31.

田村颯登・山田優 (2021).「外国語教育現場における機械翻訳の使用に関する実態調査：先行研究レビュー」『MITIS Journal』, 2(2), 55–66.

鳥飼玖美子・鈴木希明・綾部保志・榎本剛士 (2021).『よくわかる英語教育学』ミネルヴァ書房.

仲潔（2018年3月30日）.「これからの英語教育の話を続けよう 第5回 ICT技術の発達と英語教育」『ひつじ書房ウェブマガジン未草』最終閲覧日2018年3月30日, http://www.hituzi.co.jp/hituzigusa/2018/03/30/letstalk-5/

成田一 (2011).「グローバル時代のコミュニケーション：機械翻訳は英語教育を救えるか」『Japio year book 2011』, 224–233. 日本特許情報機構.

成田一 (2013).「日本人に相応しい英語教育：外国語習得の仕組みと言語差」『Japio year book 2013』, 242–251. 日本特許情報機構.

成田一 (2014).「日本の英語教育の原点：「英語で授業」から文法訳読への回帰」『Japio year book 2014』, 220–229. 日本特許情報機構.

成田一 (2019).「機械翻訳の高度化と英語教育」『Japio YEAR BOOK 2019』, 264–273.

西山聖久 (2022).『理工系の AI 英作文術：誰でも簡単に正確な英文が書ける』化学同人.

萩野紫穂 (2009).「日本語研究と機械翻訳」『日本語学』, *28*(12), 72–80.

樋口拓也 (2021).「遠隔授業から見えてくる「つながり」: 大学生のオンライン言語学習サービスの利用状況と意識調査」『「つながる」ための言語教育：アフターコロナのことばと社会』(pp. 141–157). 明石書店.

松尾豊 (2015).『人工知能は人間を超えるか ディープラーニングの先にあるもの』KADOKAWA/中経出版.

松本茂・上山恭男 (1993).「英語教育における機械翻訳システムの利用」『教育情報科学』, *21*, 27–43. 北海道教育大学.

三木徹・高村博正 (2002).「機械翻訳セミナーからのフィードバック　発信型英語教育の可能性」『大谷女子大学英語英文学研究』, *29*, 99–117. 大谷女子大学.

柳瀬陽介 (2022).「機械翻訳が問い直す知性・言語・言語教育——サイボーグ・言語ゲーム・複言語主義——」『外国語メディア学会関東支部研究紀要』, *7*, 1–17.

山田優・ラングリッツ久佳・小田登志子・守田智裕・田村颯登・平岡裕資・入江敏子 (2021).「日本の大学における教養教育英語と機械翻訳に関する予備的調査」『通訳翻訳研究への招待』, *23*, 139–159.

幸重美津子・蔦田和美（2021 年 8 月 25 日－29 日）.「大学英語授業における機械翻訳 (MT) の活用——実践的英語使用者としての自律学習者育成の観点から」JACET 第 60 回記念国際大会（オンライン開催）.

幸重美津子・蔦田和美・西山幹枝・Tom Gally (2022).『Let's Work with AI!　AI 翻訳でコミュニケーション』三修社.

立命館大学（2022 年 10 月 3 日）.「大学の英語授業に AI 自動翻訳サービスを試験導入学生・院生約 5,000 人を対象に、翻訳ツールを用いて新しい英語教育の可能性を検証」『立命館大学プレスリリース』. 最終閲覧日 2022 年 12 月 28 日, https://www.ritsumei.ac.jp/profile/pressrelease_detail/?id=719

立命館大学 (n.d.).『英語学習のパートナーとしての機械翻訳』[動画]. YouTube. 最終閲覧日 2022 年 12 月 28 日, https://www.youtube.com/watch?v= YQDm8qLpIzc&ab_channel=RitsPEPChannel

Ang, T. (2022, June 17–19). *Real time translation & translation for class instruction and lecture: A workshop* [Paper presentation]. JALTCALL 2022. Online.

Clifford, J., Merschel, L., & Munné, J. (2013). Surveying the landscape: What is the role of machine translation in language learning? *@tic, 10*, 108–121.

Jolley, J. R., & Maimone, L. (2015). Free online machine translation: Use and perceptions by Spanish students and instructors. *Learn Languages, Explore Cultures, Transform Lives*, 181–200. https://digitalcommons.unl.edu/cgi/

viewcontent.cgi?article=1298&context=teachlearnfacpub#page=202

Gally, T. (2022, December 27). *ChatGPT and language education*. Gally.Net. https://www.gally.net/temp/202212chatgpt/index.html

Kennedy, O. (2021, June 4–6). *Unexpected student writing strategies during the Covid-19 pandemic* [Paper presentation], JALTCALL2021, Online.

Wiz, C., & White, B. (2019, May 31–June 2). *Does machine translation impact L1 and L2 writing? And does it matter?* [Paper presentation]. JALTCALL2019, Aoyama Gakuin University, Tokyo.

第4章
機械翻訳は英語教育にどのような影響を与えうるか

山中　司

はじめに

本章では、これから先じわりじわりと効いてくるであろう、機械翻訳の未来における影響に関して、英語教育に焦点を当てて考えてみたいと思っています。「じわりじわり」と書いたのは、茹でガエルの如く、まさに現在進行形で機械翻訳が存在し、その影響が出てくるのはこれからだと思うからです。つまり、今の私たちにはまだよく分かりません。もちろん、既に各所で具体的な影響が出始めていますからその萌芽は垣間見えるものの、やはり本格的な影響はこれからでしょう。本章ではその辺りについて、私自身の仮説も含め、比較的自由に論じてみたいと思います[1]。

まず、機械翻訳の影響を考える際に、とても参考になる現象があります。それがインターネットです。インターネットとは、もともとネットワーク系の研究分野におけるブレークスルーでした。分野としては工学の分野になるでしょうか。まさに、この分野における革命的な新技術でした。しかしここで注目したいのは、現在インターネットについて研究したり、語ったり、述べたりするのは、もはや工学やネットワークの専門家だけではないということです。つまり、インターネットという技術革新は、単なる工学の研究領域を超え、幅広く学際的・超領域的に扱われています。さらに研究どころか、今やそれが生活の隅々にまで浸透し、買い物から娯楽、教育や診療まで、大変身近に存在しています。

それぞれの研究分野では、その分野内での革命的な出来事は意外にもたくさん存在します。ただし、それが分野を跨いで、さらに一般にまで浸透し、身近なレベルで話されたり、論じられたりすることは極めて稀です。それ故にインターネットは例外的な現象で、だからこそ社会に大きなインパクトをもたらしたと言えるわけです。

もう少しインターネットの話を続けましょう。インターネットが、先に述べたようなネットワーク工学の技術論に終始するのみだったら、これほど一般には広まらなかったでしょうし、インターネットを経済に、政治に、教育に取り入れようと多くの人が躍起になったりはしなかったでしょう。小難しい技術論はよく分からないからです。しかしインターネットは、そうした細かな技術的仕組みはさておき、それを一つの考え、さらにいえば「思想」として私たちが捉えることを可能にしてくれました（井関, 1998）。例えば、インターネットサイトによく見られるWWWとは、world wide webの略、つまり「関係の蜘蛛の巣」を意味し、世界中につながるネットワークの網を連想させます。インターネットの登場で、世界中が一つにつながり、誰もが等しく受信だけでなく発信ができる、しかもそれが一瞬で実現する……。インターネットの特徴は、一つの新しい考えや価値観、つまり思想を私たちにもたらしたのです。ここでは詳述しませんが、ネットワーク設計の自律・分散・協調という考え方（村井, 1995）も、十分社会的に適用・応用し得るものです。こうした考えが理解できる限りにおいて、私たちの誰もがインターネットを語り、利用し、自分の分野で研究することができます。インターネットは、もはや技術ではなく、一つの考えに昇華しているのです。

私は同じことが、機械翻訳にも当てはまるのではないかと考えています。機械翻訳は、同じく工学分野における、AI（人工知能）研究の一つの成果です。したがって本来は、こうした分野に関連する研究者が作り、論じ、研究していたのでしょうが、今やその影響は外国語（英語）教育や、翻訳の分野にまで着実に及んでいます。ビジネスでの使用は今後ますます広がるでしょうし、機械翻訳に関する様々な仕事やアプリが立ち上がり、大きな市場規模を持つ可能性もあります。つまり、既に機械翻訳は出自の分野を軽々と飛び越え、社会の様々な分野や領域に影響を与え始めていることが分かるはずです。

そうなると次は何か、インターネットにあって機械翻訳には（まだ）ないものは何か、それこそが「思想」だと思うわけです。もちろんインターネットそのものが思想を持っていたわけではなく、後付けで人がそれに意味づけをしたのと同じように、機械翻訳自体も何か思想を持っているわけではありません。「機械翻訳とはどういうものなのか」ということを人々が考えることで、そこに意味づけが発生し、それが思想となります。こうした動きはまさにこれからだと思いますが、本章では、少しそれを先取りしてみたいと思っているわけです。

1　燦然と輝く母語話者の直観

機械翻訳が与える思想的なインパクトを論じるにあたり、まず議論しておきたいキーワードがあります。それが母語話者の直観 (native intuitions) と呼ばれるものです。これは言葉の通り、ある言語を母語 (第一言語) として持つ者が、直観としてその言語が理解できるというものです。直観とは直感とは違います。単に勘が当たる、外れるということではなく、まさに「直」に真理を「観」るわけで、そこに狂いはありません。少し日本語の例で考えてみましょう。

次の日本語の問題を考えてみて下さい。

◆ 次の例文で、「を」か「に」を選んで補って下さい。ただしそれぞれの助詞は一度しか使えません。

(1) かぐや姫　は　空　(　を　／　に　)　のぼった。
(2) 龍　は　空　(　を　／　に　)　のぼった。

（山中，2021: 101）

日本語を母語とする読者の皆さんであれば、当然 (1) の答えは「に」、(2) の答えは「を」を選ぶと思います。もちろん両文共どちらも使えるとは思いますが、どちらか 1 つ、それぞれ 1 回ずつ使用と言われれば、上記の答えになります。しかしなぜそのような回答になるのでしょう。その理由を的確に説明できる日本人は何人いるでしょうか。

私は大学で言語に関する授業を持っていますので、留学生に聞いてみると、やはりこうした問題は難しいと言います。日本人の友達に聞いてもイメージだと言うだけで、こうした問題を百発百中で当てることは決して簡単ではないようです。これが母語話者の直観です。これは母語として獲得した言語であれば、誰もが持っている、ある種「不思議な」能力です[2]。決して誰かから明示的に教えられたわけでもなければ、決してその仕組みをうまく説明できるわけでもないのに、いきなり答えに辿り着ける、まさに直観を持っているわけです。

さて、ここまでは私たちの母語である日本語ですから余裕もありましたが、これが英語になると非母語話者である日本人は途端に苦戦します。これは私自身の経験ですが、例えば言語学の教科書的な知識として、かつて以下の大変有名な英文に遭遇しました。

(1) Colorless green ideas sleep furiously.

(2) *Furiously sleep ideas green colorless.

Chomsky (1957: 15)

(1) と (2) の違いですが、(1) は文法的には正しくとも意味的にははちゃめちゃ（私訳：色のない緑色の考えが獰猛に眠る）、(2) はそれに輪をかけて文法的にもはちゃめちゃ、ということを表した例文です。これを提示したのは Noam Chomsky という言語学者で、言語学の内部的には前世紀いくつもの革命をもたらした張本人ですが、この 2 つの英文を出して、Chomsky は、これら 2 つとも「英語から遠い (equally “remote” from English)」と表現しました。これらの 2 文はこれまでもこれからも起こりうる可能性が極めて低い、だからこれらは正しい用法ではない（受け入れられない）と述べたわけです。

私自身、多少英文法には自信がありましたので、(2) が文法的におかしいことは分かりましたし、(1) が文法的にはおそらくいけそうだ（間違っていない）ということは何となく分かりました。しかし、私は英語のネイティブ・スピーカーではないので、(1) が意味的に絶対おかしくて、英語として生じ得る可能性が限りなく低く、それ故、英語としてあり得ないとは「直観的に」分かりませんでした。

もちろん例としては極端ですので、私以外の読者は (1) が存在し得ない英文であることは簡単にお分かりかもしれません。しかし、母語でない言語で文が書かれていて、それっぽく字面が整っていたら、それもあり得るのではないか、貧乏根性の私からしたらそう思ってしまうわけです。早い話が、英語の非母語話者である私には、それが英語から本当に「遠い」のかどうか、はっきり言って分からないということです。

話がこの程度で済むならば、牧歌的な教養の話として終わるのですが、言語学を研究する者にとってはこれがのっぴきならない話になってきます。Chomsky は自説を強行に主張し、首尾一貫して己の主張を曲げないことで有名ですが、その Chomsky が、自身が進める言語学においては、この母語話者の直観を証拠とし、言語評価に用いることを堂々と宣言したのです。つまり英語のネイティブ・スピーカーが、「そんな言い方はしないよ」と言えば、その英語の例文はデータとして認められず、逆にネイティブが使っているならば、それが非母語話者からしたら決して納得いかなくても、正しい英語の用例として採録されてしまうことになるわけです。当然、ネイティブ・スピーカーの言うことなのだから尊重するべきだし、正しいに決まっているという意見は至極真っ当で、私もこれ自体を否定するつもりはありません。しかしこれの何が問題なのかというと、要は英語の母語話者以外の者にとって、これはとてつもなく虚しいのです。

英語という言語において、それを母語として扱う人口は決して多くありません。圧倒的に世界中の多くの人が、英語の非母語話者として、わざわざ時間とお金をかけて英語を習い、身につけられるよう努力します。しかし非母語話者にとって、こうした学習は、いつまで続ければよいのでしょうか？別の言い方をするなら、完全に英語をマスターした状態、すなわち学習の「ゴール」はあるのでしょうか？残念ながら、母語話者の直観という概念が存在する限り、ゴールは「無い」ということになります。たとえどれだけ学び続け、意識し、母語話者の英語に同化させようと努力しても、赤ん坊からやり直しでもしない限り、それをついに母語として獲得はできないのです。ですから最後に一言、母語話者から「そんな言い方はしないよね」と言われてしまったらそれで全て終わり、結局、母語話者が持つ英語力には敵わないのです。勉強とはそのようなものなのかもしれませんし、謙虚な心も美しいと思います。しかし非母語話者が最後の最後まで報われないのは、私にはどうしても納得いかないのです。先の話で言うなら、Chomsky が考える英語を対象とした言語学研究には、非母語話者は母語話者の助けなしには参入できないことになります。これを虚しいと言わず何を虚しいと言うのでしょうか。

実は私自身、こうした場面に直面したことがあります。内容が内容なだけにあまり詳細なことは書けませんが、大学入試（英語）の作問の場面というのは、まさに英語母語話者の独壇場です。ネイティブ・スピーカー同士が、「これは言える」、「これは言えない」と自身の直観を頼りに圧倒的に議論をリードします。当たり前と言えば当たり前なのかもしれませんが、しかし私だって英語教育者としてのプライドもあります。懸命に議論に参加したとしても、「うまく説明はできないんだけど、そういう言い方はしないんだ」と母語話者に言われてしまったら最後、ぐうの音も出ないわけです。何とも言えない忸怩たる思いを何度もして来ました。

こうした具体的な例をあげつらうことで、英語の母語話者が「偉そうだ」とか、「学習者を下に見ている」と言いたいわけではありません。Chomsky だって決して悪意を持って母語話者の直観を特権視したわけでもないでしょう。しかし、母語話者（第一言語話者）と非母語話者（第二［以降の］言語話者）が置かれている構図とは、まさに、圧倒的優位なポジションに君臨する母語話者と、どれだけ頑張ってもそれを乗り越えることができない非母語話者以外の何物でもないのです。

2　中間言語という烙印

不幸にもこうした構図が理論化される試みがかつては存在しました。Selinker (1972) によって打ち立てられた「中間言語論 (interlanguage)」です。中間言語とは、母語話者を頂点とし、第二言語話者がターゲット言語（英語学習者ならば英語）の習得に応じて、母語話者の言語に次第に近づいていく様を概念化したものです。だからこそ、第二言語学習者は、0% の全く話せない状態から、100% の母語話者のように話せる中間地点、つまり、中間言語を獲得しており、学習によって、次第に 100% の状態に近づくと考えたのです。非常に分かりやすい図式だと思いますが、私からしたら、先の議論の通り 100% の状態に到達することは蜃気楼であり、しかも「中間言語」と、ありもしない仮想の言語を名づけるのは結構なことですが、要は「宙ぶらりん」の言語状態だと馬鹿にしているようなものです。かつてこの中間言語論が、応用言語学内で大真面目に研究されてきました[3]。

中間言語論では、例えば第二言語学習者が持つ母語（英語を学んでいる日本人であれば日本語）が、時にターゲット言語の獲得に「邪魔になる」と考えました。例えば日本語の母語話者は、英語のように、常に a や the のような冠詞や、単複の概念を考えながら話しているわけではありません。それは日本語が劣っているからでは決してなく、単に日本語がそのようなものであるからなのですが、いざ日本人が英語を話すとなると、日本語では普段なかなか考えないため、冠詞や単複の概念がぼろぼろ落ちるわけです。これを母語（日本語）が「干渉している」と考えました。あるいは、日本人が L と R の発音が苦手なのは有名ですが（これも日本語がそもそもこれらを区別しないため当たり前なのですが）、かなり英語が話せるようになっても、L と R に限っていつまで経っても区別して話せない場合があります。これを「化石化」と称し、誤った状態で言語が獲得され、その状態が矯正されないとみなしました。その結果、第二言語習得では盛んに「エラー分析」が行われ、学習者が陥りがちな間違いの特徴が列挙され、それを教授法に活かす実践が数多く提案されてきたのです。

もちろんこうした研究にも悪意はなく、第二言語学習者の地位を不当に貶めるためのものでもないと私も思います。事実、このように日本人にありがちな間違いをまとめてくれたり、その都度発音のエラーをチェックしてくれる教育を「ありがたい」と思う方もいらっしゃると思います。しかしやはり私は納得いきません。これではいつまで経ってもネイティブ・スピーカーは先生のままで、いつまで経っても日本人は至らないままの学習者です。気にしなければよいだけかもしれませんが、それではこの世界の英語母語話者の圧倒的優位は変わりません。英語母語話者は何の苦労もなく、自分の母語である英語を直観で用い、非母語話者は膨大な「コスト」をかけてそれを学び、ゴールなきゴールを一生目指すわけです。そんなのフェアではありません。

3　コーパス言語学による「対抗」

もちろん、こうした事態に、応用言語学の研究者らが黙っていたわけではありません。事実、先の Chomsky の言及に従えば、英語の母語話者以外は英語の言語学的研究はできないことになりますから、それでは困るわけです。そこで彼らが着目したのが武器としてのコーパスであり、コーパス言語学はそのための有効な学問分野だったと私は思っています。コーパス言語学については本章の主題から逸れますので、ポイントだけを述べたいと思います。

コーパス研究者は、母語話者が直観を頼りにするように、圧倒的な「データ」を頼りにします。コンピューターの発達も幸いし、膨大な量を誇る英語データベースを用意し、そこでの使用例や使用頻度で、英語の実際の使われ方を研究しました。つまり、英語の母語話者が「そんな使い方しないよ」と言おうものなら、コーパス研究者は、直ちに過去に使用された膨大なデータベースを検索することで、実際にそういう言い方がかつて使われていたという確かな証拠を持って来るわけです。そうしたデータを突きつけられて、今度は母語話者の方がぐうの音も出なくなるはずでした。しかしそうはならなかったのです。

ここでその理由を詳しくは述べませんが、コーパス言語学者の研究者としての慎ましさや、コーパスが（過去の）分析に強く、産出面（生成面）での研究が不十分だったこと、母語話者の直観に対する根強い崇拝があったことなどが考えられると私は思っています。いずれにせよ、コーパス言語学を持ってしても、母語話者優位の構図はびくともしなかったということです。

4　機械翻訳による「対抗」

さて、ここで満を持して登場するのが（ニューラル）機械翻訳です。私はこの機械翻訳に、母語話者の直観を「脱魔術化 (disenchantment)」する力があると考えており、本章の一番の主張はそれになります。順を追って見ていきましょう。

機械翻訳の優れた点は多くありますが、その中でも最大の特徴が、（ほぼ全ての）学習者よりも熟達した英語能力を機械翻訳側が保持していることです。これは本書の他の章でも何度も言及されていることです。つまり、学習者は機械翻訳を使えば、自力では到底思いつかなかったような英文が産出でき、これまで表現したくてもできなかったことを表現できるようになることです。

これは、機械翻訳以外のいかなる英語学習のサポートサービスとも異なる性格のものです。これまで英文を校正するソフト、発音を評価するソフト、読解を確かめるソフトなど、様々な ICT を活用した学習支援のサービスが存在してきましたが、これらは、あくまで学習者のサポートや支援にとどまるもので、早い話が「オリジナルな産出」がなければ話になりません。この意味で、これらは英語学習という「領域内」での大きな出来事だったと思います。しかし機械翻訳は、学習者にとっての母語（日本人の英語学習者であれば日本語）の知識さえあれば、最悪、英語の知識が全くなくても英語が産出できるわけです。ある意味でこれは教育の全否定ですが、その是非はさておき、機械翻訳の存在がいかに一つの領域にとどまるだけでは到底済まない、革命的な出来事であるかが分かると思います。

とは言え、機械翻訳には誤訳がつきものです。現時点での性能では、機械翻訳に完璧な信頼を置くことにはリスクがありますし、この点については誰も否定しないでしょう。しかしながら、そのまま信頼してもよい場合も存在することも確かで、誤訳があるからと言って、ばっさりと機械翻訳を切り捨ててしまうのも芸がないというものです。そこで少し細かく項目を区切って見ていきたいと思います。

4.1　母語話者の直観 vs 機械翻訳の産出：文法面

1 で、Chomsky が提示した 2 つの文を紹介しました。(1) は意味がおかしく（意味論的問題）、(2) は意味も文法もおかしかったわけですが（意味論的問題＋統語［文法］論的問題）、機械翻訳の産出に関して、(2) のような文はまず起こり得ません。なぜなら、機械翻訳が編み出す言語は、母語話者が発した膨大なコーパスをもとに AI が学習したものですから、文法的に成り立たない文（非文）が産出される可能性は限りなく低いと考えられるからです。したがって誤訳が起こるとしたら、文法的な間違いが産出されるのではなく、意味やニュアンスが時に違ってしまうことを意味します。つまり、文法的な正しさ（のみ）の対決では、母語話者と機械翻訳はほぼ互角だと言えるのです。

4.2　母語話者の直観 vs 機械翻訳の産出：内容面

次に産出文の中身（内容面）ですが、これは先の誤訳の議論に繋がりますので、機械翻訳は完璧ではありません。母語話者の方が常識も経験も持ち合わせていますから、母語話者が百発百中だとすると、機械翻訳はそれには劣ることになります。したがって軍配は母語話者に上がりますが、今後は機械翻訳の誤訳を限りなく少なくしていくことにプログラマーは注力すればよいだけで、いずれ（ほぼ）同等になる日が来ると私は思っています。今の機械翻訳の結果だけを見て、母語話者の勝ちを結論づけるのは時期尚早と言えるでしょう。

4.3　母語話者 vs 機械翻訳：第二言語話者の意図表出

さて、最後に本章が着目したいのは第二言語話者の意図表出における機械翻訳のパワーです。先に、既存の英語学習サポートサービスには「(学習者が自力で作った）元の文」が必要だということを述べました。これは英語の母語話者が非母語話者の英語を「直す」過程においても同じです。母語話者は、第二言語学習者の発する英文の意図をある程度汲み取った上で、それを知識や直観を用いて見事なまでに修正し、磨き上げることができます。しかし、それも「元の文」があってのことです。元の文がゼロ情報であるならば、テレパシーでも用いない限り、第二言語話者の言いたいことを理解し、それを英語で表明することは不可能です。あるいは、第二言語話者が、自身の英語運用能力の不足から、言いたいことの1割程度しか英語で表現できていなかった場合、そこから母語話者が意図を汲み取って残りの9割を補うこともまた不可能なことでしょう。そして分かってもらえないからと言って、第二言語学習者にとっての第一言語（日本人英語学習者にとっての日本語）で表出しても、今度は、英語の母語話者が日本語の母語話者が持つ直観を持たないため、日本人母語話者が真に表出したいことを漏れなく汲み取ることは不可能です。つまり、英語母語話者とて、英語の非母語話者を相手にした場合、もはや全能ではないのです。

ところが機械翻訳は違います。英語教育の文脈で機械翻訳の特徴を考える場合、先に指摘した、機械翻訳が学習者の英語能力を凌駕すること以外に、もう 1 つ、他の教授法には見られない画期的な特徴があります。それは、学習者の母語の使用を推奨するどころか、全面的に依存する点です。

専門的な議論を待つまでもなく、英語を学習するなら、全て英語でやった方が良いと思うことは自然なことです。昨今の日本の英語の授業でも「オールイングリッシュ」で教師が行うことが一つの評価軸になっていることからもそれはよく分かると思います。変に日本語を介在させることで、先に議論した母語干渉や化石化を促進してしまう可能性も指摘できるわけで、外国語教育において、母語の使用は煙たがられ、一貫して敬遠されてきました (cf. Cook, 2010; Yamada, 2019)。ところが機械翻訳は、まさに「翻訳」ですから、母語の介入がむしろ当然となります。そして、機械翻訳はこの母語の潜在的な力をうまく使うのです。

ある英語の文がどのような意味を持ち、どのようなニュアンスを持つのか、英語の非母語話者であれば、その違いを的確に感じ取ることは難しいですが、しかし、それをバックトランスレーション（逆翻訳）し、母語を介して理解できるとしたら話は途端に違ってきます。微妙な英語の違いを、母語話者の直観なしに感じ取ることは無理でも、翻訳を介して、今度は学習者が持つ母語の直観を用いて理解できる可能性が、機械翻訳によって拓けてきたのです。そしてこれは、第二言語話者の受信行為だけでなく、発信行為においても同じです。学習者の第一言語（母語）をふんだんに用いることで、ターゲット言語における微妙なニュアンスを表現し分けることができるようになります。つまり機械翻訳は、第二言語学習者（英語を学習する日本人）の意図に対する、英語母語話者の推し量りよりも遥かに正しく、遥かに多くの情報量のやり取りを可能にし、非母語話者のターゲット言語での生産性を格段に高めます。これは母語話者には叶わなかったことで、この時点でついに、機械翻訳は母語話者の直観に勝るようになるのです。

少々大袈裟に、荒っぽく現象を捉えているかもしれません。しかし本筋は決して間違っていないと思っています。機械翻訳によって実現される世界では、機械翻訳という「武器」で武装した第二言語話者は、もはや第一言語話者と対等に情報をやり取りが可能になります。そしてそこには主従関係も、優位性も存在しません。母語話者への同化や目標のドライブもかかっていません。いわば第一言語話者と第二言語話者がフェアに横に並んだ、言語的優劣が取り除かれたフェアな世界が待っているのです。

5　母語話者の直観の脱魔術化による構図の解体

ここまで議論してきたように、これまでは第二言語学習者には、目の前に立ちはだかる決して越えられない母語話者の直観という「壁」があったため、それが第一言語話者の優位性を強固にし、それによって学習者を、永遠に続く中間言語学習者の地位に甘んじさせる構図を作り出してきたように思います。これが過剰になると、学習者によっては、母語話者を極端に理想化し、同化の対象とさえ崇める姿勢をもたらす可能性すらありました（山中, 2021)。この現象を私は、母語話者の直観に対する魔術化 (enchantment) と述べたいと思います。そして機械翻訳の出現によってこの魔術が解かれ、母語話者に対する脱魔術化が起こる、そうした根本的な考え方の変化や構図の解体こそ、思想としての機械翻訳の役割だと述べたいのです。

脱魔術化とは、もとはMax Weber (1917, 1919, cf. Cascardi, 1992) が、近代化によってもたらされた宗教からの合理化を意味して使った言葉です。それまでの中世の魔術的な価値観を、西欧近代における理性の光によって正すことを意図して使われました。本章では新たにこの概念を、母語話者の直観に対する崇拝が解かれ、母語話者と第二言語話者が言語の面で対等に並ぶという意味で用いたいと思います。

脱魔術化された英語は、もはや母語話者の所有物ではありません[4]。是非はさておき、第一言語話者と第二言語話者が横一線に並ぶ言語のやり取りを通して、期待される英語は、どんどん機械翻訳が産出する（しやすい）英語に近づいていくでしょう。母語話者の英語ですら訂正され、簡潔にされたり、表現が分かりやすいものに書き換えられたりすることも出てくると思います。その先に存在する「英語」とは、民主的で誰にとっても取り扱い可能な、コモンズとしての英語です。これはKachru (1986) の定義に合わせるなら、もはや“inner circle（内円）”としての英語ではなく、“outer circle（外円）”もしくは“expanding circle（拡大円）”としての英語だと思います。単にそれが使われていると言いたいのではありません。英語の規範（お手本 [norm/prescription]）自体がぐらつき、動きつつあるのです。

6　脱魔術化の先にある英語教育とはどのようなものか？

さて、こうした脱魔術化が本当に起こったならば、一体全体英語教育はどう変わるのでしょうか。最後に、こうした思想的インパクトがもたらす英語教育の含意について展望してみたいと思います。

まず大前提として、繰り返しますが、機械翻訳は誤訳をしますし、常に母語話者の直観に匹敵するだけの産出能力を現時点で持っているわけではありません。そして常に第二言語話者が機械翻訳の恩恵にあやかれるかと言えばそうではなく、これも現時点でのことにはなりますが、即時的な対応が必要な場面ではタイムラグが発生し、十分役に立ちません。また、機械翻訳をどのように英語教育のツールとして使えば良いのか、すなわち、第二言語学習者の英語運用能力を伸ばすための機械翻訳の使い方はまだこれからで、本書では様々な章でその提案をしているつもりです。そしてきっとこれからも第二言語学習者の「生身の（機械翻訳を使用しない）」外国語運用能力を評価するテストは健在で、おそらくこれから先かなり時代を経ても、TOEFL や IELTS で機械翻訳の使用が許可されることは考えにくいと思います。脱魔術化は大きな現象として起こりつつあると私は本気で考えていますが、個別具体的な事例を見ていけば、それに当てはまらない現象は無数に発生するでしょう。つまり、学習者の生身の英語力、機械翻訳で武装しない非武装の英語力を伸ばすための外国語教育は、脳に機械翻訳機能を埋め込むことにでもならない限り、これからも存在するでしょうし、そのニーズが消え去ることはないと思います。ですから私も、もう英語教育はいらないなどと極論を述べるつもりはありません[5]。

しかし、英語教育が取り扱う内容や、その方向性は、機械翻訳の出現によって大きく変わらざるを得ず、そして変えていくべきだと強く思います。つまり、英語教育自体を解体する必要はなくとも、これまでの英語教育は解体し、御破算の状態からもう一度考え直した方がよい、またそこにこそ第二言語話者である日本人の研究者・教育者にとってのチャンスがあると考えるのが私の立場です。

ポイントは、目指されるべき英語の規範が変わっているということです。ゲームが変わり、ルールが変わっているのです。これまでのように、母語話者のような英語を話したり、それに近づけたりすることが目標ではなく、機械翻訳をうまく使って、学習者の第一言語で表現したい内容をプラグマティックに英語で実現することがこれからの目的になります。評価は一般的になされるのではなく、都度のコミュニケーションがどの程度成立するのか、その質の方が問われることになるでしょう。繰り返しますが、英語教育の関心はもはや、学習者の英語がネイティブ・スピーカーの話す「正しい」それにいかに近づけるかではありません。そうではなく、学習者の第一言語であれば表現したかった内容を、機械翻訳という武器を使いこなしてどの程度実現し、より有意義で豊かなコミュニケーションができたかどうかに移っていくでしょう。これは、機械翻訳によって生産性を格段に向上させた第二言語話者が、言語知識や母語話者の直観による不利益を被ることなく、肝心な「内容」そのもので勝負できるようになることを意味します。これはすごいことだと思いますし、ついに、英語非母語話者が正統に活躍できる時代の到来です。

何を隠そう、その時に使用する教材も、教授法も、教員養成も、評価法も、実はまだ何も整っていません。開発や考案はこれからです。これまでの外国語教授法の研究や実践の蓄積を否定はしませんし、それも少しは役に立つでしょうが、圧倒的に多くのものを新規で考える必要がありそうです。異分野からの参入が求められます。現時点では専門家は誰もいません。これまでの英語の先生や研究者もそのままの知識では使い物になりません。まさに、みんなで力を合わせて作り上げるべき新しい分野が目の前に出現しているのです。

おわりに

TESOLという英語の分野があります。Teaching English to Speakers of Other Languagesの略ですが、英語を非母語話者に教えるための教授の仕方を研究し、教える学問領域です。海外や国内の専門機関でこうした資格を取るために努力された日本人の英語の先生方も少なからずおられると思います。そして TESOL を教える教員や研究者の重鎮たちは、ほぼ英語の母語話者で占められていますが、私はこのことにずっと不満がありました。英語の教え方の学問分野ですから当然かもしれません。しかし、母語話者の直観を持つ英語のネイティブ・スピーカーには、私たち日本人学習者の悲哀は決して分かってもらえないでしょうし、分かりたくとも分かりようがありません。無駄だと分かって英語を勉強する者など一人もいないはずです。私たちは英語の中間言語話者として、時に不当にへり下りながら、それでも英語を思うように使いこなす日を夢見て、これまでひたむきに努力してきました。学習者の真の辛さが分かる第二言語話者こそ、本来は一番の外国語教育の適任者だと思っています。

しかし機械翻訳の出現によって、私たちは英語の母語話者をお手本にする必要がもはやなくなりました。彼らは究極のゴールでありません。魔術はもう解かれました。違う意味で私たちの努力が報われる日がついに来たのです。私たちが、機械翻訳という強力なテクノロジーに支えられ、世界の舞台で自分の言葉のセンスで語ってよい環境が準備されつつあります。さあ、私たちの逆襲の始まりです。

〈注〉

1 本章の議論のより詳細な内容は Yamanaka & Toyoshima (2023) を参照して下さい。

2 Pinker (1994/2007) はこれを「本能 (instinct)」という言葉で表現しました。

3 現在ではこの中間言語論も様々な見直しが行われ、かつてほど第二言語話者を否定的に述べる論調は無くなってきているように思います (cf. Selinker & Rutherford, 1992)。しかし私は、たとえどれだけ「中間言語」という用語の使用が控えられ、その中身が修正されたとしても、中間言語論が提示した構図そのものは全く解消されていないと思っています。

4 とは言え、母語話者の直観を重んじ、英語を第一言語として使う文化や歴史の蓄積によって成り立つ英文学や、英語を母語とする国々の言語文化的な探究の存在を私は否定するものではありません。そこでは母語話者の直観が万能な力を持ち、そこにできるだけ近づくことが求められるべきだとも思います。本章が述べたいのは、こうした動きは、むしろごく一部の例外にとどまるべきで、かなり多くの第二言語学習者にとって、こうした追求は「関係なく、無益だ」ということです。ただしその一方で、機械翻訳が使える環境が、今後は確実に増えていくだろうと思われます。オンライン会議におけるリアルタイム文字起こしからの同時通訳はますます広がっていくでしょうし、機械翻訳への入力、機械翻訳からの出力の即時性も今後大いに改善されていくでしょう。さらに、ユーザーインターフェースも向上し、今後 Google Glass のようなものに首尾よく搭載されるのも時間の問題だと思います。

〈引用文献〉

井関利明 (1998).「ディジタル・メディア時代における「知の原理」を探る」井上輝夫, 梅垣理郎（編）『メディアが変わる知が変わる：ネットワーク環境と知のコラボレーション』有斐閣

村井純 (1995).『インターネット』岩波書店

山中司 (2021).『教養としての言語論：言語は私たちをまやかし生きにくくさせる』日本橋出版

Cascardi, A. (1992). The “disenchantment” of the world. In *The Subject of modernity* (Literature, culture, theory, pp. 16–71). Cambridge: Cambridge University Press. doi:10.1017/CBO9780511597428.002

Chomsky, N. (1957). *Syntactic structures*. Mouton.

Cook, G. (2010) *Translation in language teaching*. Oxford: Oxford University Press.

Kachru, B.B. (1986). The power and politics of English. *World Englishes, 5*(2–3), 121–140. doi.org/10.1111/j.1467–971X.1986.tb00720.x

Pinker, S. (2007). *The Language Instinct* (1994/2007). New York, NY: Harper Perennial Modern Classics.

Selinker, L. (1972). Interlanguage. *International Review of Applied Linguistics in Language Teaching, 10*, 209–231. doi.org/10.1515/iral.1972.10.1–4.209

Selinker, L. & Rutherford, W.E. (1992). *Rediscovering Interlanguage (1st ed.)*. Routledge. doi.org/10.4324/9781315845685

Yamada, M. (2019). Language learners and non-professional translators as users, In M. O'Hagan (Ed.), pp. 183–199. *The Routledge Handbook of Translation and Technology*, Routledge.

Yamanaka, T. & Toyoshima, C. (2023). The critical influence of machine translation on foreign language education: a prospective discourse on the rise of a novel instructional landscape.（投稿中）

第２部
学習者と機械翻訳

キーワード： 学習者による機械翻訳使用の状況
学習モデル
機械翻訳使用のルール
機械翻訳使用のコツ

第5章
学習者の機械翻訳利用の状況

南部　匡彦

はじめに

本章では学習者（英語を専攻していない大学生）が、いつから、どこで、どんなふうに機械翻訳と接し、いま活用しているのか？そして彼らが機械翻訳をどのように捉えているのか？といった実態に関して2022年12月に筆者が実施した調査結果を中心にご紹介します（中学・高校の利用実態に関しては第12章に詳述）。調査対象は、必修教養英語を履修する文系の地方の私立大学の1年生68名です。調査対象学生の平均的な英語習熟度は概ねCEFR A1～A2レベル、英語が好きな学生も一部いるものの、授業以外の時間はあまり自発的な英語学習はせず、「単位として必要だから」という消極的な理由で履修している学生も少なからず存在する母集団、というイメージです。

1　学習者の機械翻訳の使用経験

まず、「大学生は機械翻訳にいつから触れてきているのか？」についての実態の紹介から始めたいと思います。今回の調査では、大学入学後から機械翻訳を使い始めた大学1年生は僅か2名で、97%の学生が高校時代、もしくはそれ以前から機械翻訳使用歴があり、そして3年間以上の機械翻訳の使用歴が既にある学生が7割近くに達することが明らかになりました（図1）。

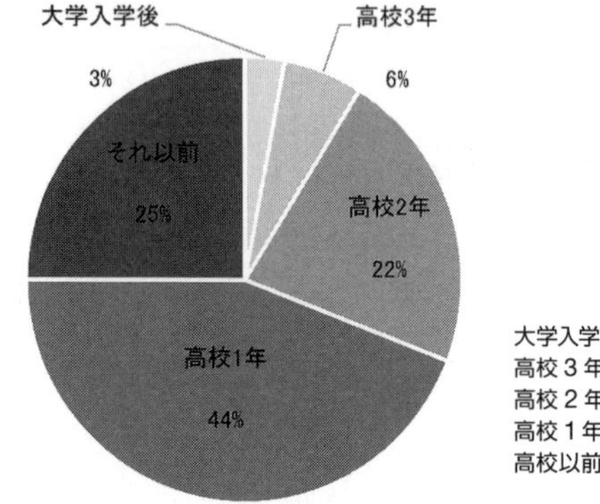

	人数	%
大学入学後から (2022~)	2	3%
高校 3 年から (2021~)	4	6%
高校 2 年から (2020~)	15	22%
高校 1 年から (2019~)	39	44%
高校以前から (2019 以前)	17	25%

図 1　大学 1 年生の機械翻訳使用歴 (n=68)

2019 年の時点でも既に非英語専攻大学生（90 名）の機械翻訳使用経験率は 97% という結果（小田, 2019）や、2 つの大学の 1 年生計 114 名を対象とした同様の調査で機械翻訳経験がない学生は 1 名だけだった（河内・斎藤, 2023）という先行研究もあります。つまり、現在の大学教育の現場では、入学生のほぼ全員が機械翻訳に何らかのかたちで高校時代から接してきているということです。機械翻訳に苦手感や抵抗感がある英語教員は、学生は既に機械翻訳の「それなりの使い手」として入学してくることを再認識する必要があるでしょう。

2　学習者の機械翻訳の使用端末について

学習者はどんな機器で機械翻訳を使用しているのでしょうか。「機械翻訳をどのデバイスで使用しますか？」という質問に関しての回答は、スマホのみ (68%)、スマホと PC の両方 (29%)、PC のみ (3%) でした。類似の調査で、河内・斎藤 (2023) は機械翻訳を最も使用する機器はスマホ (97.3%) だと報告しています。少なくとも執筆時の 2023 年の時点ではスマホ使用が大学生の間では主流のようです。しかし今後は、大学での BYOD 環境の拡充が急加速することや、小中高での GIGA スクール構想によるタブレット 1 人 1 台端末の IT 環境の充実により、様々な IT 機器に学生が熟達してきていることを考えると、キャンパス内外で端末の種別によらず自由自在に機械翻訳を使いこなす大学生像が一般的になってくる可能性も考えられます。

3　学習者が使用しているアプリについて

次に、学習者がよく使う機械翻訳に関して質問した結果を見てみましょう。図 2 は、学生に現在使用している翻訳アプリ・オンライン辞書サービスを複数回答可で全て記述してもらった結果です。まず読者の皆さんの予想通りかもしれませんが、「Google 翻訳のみ使用している」という回答が多数 (71%) でした。Google 翻訳以外の機械翻訳のみ (DeepL) を利用している学生は少数（4 名）でした。目を引くのは、Google 翻訳と他の機械翻訳（DeepL、Line 翻訳、Weblio）を併用している学生が一定数存在することです。

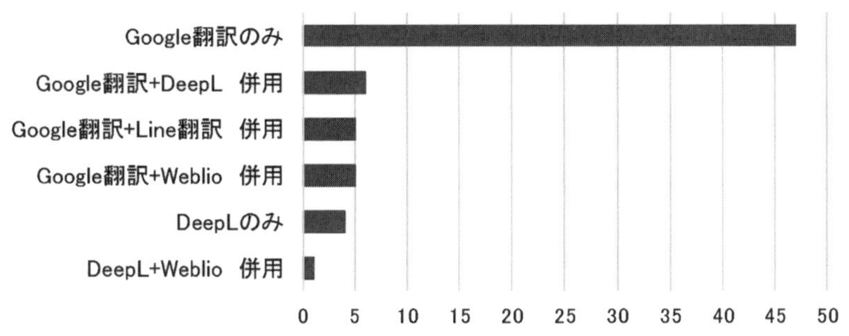

図 2　学習者の機械翻訳利用デバイス (n=68)

使用翻訳アプリの実態に関して、異なった傾向を明らかにしている類似の調査があります。英語専攻の大学生を対象として同様の調査をした弥永 (2022) は、利用順に Google 翻訳 (52%)、DeepL(29%)、Line 翻訳 (3%)、Weblio (2%)、その他 (3%) という結果を示し、「英文を読む場合と書く場合で使い分けをするわけではなく、利用目的に関係なく特定の機械翻訳を使用しているのではないか」と考察しています。もしかしたら英語を専攻する学生は英語学習への意欲が高い分、自分に合うアプリを吟味した結果の「一刀流」に落ち着いたということなのかもしれません。

この調査結果の違いに関し、今回の調査においてアプリを併用していると回答した学生の自由記述コメントから示唆を得ることができました。「先生から配布された和訳と、翻訳アプリの訳出があまりに違うので他の翻訳アプリも使うようになった」「英文読解の課題で翻訳アプリを使ったら日本語としてしっくりこない訳出だったので別の翻訳アプリも色々試すようになった」という主旨の回答が複数ありました。また実際に教室の内外で、「先生、どのアプリがぶっちゃけ、いちばんお勧めですか？」という質問を学生から最近、よく受けるようにもなりました。自分にフィットするアプリを見つけるべく試行錯誤している学生も相当数いるようです。

学習者の使用アプリの趨勢として今後は、このままGoogle翻訳一強の状況になっていくのかもしれませんし、もしくは自分にフィットする複数のアプリをTPOで使いこなすスタイルが学習者の間でひとつのトレンドになっていくのかもしれません。また、アプリ化された「ポケトーク」や無料の「VoiceTra」「SayHi翻訳」「Microsoft Translator」等の音声翻訳アプリの進化も目覚ましいものがあり、現行の機械翻訳とどう共存していくのか、もしくは淘汰が進んでいくのかも目が離せません。

また、翻訳アプリの比較優位性はその訳出のクオリティだけでなく、本章で後述する検索保存機能の充実度や、視認性などのユーザビリティからもシビアに利用者にジャッジされていくと思われます。いずれにせよ、教師は、学習者が今後どんな機械翻訳を好んで使用しているかをコンスタントに注視していく必要がありそうです。

4　学習者の機械翻訳の使用場面と目的

ここまでは、学習者が、「いつから、どんなアプリ・端末を使って」機械翻訳を利用しているかを概観してきました。次は、機械翻訳で「いつ、なにを」調べているのかを見ていきます。図3は、「どんな目的で機械翻訳を使用しますか？」という問い（複数回答可）に対する学生の回答をまとめた結果です。

大学での授業に関連する内容に関して機械翻訳を利用することが多いものの、英語学習以外での目的での使用もそれなりにあることがまずうかがえます。非英語専攻の学生（98名）を対象とした河内・斎藤(2023)の調査でも、授業に関連しない機械翻訳の私的利用経験者は86.7%もいることが報告されています。

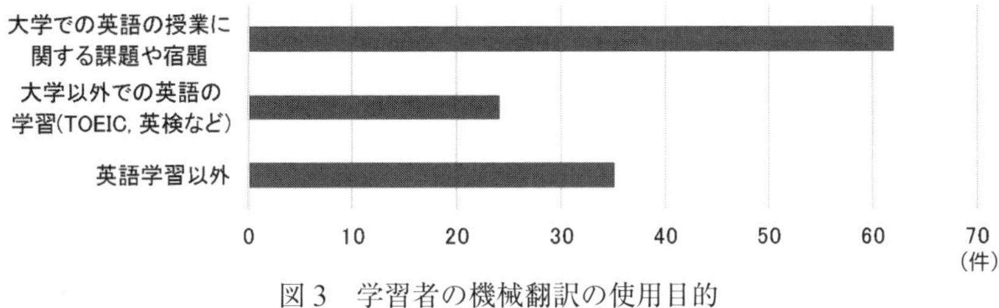

図3　学習者の機械翻訳の使用目的

次に示すのは、英語学習以外で具体的に機械翻訳で何を調べているのか学生に聞いた（自由記述・複数回答可）結果をまとめたものです（図4）。まず洋楽の歌詞（K-Pop等のアジア発で英語による楽曲を含む）を調べたいという需要が最も多かったのは、今も昔も変わらぬ若年世代の典型的なトレンドの反映かもしれません。InstagramやTwitter経由の発信情報に関する利用はこれらのSNSが特に若年層に普及率が高いメディアであることからもその需要が裏付けられると思います。総じて、学習者は日常生活や娯楽を通じても複数の場面で機械翻訳を活用していることが今回の調査で明らかになりました。また、海外の友人とのchat・メールという回答が一定数あったことも、2023年迄のコロナ禍の期間はリアル留学・国際交流の機会が実質的に絶たれていたことを考えると、今後の利用実態の変化が予想されます。英語ニュース記事にアクセスしている学生が少なかった（2名）のは非英語専攻という背景が大きいかもしれません。ちなみに英語専攻の学生を対象とした実態調査（弥永, 2022）では、英語を読む場合の機械翻訳の利用対象として、

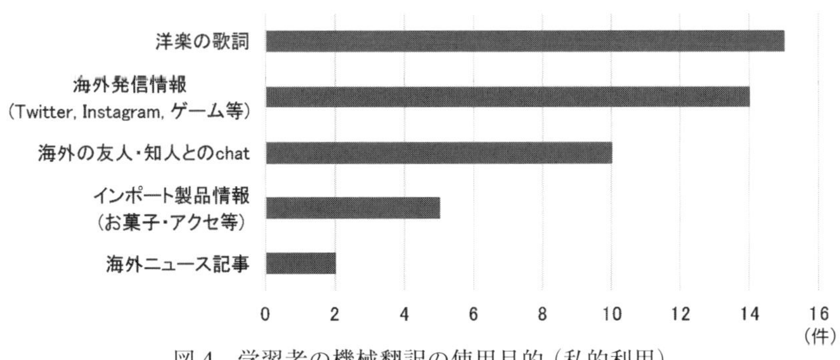

図4　学習者の機械翻訳の使用目的（私的利用）

最も多かった「授業関連」(53件）に次いで「Web上の英語新聞記事」(38件）が続くという報告があります。

本節の結果全体を俯瞰して、非英語専攻の学生であっても意外と複数の場面で機械翻訳を活用している学生がいる印象を筆者は受けました。ただし、今回の調査では私的・学習目的別の機械翻訳利用の時間・頻度や学習者の習熟度別の傾向などに関しては追い切れていないので、今後、さらなる検証が必要です。

単位取得が主目的かつ習熟度の高くない学生に対しては、「学習者自身が学びたいことを学ばせる」アプローチが英語学習意欲の維持向上に有効である（牧野, 2015ほか）と指摘されています。今回の調査で上位を占めた歌詞、SNS、chat等の学生に身近なトピックを積極的に授業で取りあげながら、機械翻訳が英語学習動機を失うことをつなぎとめるファシリテーターとしてどう活用できるのかを教員が考えていくことも、教養英語教育の取り組みとして有効ではないかと筆者は考えています。

5　学習者の機械翻訳への情報入力方法

表1および図5は、学習者が英語を実際に「読む」「書く」際にどれくらいの長さの情報を機械翻訳に入力しているか、そして「読む」ときの入力の方法（複数回答可）を調査した結果です。

	単語のみ	2語以上の単語	1文単位	2文以上	文章全体
読むとき	25	15	17	3	11
書くとき	18	9	30	7	8

表1　機械翻訳使用時の入力単位　単位：人

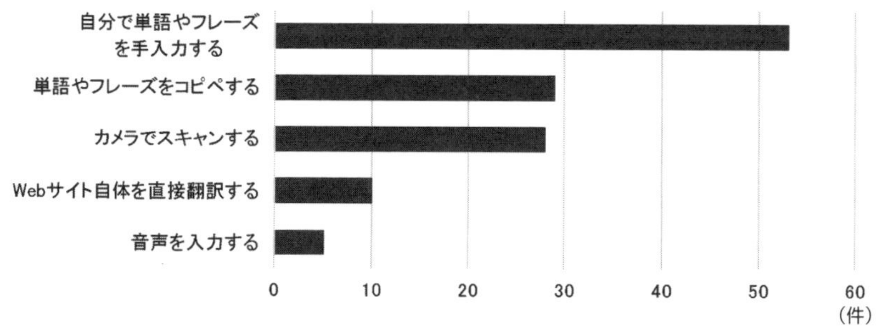

図5　機械翻訳を使用して英語を読む時の入力方法

英語を「読む」際の検索単位は単語単位が最も多く、ついで2語以上の語句、つぎに1文単位、と続きます。つまり学習者は総じて短めの情報を入力して検索する傾向にあり、これは弥永(2022)でも同様の結果でした。河内・斎藤(2023)の研究でも、1文以上の単位で翻訳する学生は18.6%であり少数だという結果が示されています。興味深いのは、英語を「書く」際には語句単位よりも、1文単位で入力する学生が最も多いことです。類似の結果を示している弥永(2022)はその背景を「連語や文脈を付加することにより、より自然な訳出を産出することを経験上理解しているためか、もしくは学習者の文法・統語知識が曖昧だからではないか」と推察しています。また英語を読む際の入力方法に関しては、手入力が最も多く、次にコピペ、カメラ使用が続き、サイト全体の翻訳や音声使用は僅かでした。

これらの結果から（学習目的・私的目的の区別を考慮したものではありませんが)、現時点での大学生の機械翻訳の一般的な使用スタイルとして、主に辞書代わりとして使用し、そして短い単位の情報をタイプ入力かコピペをして検索し必要な情報を得ている、という状況が明らかになりました。

6　学習者の機械翻訳に対する評価

ここまで、非英語専攻の学習者は機械翻訳を主に辞書代わりとして学習・私用目的で気軽に使用している実態が改めてわかりました。それでは、彼らは機械翻訳のどのような側面を評価しているのでしょうか？

図6は機械翻訳の利点に関し、自由記述（複数回答可）で回答してもら

ったものを筆者がまとめた結果です。回答が多かった「検索時間が節約できる（38名）」「携帯性（19名）」に関しては、紙辞書や電子辞書との利便性の観点での機械翻訳の比較優位性に言及したコメントが多数ありました。

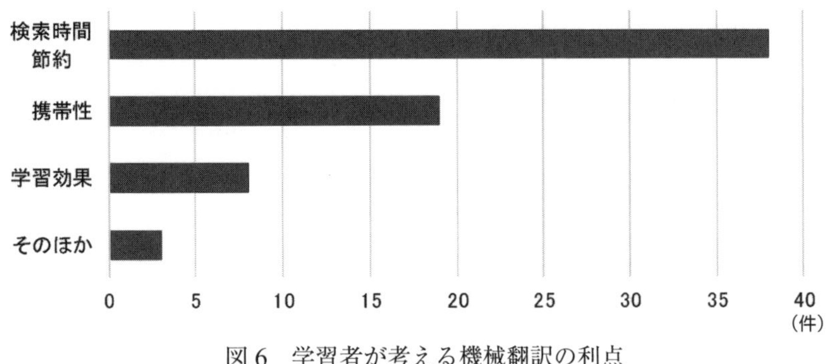

図6　学習者が考える機械翻訳の利点

続く「学習効果（8名）」に関しては、「検索した語彙から派生的に様々な知識に出会える」「一回の検索で多様な表現に触れることができる」「紙辞書にはないフレーズ、時代にあった表現を学ぶことができる」といった、機械翻訳が可能にする学習効果や学習意欲の促進の側面を評価するコメントが多数ありました。

一方、機械翻訳の欠点に関しての自由記述の回答は、かなりはっきりした傾向に分類されました（表2）。

回答の分類	件
翻訳が正確でない・訳出が不自然に感じる	26
学習効果や学習定着度に懸念がある	8
そのほか	5

表2　学習者が感じる機械翻訳の欠点

表2からわかるように、機械翻訳の信頼性に関しての不満もしくは不安ともとれる声が相当数ありました。同時に、「機械翻訳の訳出は正確か？」という質問を同じ母集団にしたところ、とても思う（3%）、そう思う（29%）、

どちらともいえない (53%)、あまり思わない (15%) という結果も得られました。自由記述での学生のコメントには「教科書や参考書を訳すときは使いやすいが、歌詞や SNS の英語情報だと変な訳出になる」といった、翻訳対象の違いによる訳出の品質の差に対する違和感を指摘する声が多数ありました。河内・斎藤 (2023) は、英語力や専攻と関係なく、機械翻訳の正確性を信頼している学生はまだ約半数である、と報告しています。機械翻訳は日進月歩でその精度を上げているので、こうした意見は少数派になっていくと思われますが、学習者に機械翻訳が浸透している一方で、その性能は万全とは思われていないことを教員は認識しておくべきでしょう。

いっぽう、機械翻訳の利点・欠点の双方において「学習効果」に関するコメントが得られたのは興味深い結果です。欠点の指摘として代表的なものは、「検索をした結果を目で確かめるだけで終わってしまう」「すぐに検索できる反面、検索したこと自体に満足してしまう」「検索結果とともに表示された情報に目移りしてしまう」といった回答でした。また、「紙辞書の方が記憶しやすい」というコメントも少数ですが 2 名だけありました。「そのほか」の回答では、「翻訳すること自体が楽しくなってしまい学習に繋がらない」という利点とも欠点とも結論付けられない声もありました。

以上から、多くの学習者は機械翻訳の利便性を評価しながらも、訳出の正確性に関しては一定の不安を持つ層が存在し、また機械翻訳は新たな知識を偶発的・連鎖的に獲得させたり知的好奇心を喚起する側面がある一方で、その利便性ゆえに一過性の検索や娯楽に終始してしまい知識定着にはあまり貢献しない「諸刃の剣」的な側面があり、その使用は毒にも薬にもなるということも指導者は認識をすべきかと考えます。

7　学習者が機械翻訳に改善を要望する点

表 3 は、今回の調査対象者 68 名のなかで「頻繁もしくは定期的に機械翻訳を使用している」と回答した 42 名から自由記述で「機械翻訳で改善して欲しい機能」について自由記述で答えてもらった結果を整理したものです。

回答の分類	件
検索した語彙の整理・保存機能の向上	8
検索機能の向上	7
レイアウト・視認性の向上	2
そのほか	4

表3　機械翻訳の機能で改善して欲しい点

学生が望む改善点は3つに大別されました。まず「検索してセーブした単語がどこにあるのか分らない」という保存機能に関しての不満の声が多く、次に「単語カードのように自在に並べ替えたい」「自由にタグ付けしたい」「品詞や頻度と紐づけることができると便利」といった情報の分類・整理機能に関する要望、そして「検索結果が見にくい」「どの機能がどこにあるのか慣れない」というレイアウト・視認性の問題点に関する指摘も複数ありました。

ちょうど本稿を執筆している2023年3月時点で、Google翻訳のAIを活用した機能のアップデートが発表されました。主な改善点として、単語入力と同時に用例や同義語が提示されるといった辞書的な側面の強化、翻訳履歴へのより迅速なアクセス、視認性の向上などがあり、今回の調査で明らかになった学生が考える改善点とほぼ全て符合していることに筆者は驚きました。こうしたユーザビリティの進化は、機械翻訳が単なる検索ツールを超えて、英語の自律的学習を可能にする有効な教育ツールにより近づいていることの証左と言えるでしょう。

8　機械翻訳を通じた語彙指導に関して

学習意欲が高くなかったり、低習熟度の学習者にとっては、機械翻訳は「毒にも薬にもなる」かもしれないことを述べました。本節では彼らにとって最も身近な検索行為である、辞書代わりとしての「単語検索」の観点からの課題に言及したいと思います。

語彙検索に関して、筆者が機械翻訳を使って授業実践をしていて常に気になることがあります。一部の学生は機械翻訳が産出してくれる結果に依存するあまり、「検索してすぐに目についた情報しか理解しようとしない」傾向が見られます。電子辞書が隆盛だった時代からの学習者の語彙検索の問題点として、スクロールダウンの必要性から後方に提示された語義には目を通さない（相澤・望月, 2012)、また英語習熟度が低い学生ほど辞書に記載されている一番上の意味を選択しがちで、特に機械翻訳を使用した際には品詞選択で間違う傾向が見られる (大薗・藤田, 2021)、ことが指摘されてきました。

スマホが機械翻訳の使用における主流のデバイスであり続ける場合、語彙学習方略のひとつとして、スクロール等の機械翻訳の基本操作に関する指導が一部の学生には不可欠だと筆者は思います。実際、授業の休み時間などに、スマホ画面を筆者に見せながら、「先生、質問があるんですけど、あれ？どこだったかな？」と画面をスクロールして右往左往する学生に何人も出くわしています。

紙媒体の辞書であれば、指導者は学生が開いているページを一緒に見ながら指導することができます。機械翻訳では学生の使用アプリが全員同じではないこともあり、授業中に単語のどの語義や品詞を学生が見て学んでいるかを把握することは容易ではありません。筆者は電子黒板に自分のノート PC を接続し、機械翻訳の画面を視覚的に共有しながら「スクロールダウンして情報を吟味する重要性」に関して授業を通じて試行的に説いたところ、単語に関する多義性・品詞・出現頻度、等の語彙の基本属性に関する学生の意識が短期間でポジティヴに変容することを実感しました。

本書の第三部には、英語でのプレゼンテーションやライティング活動などを通じた発見創造型の機械翻訳活用の様々なアイデアが紹介されています。しかし、必修教養英語クラスでそうしたアクティヴな発信力育成型の試みを実践したりすると、教室の中には少なからず、語彙検索の基本的な段階で躓いたり置いてきぼりになる学生が出てくる可能性があるので、機械翻訳の初歩的なリテラシーの指導も考慮する必要があると考えます。

おわりに

国内での機械翻訳の授業実践に関する研究は黎明期であり、特に学習者の実態に関する調査はまだ多くありません。本章で紹介した調査と考察は、低習熟度の非英語専攻の大学生という限定された調査対象が中心であり、大学英語教育の一部の実態に過ぎないので、今後はより広範囲な調査研究が必要です。

本章ではデジタルネイティヴ世代の学習者の機械翻訳の浸透の度合い、そして意識の在り方の現在進行形を見てきました。それらの結果から教育の現場を改めて振り返ると、多数の教員で同一科目を担当する必修教養英語のような授業の場合などは特に、機械翻訳の使用ルール共有化の重要性もさることながら、「辞書の引き方＝検索の仕方」から疎かにせず学生に伝える、“no one will be left behind” な機械翻訳リテラシー指導法の確立の必要性を筆者は切に感じます。

〈引用文献〉

大薗修一・藤田恵里子 (2021). EFL 学習者の辞書タイプと英語熟達度が語義選択の正確性に与える影響：印刷辞書とスマートフォン・オンライン辞書を比較して. リメディアル教育研究, 15, 45–46.

小田登志子. (2019). MT と共存する外国語学習活動とは. 東京経済大学人文自然科学論集, 145, 3–27.

相澤一美・望月正道 (2012). 英語語彙指導の実践アイデア集. 大修館書店.

牧野眞貴. (2015). 英語学習目的に見る学習者の特性について. リメディアル教育研究, 11(2), 191–195.

河内健志・斎藤隆枝 . (2023). 日本人英語学習者における機械翻訳の使用実態――大学間の比較を通して――. 第 29 回大学教育学研究フォーラム発表論文集, 101.

弥永啓子. (2022). 日本人大学生の機械翻訳使用の実態調査と今後の英語教育への導入に関する考察. 京都橘大学研究紀要, 48, 1–19.

第6章
学生の機械翻訳利用のモデル
——ライティングを事例に——[1]

田村　颯登

はじめに

前章では学習者の機械翻訳使用実態について触れました。本章では、学術的に議論されている機械翻訳 (MT) 使用法について概説した後、MTILT（機械翻訳の外国語教育への応用）のアプローチについて説明します。ここでは、MT をライティングに用いることを想定した MT 利用モデルを具体例として挙げ、このモデルの各プロセスについて説明を行います。その後、Tamura (2023) の研究結果に基づいて、学習者がいかに MT をライティングに利用しているかをプロダクト面から解説します。最後に、MT を教室内で活用する方法および教員の役割についてまとめます。

1　MT の使い方：Bad model と Good model

まず、MT を英語教育に用いるアプローチについて説明します。第 1 部第 3 章でも言及されている通り、MT を外国語教育・学習に取り入れる試みはニューラル機械翻訳 (NMT) の登場を機に始まったわけではありません。20 世紀後半には既に研究が始まっており、その効果について議論されていました (Jolley & Maimone, 2022)。例えば、Somers (2003) は MT が訳したテキストの質の悪さに着目し、その誤りを修正することで学習者が言語知識を得る可能性を指摘しました。Somers (2003) および Niño (2008) はこのアプローチを「Bad model」と呼んでいます。Niño (2009) はこの Bad model に加えて、Good model、Vocational use、CALL tool と、4 種類の MT 使用法に整理しています。ここでは、本稿の中心的概念である Bad model と Good model の 2 つについて概要を説明します。

MTを外国語教育へ応用する研究が始まった当初は、MTの訳出精度が現在ほど優れておらず、MTの訳出エラーを修正することが主たる使用法でした。つまり、MTの訳文を悪いモデル (Bad model) として見立て、それを修正することで学習者が学習言語に関する知識を蓄えていくことを目指します (Somers, 2003; Correa, 2014)。受験勉強でよく使われる誤文訂正を想像すると理解しやすいかもしれません。対照的に、Good modelはMT（翻訳メモリの使用が想定[2]）の訳出を良いモデルとして、そこから学習者が学びを得ることを指します。例えばDeCesaris (1995) は翻訳学習者に対する翻訳メモリの教育的活用について、翻訳メモリから提示される訳文には学習者にとって有益な情報が含まれると述べています。第二言語習得 (SLA) 理論において、インプット情報は肯定根拠 (positive evidence) と否定根拠 (negative evidence) に分けられ (Long, 1996)、それぞれGood modelとBad modelに関係があります (Yamada, 2019b)。

NMTの登場に伴いMTの産出する英文の精度が向上し、以前のMTシステム（統計的機械翻訳：SMT）と比較してエラーを引き起こすことが少なくなりました (Ducar & Schocket, 2018)。もちろん完全に正しい翻訳がされるというわけではないため、すべてのケースが良いモデルとして機能するわけではありません、ただし、MTの起こすエラーが人間の起こす翻訳エラーの種類と類似しているため、その特定および修正が困難になっています (Yamada, 2019a)。また、MTの中には、TOEIC 960点レベルのビジネスパーソンと同等の翻訳能力を有すると言われるものもあり（みらい翻訳, 2019)、したがって、一般の英語学習者にとっては、少なくともBad modelとしての（ニューラル）MT使用は極めて難しいと言えるでしょう[3]。

MTの精度について、改めて例を用いて説明してみます。例えば、この章の冒頭部分を、DeepLを使って訳出すると以下のようになります。

(1) 前章では学習者の機械翻訳使用実態について触れました。

(2) In the previous chapter, we discussed the actual machine translation usage by learners.

(1) に対する訳文 (2) を見てみると、文法的におかしな部分は見当たりません。誤訳と称される翻訳の間違いも無いように見えます。強いて言うならば、主語が we である点が気になるかもしれません（本書全体の著者がこのトピックを選んだと考えれば間違いではないでしょう）。さらに、日本語の表現「触れる」をそのまま見た場合には、touch が真っ先に出てきそうなものですが、discuss に訳されています。仮に「(1) を英語に訳してみてください」と学生に指示を出すと、「触れる」を touch と表現する学生が少なからず存在するのではないでしょうか。このように、現在無料で利用できる MT は実用に耐えうるレベルの訳文精度になっていることがわかります。

上記の理由から、筆者は Good model としての使用法が、当初想定されていた翻訳メモリだけでなく、無料で使用できる MT（Google 翻訳や DeepL）自体を使うことでも可能になっていると考えています（田村・山田, 2021）。例えば、今回取り上げるライティングでの MT 使用を考えると、MT の訳文に学習者が知らない、もしくは知っているけれど産出側では使えない語彙・表現に遭遇することで、それを実際に使用したり新たな学びを得られたりする可能性があるということです (Klimova et al., 2022)。

2　機械翻訳を英語教育に利用するということ

学習者の教育（+学習）における MT の使用は MTILT (Machine Translation in Language Teaching) と呼ばれ、これは TILT (Translation in Language Teaching)、つまり言語教育への翻訳利用から派生した表現です（山田, 2022）。TILT とは Guy Cook が 2010 年に出版した著書 *Translation in Language Teaching* で提案した外国語教育のアプローチ方法を指します (Cook, 2010)。Cook は文法訳読法 (Grammar-Translation Method) の悪評のために敬遠されてきた翻訳の使用を考え直す必要があると提言しました。これが契機となって、それまで主流だった学習言語のみでの教授法（モノリンガル教育）に固執するのではなく、翻訳および学習者の母語を積極的に活用しようという試みが広がりました。

MT を活用するということは必然的に 2 つの言語（一般的に日本の英語教育で想定されるのは日本語と英語）を使用することになります。つまり、MT

を英語教育の場で利用するということは、広義の意味での翻訳、ないし学習者の母語使用を容認することを意味します。英語教育における MT に関して調査を行った山田ら (2021) では、学習者の母語を利用することに懐疑的な意見がありました。このことから、MT を教室で利用することが学習者の母語利用を意味するということは了解の取れるものだと考えられます。現在の日本における英語教育の潮流は、大学のポリシーにも依存しますが、多くは「英語で行う」という考えのもとで授業が展開されているのではないでしょうか[4]。しかしながら、コミュニカティブ・アプローチを基盤とする日本の英語教育の問題として、語彙・文法という外国語能力の基盤とも言える部分だけでなく、母語の能力にも悪影響を与えていると問題視する研究者もいます（染谷，2010)。TILT の考えは、染谷の考えに従うと、コミュニカティブ・アプローチではカバーできない部分を補完する役割を持つとされ、これは MTILT が目指すべき場所と共通する部分があります (Tamura, 2023)。

この MTILT の中でも、筆者が特に着目しているのがライティングへの応用です。日本人は特に産出側（スピーキング・ライティング）に苦戦する傾向にあります[5]（文部科学省，2018b)。また、山田ら (2021) の調査によると、MT を活用したいアクティビティに関する質問では、英語教員の多くがライティングと回答しています。MT の性質とも相まって、ライティングへの利用を想定する英語教員、実際にライティングに MT を活用している学習者が多いことが推測されます。事実、海外で実施された MT 使用に関する調査では、ライティングの際に MT を利用すると答えた学習者が多く (Clifford et al., 2013; Jolley & Maimone, 2015)、ライティングに MT を利用した際の効果を検証したものが最も多いと言われています (Lee, 2021)。学習者が自力でおこなった英文ライティング成果物と MT の支援を受けたライティング成果物を比較すると、後者のほうが総合的にレベルの高いライティングとなることが概ね共通しており、これは Lee (2021) のメタ分析[6]の結果からも明らかになっています。この件については、英語教員の中にも直感的にそう感じている方がいることでしょう。しかしながら、本稿執筆段階において、この問題に関心が集まっているとはいえ、日本においては議論に足る調査が十分に行われているとは言えず、依然として MT の使用については今後の検証が必要となっています。

3　ライティングに MT を活用するモデル

ライティングにおける MT 使用については、上で言及した Bad model と Good model がそれぞれ post-editing と MT-assisted writing に整理されます (Yamada, 2022, September 29)。つまり、前者は学習者が MT の訳文に含まれるエラーを修正することができる（MT＜学習者）状態を指し、後者は学習者よりも良い英文を産出できることから（MT＞学習者）、MT の支援を受けて英文ライティングを行うことを指します[7]。また、MT とライティングの関係を調査した先行研究（例えば、Lee, 2020; Tsai, 2019, 2022）では、データ収集の方法に類似点が見られます。これを実践的なアクティビティに落とし込んだものが、図 1 のような MT-assisted writing のアクティビティのモデル案となります。

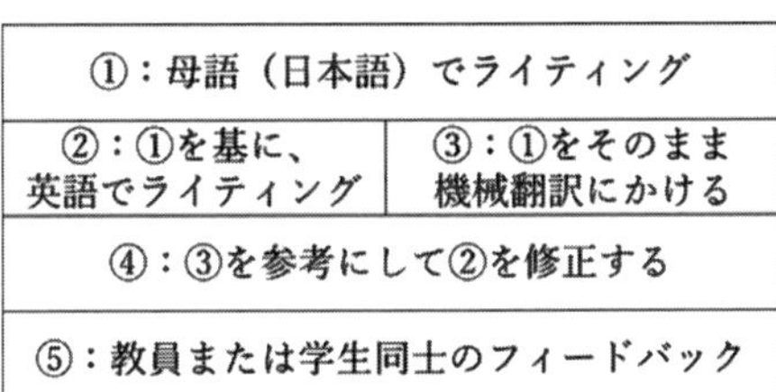

図 1　MT-assisted writing のモデル
(Yamada, 2022, September 29 を一部改変)

図 1 のモデル（①～④）では、まずあるトピックについて日本語で作文をします。そして、その日本語を基に英文ライティングを行い、日本語の作文を MT が訳出した英文と比較して、最終的なライティングを完成させるという手順を踏みます。ここでは、以下の例文を用いて、このモデルに従ったライティングアクティビティのプロセスを説明します。

(3) 英語を書くときは機械翻訳を活用しています。

日本語で表現した後、学習者は (3) の日本語に対応する英語の表現を考えます。後述する Tamura (2023) の調査では、実験参加者が辞書等の参照をしないようにコントロールしていましたが、実際のクラスルームアクティビティでは MT 以外の外部ツールの使用を許可しても良いでしょう。

(4) When I write English, I use machine translation.

学習者が (4) の英文を書いたと仮定します。この英文には文法的・語彙的な誤りは含まれておらず、英文として成立していると言えるでしょう。では、MT の訳例を見てみましょう。今回は Google 翻訳と DeepL の 2 つのプラットフォームで訳出されたものを提示します。(5) が Google 翻訳の訳、(6) が DeepL の訳です。学習者の英文 (4) と比較すると、Google 翻訳では表現が全く同じであるのに対して、DeepL は 3 点（分詞構文が使われている点、主語が I ではなく we となっている点、「活用する」を utilize と訳している点）で異なります。

(5) When I write English, I use machine translation.
(6) When writing English, we utilize machine translation.

ここで、学習者は MT の訳文を参照して自身のライティング (4) を編集するフェーズに移行します（図 1 における④）。Google 翻訳のみを参照した学習者は、自身のライティングと違いがないためこのフェーズはスキップされますが、DeepL を使用した場合は、自身の英語を編集するか否かという選択があります。具体的な検討ポイントは自身のライティングと異なる上記の 3 点です。もし、学習者が utilize という表現に魅力を感じた場合、use と取り換えて (7) が最終的な英文となるでしょう。また、「受容側では分詞構文の構造を理解できるが、産出側で使うことは難しい」という学習者が、DeepL 訳から情報を得たことで (8) のような英文を最終的な作文とするかもしれません。use よりも utilize の方が語彙レベルが高く[8]、分詞構文のほうが難しい文構造であると考えられます。そのため、以下 2 例の最終英文は、学習者の自力でのライティングよりもレベルが上がったと言えるでしょう。

(7) When I write English, I utilize machine translation.
(8) When writing English, I use machine translation.

ここまでの一連の流れが図 1 における①～④に該当します。このモデルを作成するために参考にされた先行研究では①から④のプロセスに留まっていますが、クラスルームアクティビティに落とし込むために、このモデルでは、⑤のフィードバックが追加されています。1 節でも説明した通り、近年の MT の精度向上によって、学習者が産出する英語よりも質の良い訳出が得られるようになっています。しかしながら、(6) において代名詞の誤用が見られるように、完全に誤訳がなくなったというわけではありません。MT の訳文に何らかのエラーが含まれており、学習者がそれに気づくことなく自身のライティングに統合してしまった場合、必ずしも MT が良い影響を与えることにはつながりません。フィードバックの段階で、教員はそれが誤りであることを学習者に伝える必要があるでしょう。また、今回使用した例文は 1 文だったため該当しませんが、学習者自身のライティングと MT の訳文とがつぎはぎになっている場合、ライティング全体の結束性が不十分であることも考えられます。そこで⑤のフィードバックが必要になるわけです。

後ほど議論しますが、ライティング成果物へのフィードバックにもさまざまな手法があります（フィードバックに関する詳細は Ellis, 2009; Hyland & Hyland, 2019 を参照）。その中でも、学習者のエラーを訂正することが教室内での最も一般的なフィードバック方法ではないでしょうか。従来のライティングアクティビティであれば、教員は学習者のライティング成果物、つまり学習者の英文のみを観察してフィードバックを提供する必要があります。一方、MT-assisted writing のアクティビティでは、日本語のライティング情報を参照できるため、本来学習者が表現したかった内容に沿ったフィードバックができるかもしれません。

4　MTを利用したライティング成果物の変化

これまでの節では、MTを英語教育、特に英語ライティングへ応用する方法に関する理論的側面についてまとめ、MT使用のモデルについて整理しました。ですが、上でも言及した通り、筆者の知るかぎりMTと英語ライティングについて日本人英語学習者を対象とした研究はほとんど行われていません。したがって、本稿では、Tamura (2023) の研究結果に基づいて、日本人英語学習者による英語ライティングへのMT活用実態をプロダクトの観点から示したのち、教室におけるMT利用方法を考察します。

Tamura (2023) は大学生の日本人英語学習者（CEFR A2～B1レベルの学習者）を対象に、先行研究に倣い図1の①～④のステップを踏み、学習者の自力ライティング、MT (DeepL) の訳文、MT参照後の学習者のライティングの3種類を量的に分析しています。ライティングのレベルを測るために、この研究ではL2ライティング研究で広く使われるCALF指標[9]のうち、統語的複雑さ (syntactic complexity)、正確性 (accuracy)、語彙的複雑さ (lexical complexity) を用いて学習者のライティングを数量化して分析しています。また、ライティング成果物の全体評価として、Grammarlyのoverall scoreが採用されています。

この研究の目的は、MTをGood modelとして使用する際の前提（学習者のライティングよりもMTの英文の方がレベルが高いこと）を確認すること、そしてその前提が成立した場合、学習者がいかにMTを活用して自身のライティングを向上させるのかを検証することにありました。分析の結果、Grammarlyのoverall scoreおよび正確性で有意な向上が見られ、統語的複雑さについても多くの指標で有意に向上したと報告されています。一方で、語彙的複雑さに関しては統語的複雑さほどの上昇は見られていません。また、有意に差があった指標については、MT (DeepL) の訳が最も数値が高く、洗練された英文であることを示しています。したがって、NMT (DeepL) はGood modelとしての前提を満たしており、学習者もMTの訳文を参考にして自身のライティングのレベルを向上させています。つまり、学習者は既にMTをGood modelとして使用していると言えます。この結果は海外で実施された先行研究での発見に沿うものであり、日本人英語学習者もその例に漏れずMTから恩恵を受けていることが確認されました。

ここでの議論を図式化すると図2のようになります。この図は学習者のレベルよりもMTのレベルが高く、学習者はMTの支援を受けて（MTの訳文を一部借用して）最終的なパフォーマンスを向上させている、ということを意味しています。仮にMTのレベルよりも学習者のレベルが高かった場合、それはGood modelとしての使用ではなく、Bad modelとしての使用となるのです。3節でも述べましたが、前者はMTから助けを借りるため、MT-assisted performance (writing)であるのに対して、後者はMTの間違いを修正するため、post-editingとなります。

下の図における「学習者のレベル」と「機械翻訳のレベル」の差に学習者が学びを得る可能性が含まれており、実際にMTの訳文から自身のライティングに還元した部分が「機械翻訳の支援」となります。この部分に関しては、学習者がMTに何らかの魅力を感じて採用したと予想できるため、特に学習効果が期待されるでしょう。ただし、Tamuraの研究ではプロセス面を研究の射程に含めていないため、プロダクトの観点のみでしか議論できません。言語学習や言語習得という議論をするためには、情報が不足しています。

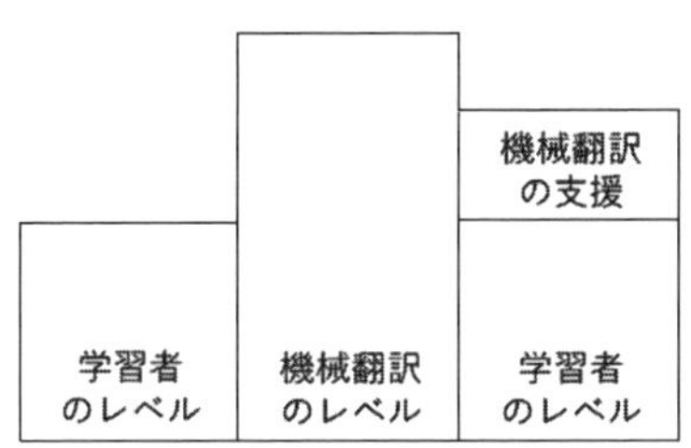

図2　学習者と機械翻訳のレベル

5　学習者がMTから受けている恩恵の説明

Tamuraの研究では主に学習者のライティングにおける言語的特徴の変化を調査し、正確性と統語的複雑さの観点で学習者のライティングに向上が見られました。「正確性」とは、学習者のライティングに含まれるエラー（誤り）のことで (Wolfe-Quintero et al., 1998)、英語教育の現場で代表的なものは、例えばShe play tennis. における三人称単数現在のsが抜けているような文法エラーです。これは多くの英語教師が学習者のライティングに対してフィードバックを与える要素かと思います。他方、統語的複雑さはあまり馴染みのない言葉かもしれませんが、以下の2つの文では (9) よりも (10) のほうがより洗練された表現であると判断できるのではないでしょうか。このような文の洗練度を統語的複雑さと呼びます (Wolfe-Quintero et al., 1998)。

(9) This is a pen. My mother bought it for me.
(10) This is a pen my mother bought me.

つまり、Tamura で統語的複雑さが向上したと言っているのは、学習者のライティングが (9) のように稚拙だったものが MT の訳文を参照することで (10) のように複雑な、すなわち洗練されたものに変化した、ということです。この研究では事前に学習者に対して、MT の使用方法に関する特別なインストラクションを行っているわけではないため、実験参加者の生の MT 使用が反映されていると言えます。

改めて言うまでもないかもしれませんが、日本人英語学習者は英語のライティングよりも日本語のライティングのほうが洗練された表現を使うことができるでしょう。日本語では高度な表現ができるにもかかわらず、英語では稚拙な表現になってしまう、といった状況も容易に想像がつきます。このギャップを埋めるために MT を活用することが MT-assisted writing に期待される効用のひとつと言えます。

したがって、日本語（インプット）の存在が重要になるのです。MT の訳文の複雑さはインプット情報に左右されます。上の (9) (10) の例はそれぞれ (11) と (12) を DeepL にインプットした際に得られた訳文です。つまり、日本語のインプット情報が稚拙だった場合、それに対するアウトプットも同じく稚拙になります。これに対して、洗練されたインプットを与えると、それ相応の訳文を得ることができるのです。

(11) これはペンです。私の母が買ってくれました。

(12) これは私の母が買ってくれたペンです。

ただし、MTから恩恵を受けたからと言って、それが英語学習において「適切な」MTの活用方法であるかは疑念が残ります。Tamuraの研究ではライティングの成果物のみを分析対象としているため、プロセス面、つまり学習者がMTの訳文を利用する際に何を考えているか、については明らかにされていません。したがって、「学習」の可能性のある領域を示すことはできていますが、それが本当に言語習得を促進するかどうかを検証するには至っていません。学習者が何らかの意図をもってMTの訳文を良いものとして採用しているという可能性もありますが、他方でそもそも自分のライティングよりもMTの訳文の方が良いと思い込んでいるため、何も考えることなくコピー&ペーストを行っている可能性もあります。清水(2023)がこの問題を扱っており、学習者によってMTに対する態度が異なることを明らかにしています。清水によると、学習者がMTの訳文の意味を理解していたケースと意味を理解せずに使用していたケースがあるとのことです。英語教育にMTを使用する際、後者の学生が少なからず存在することは注意しなければならないでしょう。

Tamuraおよび清水の研究に加え、Xu (2022)の調査でも、学習者によってMTの訳文を利用する方法は様々であることが明らかになっています。Xuのケーススタディでは、単語単位で使用している学習者もいれば、もっと長い単位（節や文単位）でMTの訳文を援用している学習者も存在します。この違いについて、Xuは習熟度の違いによって傾向に変化が見られることを明らかにしています。習熟度の低い学習者はMTの訳文を借用する単位が長く（節以上の修正が多くみられる）、一方で習熟度が高くなると修正の割合の多くは単語レベルとなっています。学習者のMT利用についてのアンケート調査でも、MTの訳文の中から短いユニットを使用している、正確性が高いと認識している傾向は見られますが、節以上の長い翻訳単位で使用しているとの回答もあります（Clifford et al., 2013; Jolley & Maimone, 2015を参照）。

TamuraはXuほど細かい分析を行っているわけではありませんが、量的な調査に加え学習者のライティングの変化を数例取り上げ、学習者によってMTの使い方が異なることを示しています。その中で、ほとんどがMTのコピー&ペーストで構成されているものも具体例として報告されています。このコピペ問題は英語学習だけでなく、例えばウェブサイトの文章を丸々コピーしてMTに訳したものをそのまま提出するような剽窃の問題とも関わる懸念事項となります（Groves & Mundt, 2021; 山田ら, 2021）。

MTと外国語（英語）教育に関する研究は近年注目を集めていますが、MTを使って言語習得が促進されるか否かなど不明点が多いのが現状です。長期的な調査を行っている研究はほとんどありませんが、MTの使用中は学習者のライティングは向上しているが、使用しなくなるとその効果が消えてしまうとの研究結果があります（詳しくはFredholm, 2019; O'Neill, 2019を参照）。確かにMTを使うことでライティングのレベル自体を向上させることは可能です。しかしながら、実際のところ、学習者の言語能力およびライティング能力そのものに良い影響を与えられるかどうかについては今なお疑問が残ります。

6　MTを教室で使うために

前節まででMT-assisted writingの①〜④について議論し、MTを英語ライティングに使用することによって、少なくともプロダクトの側面については一定の効果が見込めることを示しました。本節ではその知見を基に教室内でのライティングアクティビティにMTを取り入れる実践的観点について議論したいと思います。具体的には、モデル内の⑤に該当するフィードバックについて、そしてMTを効果的かつ適切に使用するために必要だと考えられる知識・能力について簡単にまとめます。

本題に入る前に改めて言及しておきますが、教室内でのMTが果たす役割はあくまで補足的なものであり、モノリンガル教育のみでは補うことの出来ない要素を扱うためのツールとして機能することを想定しています。また、MTがあればライティングが完結すると考えているわけでもありません。例えば、日本語で作文したものをMTに訳出させ、それがそのまま最終成果物として提出されるようなケース（コピペ問題）は少なくとも教育の現場では避けなければなりません。

6.1　教員のフィードバック

MT をフィードバックツールとして使用する可能性に言及している先行研究がありますが（例えば、Chon et al., 2021; Lee, 2020）、筆者の知る限り具体的に MT をフィードバックツールとして使用する手法について詳説しているものはありませんし、そもそも MT 単体ではフィードバックツールとして機能しない可能性も大いにあるでしょう。確かに、本稿は Good model としての MT 使用を掲げていますので、MT がフィードバックツールとして全く機能しないわけではなく、むしろ学習者個人に応じたフィードバックツールとして有益であると考えています。しかし、詳しくは後述しますが、MT をフィードバックツールとして応用するためのハードルは決して低いとは言えません。少なくとも MT-assisted writing のアクティビティに教員からのフィードバックおよび学習者同士のフィードバックを含んでいるのは、MT の助けを借りるだけではライティングが仕上がることはないと考えているためです。また、仮に MT を積極的に活用する潮流になったとしても、「適切な」MT 使用方法を学習者に教えるためにも、教師の介入は必要不可欠であると考えられます。そこで本節では、MT-assisted writing のアクティビティにおける⑤、つまり教員が学習者に与えるフィードバック、学習者同士のピアレビューの手法についての構想を論じるとともに、MT を教室で使用する際の注意点をまとめます。

フィードバックについて議論する前に、MT をライティングに用いる目的について整理します。筆者は MTILT には「言語パフォーマンスの向上」と「言語習得」の 2 つの目的があると考えています。上で示した Good model の使い方は、MT の助けを借りて言語パフォーマンス（ライティング）を向上させることを中心的な目標と定めています。そして、その副次的産物として、学習者が語彙や文法などの言語的知識を獲得する（言語習得）可能性を見出しています (Tamura, 2023)。前者についてはおおよそ学習者の MT 使用によってパフォーマンスが向上することがわかっていますが、後者については長期的に実施された研究が限られており、言語習得には至らなかったという報告があります (Fredholm, 2019; O'Neill, 2019)。MTの使用はL2ライティング的には効果があるが、SLA的には効果が不明であるといった具合に、L2ライティング的MT活用研究とSLA的MT活用研究という括りで議論できるかもしれません。

また、MTをフィードバックツールとして使用する際には注意しなければならない点がいくつかあります。上でも言及した通り、MTの訳文が100%正しいとは限らないという点に加え、フィードバックの種類も少々複雑になります。フィードバックには特定の項目に焦点を当てるフィードバック (focused feedback) と焦点を指定しないフィードバック (unfocused feedback) があり、また、誤りに対して直接的に指摘するタイプ (direct feedback) と間接的に誤りがあることだけを示すタイプ (indirect feedback) があります（Ellis, 2009; 田中, 2015）。当然のことながら、MTはそもそも教育現場で使用するフィードバックツールとして設計されたものではないため、特定の項目に焦点が当たることも無ければ、誤りに対して適切な改善案を提示してくれるわけでもありません。つまり、学習者は自身のライティングとMT訳を読み比べて相違点を探し、自身のライティングを保持するかMT訳を採用するかという選択に迫られます。ですが、MTを使っただけでは学習者は自分のライティングに誤りがあるのかどうかを判断することができません。特に、習熟度の低い学習者には難しいでしょう。つまり、MT単体では学習者の能力向上にはつながらない可能性が大いにあります。そこで、教師のフィードバックが重要になってくるわけです。

フィードバックについても、L2ライティング研究とSLA研究ではアプローチおよび目的が異なり、Bitchener & Ferris (2012) はこの2つを別々に議論しています。田中 (2015) によると、L2ライティング研究では学習者の「ライティング能力」の向上をめざすため内容・形式の両側面が扱われるのに対して、SLA研究では「言語習得」の色合いが強いため形式面に主な焦点が当てられるとのことです。このうち後者、つまり形式面はモノリンガルのみで解決できる問題（例えば、文法のようなルールベースで解決可能な要素）です。MTILTアクティビティにおいて考えると、この問題については教員側からの形式面に関するフィードバックは必ずしも必要ではないと考えます。

図 1 のアクティビティには教員と学習者によるフィードバックしか含まれていませんが、フィードバック手法にはテクノロジーを活用したフィードバック (technology-enhanced feedback) を加えた 3 種類があります (Lee, 2017)。Grammarly[10] や Ginger[11] のようなコンピューターツールは、ライティングに含まれるエラーを特定しその解決案も提示してくれます（自動フィードバックについての詳細は Stevenson & Phakiti1, 2019 を参照)。電子的フィードバック (electronic feedback) は教師の負担を減らすだけでなく、非英語ネイティブの教師がフィードバックを与えることが難しい要素についてもカバーすることができます (Ellis, 2009)。実際のところ、Lee (2004) によると、教員の提供するフィードバックの半分近くが正確でなかったとのことです。この研究は香港の学校での事例ですが、日本人英語教員にとっても同様であると予想されます。英文校正ツールを使うことで、学習者は言語形式面における幅広いフィードバックを受けることができます。したがって、学習者は教員にライティングの原稿を提出する前にツールを使って言語的側面に関してフィードバックを受けることで、文法や語彙などのエラーはそこで解消されることになります。

これによって、教員の負担を軽減できるだけでなく、教員が与えるフィードバックの種類も変化します。具体的には、それまでは文法、語彙、スペルの誤りに焦点を当てていたとすると、テキストレベルでのフィードバック、例えば首尾一貫性 (coherence) や結束性 (cohesion)、およびライティングの内容面についてのフィードバックに重点を置くことができます。日本語のライティングと英語のライティングでは異なる点が多いため、学習者にこの違いを意識させることは重要であると言えます。例えば、日本語では頻繁に主語や目的語が省略される傾向にあり、普段使いの言葉を MT にインプットして英訳した場合、誤訳を産む可能性があります。(6) の具体例では代名詞のエラー（I と we の使い分け問題）が見られていますが、これは日本語の主語を明示化させておけば防ぐことができるでしょう。インプット情報を MT が訳出しやすいものに編集しておくことはプリエディットと呼ばれ、MT を有効活用するための手法のひとつです（プリエディットに関する情報は Bowker & Ciro, 2019 および付録を参照してください)。

他方、内容面が MTILT (MT-assisted writing) において重要な要素となります。この MTILT は従来型の英語教育を補うものであると説明しました。英語のみで完結する内容、例えば文法エラー、語彙エラーについては必ずしも母語（二言語）を使用する必要はないと考えています。学習者が提出した英作文のみを見て添削をする場合、教員は「おそらくこういうことが言いたいのだろう」という曖昧な理解でフィードバックをしなければならないため、学習者が元々意図していたものとは異なる方向でフィードバックを与えてしまう可能性があります。英文校正ツールも、当然ではありますが、英文のみをプログラムに基づいて分析し、フィードバックを作成するため、学習者の意図を汲んでフィードバックを与えることはできません。図 1 の説明で触れたため、繰り返しになりますが、あらかじめ日本語のライティングを作成しておき、英語の最終成果物と共に提出させることで、教員は学習者が本来表現したかったことを念頭に置きながらフィードバックを考えることができます。

いかに MT の精度が向上したからと言って、MT の訳出精度に対して疑問を持つ英語教員は少なくないと思われます。四則演算の計算機とは異なり 100％正しい答えが存在しないので、人による、つまり教員によるフィードバックは今後も必要となるでしょう。ただし、上でも言及した通り、コンピューターツールで与えられるフィードバックと教員だからこそ与えられるフィードバックの線引きをしておくことがより経済的であると言えます。

また、学生同士のフィードバックも重要な要素となります。教室内でのライティングはおおよそ学習者の言語レベルを測る指標として使われるかもしれませんが、「書く」という行為には読み手が存在します。いかに言語的な質が高くとも、支離滅裂な内容であればコミュニケーションは成立しません。教員からのフィードバックと学生同士のフィードバックの効果を比較した先行研究によると、前者が形式面で有益である傾向に対し、後者は内容面で有益であるそうです（原田, 2015）。

本書で詳述することはありませんが、これを加味すると、⑤の段階の中でもプロセスを細分化できそうです。まず Grammarly のような英文校正ツールで形式面に焦点を当てる、次に学生同士のフィードバックで内容面に着目、そして最後に教員からフィードバックを受けるというプロセスが考えられるでしょうか。一度に形式と内容の包括的なフィードバックの嵐を浴びるよりも個々のフェーズで着目する焦点が定まっている方が学習者にとってもメリットが大きいと考えられます。

6.2　メタ言語

現状の MT が学習者よりも優れた（より洗練された）英文を産出できることは上に示した通りです。すなわち、MT を英語教育・学習で活用する場合は Good model としての利用法が最も現実的であると考えられます。ですが、教室で MT の使用を許可し、「MT を良いモデルとして使いましょう」と学生に指示を出したとしても、学生は「何をどう参考にすればよいのか」と疑問に思うでしょう。ここで言語を説明する力、すなわち「メタ言語能力」が重要な要素であると筆者は考えます。本節では、MT の訳文を効果的に使用するために必要な能力および知識についてメタ言語の観点から考察します（メタ言語については第 14 章でも触れられています）。

メタ言語能力は「言語についての知識を使う能力」(Bialystok, 2001, p. 124, 訳は筆者による）と定義され、英語教育で最も頻繁に使われるメタ言語は文法でしょう。例えば、(4) の例文を説明する際に「分詞構文」という用語を使いましたが、分詞構文と言うメタ言語を使用して例文の構造を説明できることがメタ言語能力になります。CALF 指標もメタ言語として使用することができるかもしれません。例えば、「良いライティング」という極めて抽象的な表現は、「文法的エラーの少ないライティング（正確性）」や「統語的に複雑な構文が使われるライティング（統語的複雑さ）」といった具体性を持たせることができます。

図 2 でも表したように、Tamura での重要な発見のひとつに、学習者は自身のライティングをレベルアップさせることには成功しているが、MT の訳文を超えることはなく、むしろ MT の訳文よりもレベルが低下していることがあります。翻訳者（ポストエディター）には MT の訳文よりも良い翻訳が求められますが、少なくとも研究に参加した学習者の能力では、現状の MT よりもレベルの高いライティングを行うこと、そして MT の訳文をポ

ストエディットすることは難しいと言わざるを得ません (Yamada, 2019a, 2019b)。これに気づくためには、やはり日本語の特徴に関する知識、そしてMTが誤訳する原因について知識を蓄えておくことが必要でしょう。

MTが進歩を遂げている状況でMTの訳文に生じた間違いに気づくためには母語の力も必要であると考えられます。例えば、3節でMT利用のアプローチについて具体例を交えて説明しましたが、MTが代名詞のエラーを起こしている例がありました（Iとweの使い分け）。このエラーに気づく、もしくは原因を考えるためにはメタ言語知識が必要です。つまり、日本語は主語を省略する傾向にあるが、英語では原則主語が明示化されることを知っている必要があります。これによって、インプット情報、すなわち日本語の表現に問題がある可能性を初めて疑うことができるでしょう。仮に(3)に代名詞を補った形(13)でDeepLにインプットすると(14)が得られました。

(13) 私は英語を書くときは機械翻訳を活用しています。
(14) I utilize machine translation when writing English.

MTの訳文にエラーが含まれていたとしてもその原因を突き止め、インプット情報を編集すること（プリエディット）で適切な訳文を得ることができると考えられます。つまり、日本語の特性を知り、かつ英語との差を認識することが効果的なMT利用につながると言えます。Bowker and Ciro (2019) はMTの効果的な利用方法の中に、インプット情報の操作を挙げています。一般的な英語学習者にとってポストエディットが困難な現状があるので、言語パフォーマンスを向上させる目的でのMT使用であれば、プリエディットが効果的なMT利用モデルと言えるかもしれません。プリエディットを適切に行うためにも、やはり母語と学習言語の特性についての知識、すなわちメタ言語知識が必要となるでしょう。ここに関しては翻訳の問題も関わってくるため、明示的に二言語を扱う(M)TILTのアプローチがクラスルーム内で重要であると考えられます。

しかしながら、英語アウトプットでプリエディットを行うということは、日本語を編集するということなので、「言語」教育ならまだしも、「英語」教育でプリエディットを扱うべきものではないと思われる方もいらっしゃるかもしれません。山田 (2021) は、この機械翻訳が発展した世界での英語教育の目的を議論する上で、教養英語 vs. 実用英語の論争を提示しています。ただし、「MT を活用する」ことを前提に考えるのであればまさしく母語の力が重要になるため、今までの議論では不十分であり、新しい英語教育の在り方を議論する必要があるでしょう。それに、MT の使用が許容されたとしても、自分の作成したライティングには責任を持たなければなりません。「なぜこのような表現にしたのか？」と問われた時に「機械翻訳が訳出したから」という答えではいけないわけです。それを、「説明」するためにもメタ言語能力を身に付けていくことが、今後の英語教育に求められるのかもしれません（第 14 章の議論も合わせて参照してください)。

6.3　MT リテラシー

MT リテラシーとは、MT を使いこなすために備えておくべき能力のことです (Bowker & Ciro, 2019)。詳細については第 2 章および第 13 章にて説明があるため、ここでは大々的に議論はしませんが、少し取り上げてみたいと思います。

この問題に積極的に取り組む Bowker (2020) が実施した MT リテラシー教育には専門的な内容も含まれていましたが[12]、MT をどのように使うべきかという基本的なリテラシーは大学のポリシーとしても議論する必要があります (Groves & Mundt, 2021)。MT の使い方について AAMT（アジア太平洋機械翻訳協会）が『MT ユーザーガイドライン』を作成しています（アジア太平洋機械翻訳協会, 2022)。これは英語教育者・学習者用に作られたものではなく、MT を利用するユーザー全体を対象読者としていますが、法的な問題については教育現場の内外問わず、MT を使用する際には注意しなければならないものです。これに加えて、特に大学の英語教育で MT を使用することについては「成績評価」と「剽窃」の問題が生じます。2022 年度秋学期から立命館大学が株式会社みらい翻訳と提携を結び、大学教育に MT を導入する試みを始めました（詳細は立命館大学広報課 (2022) および第 3 部第 9 章)。同様の取り組みが他大学で導入されるか否かは不明ではありますが、今後は高等教育機関が MT の存在を無視する、もしくは見ないふりをするのではなく、その存在を認知し適切な使用法について言及することが増えてくるのではないでしょうか。

他の章でも言及されているため、ここでは深入りしませんが、ChatGPT をはじめとする人工知能が我々の想像を超えて発展し、教員を脅かす存在が度々登場しており、今後もその潮流は留まることはないでしょう。この時代の中でこれらのツールを教育現場から遠ざけておくこと、少なくとも完全に隔離することは不可能と言って差し支えないでしょう。全てのツールに対してリテラシー教育を行うことは現実的ではありませんが、英語教育の現場では、最低限 MT に関する取り決めが必要であることは否めません。また、仮に MT の使用が制限されたとしても、社会に出ると「MT を使ってはいけない」という制約がなくなります。つまり、一般社会において MT は当然のように存在し、使用されているわけです。「英語力とは己の力のみで英語を使うことができる力のことである」といった言説は既に時代遅れと言えるかもしれません。これからは MT を含め、様々な言語サポートツールの力を借りて英語でコミュニケーションを図ることこそ英語力と言えるのではないでしょうか。

おわりに

本章では、学習者の MT 使用のモデルを提示するとともに、実証研究 (Tamura, 2023) の結果から日本人英語学習者は MT の支援を受けて自身のライティングを向上させていることを示しました。つまり、L2 ライティング研究的視座に立ち、かつライティングの言語的特徴のみに注目すれば、学習者は MT から恩恵を受けていると言えます。他方、今回報告した研究で使用したライティング評価はコンピュータによる評価であるため、人手評価と比べて客観性は担保されていますが、例えば、ライティングの首尾一貫性や結束性など、Tamura の研究手法ではカバーできていない要素も多く含まれています。そのため、これらの点を考慮すれば、「MT を活用することでライティングが向上する」と一概には言えないのかもしれません。また、ここで示した MTILT のアクティビティを繰り返し実施したからといって、学習者の言語習得が促進されるかどうかは不明なままです。しかしながら、学習者が自力では表現できないものを MT が提示してくれることがあり、それによって学習者のコミュニケーション量が増える (Garcia & Pena, 2011)、学習者自身が遭遇できない表現を提示してくれる可能性があるなど (Klimova et al., 2022)、必ずしも学習を阻害する要因となるわけではないでしょう。

MT の使用方法は学習者によって様々です。この要因は学習者の習熟度によるものかもしれませんし、学習者個人の信条によるものかもしれません。日本の大学における英語教育現場では、学生に対して MT の使用について明示的に言及する教員が多くありません（山田ら, 2021）。MT の使用方法を学習者任せにしてしまうと、不適切な MT 使用が蔓延る危険性があります。想定される最も大きな懸念は、MT の訳文をそのままコピー&ペーストして使用することでしょう。英語の授業でライティング課題を課した際、学習者が日本語でライティングをしたものをそのまま MT にかけて提出した場合、評価をどうするのかといった問題は大学の政策的な問題にもなります（Groves & Mundt, 2021 など）。これを防止するためにも、授業における MT の使用について学生と取り決めをしておくことが重要な課題でしょう。

〈注〉

1 本章内で言及する学習者の MT 利用モデルは学術研究の要素を多く含む。実践的な観点（学習者にとっての MT の効果的な使い方およびクラスルーム内での MT 使用）についての詳細は第 3 部第 10 〜 12 章で触れられる。また、学習者の MT 使用に関する簡易的なガイドラインを第 2 部末「付録：学習者に伝えたい機械翻訳使用のコツ」にまとめているので、そちらを参照のこと。

2 Niño が初めて Good model に言及した論文では、「MAHT as a good model」となっている (Niño, 2008, p. 31)。MAHT とは Machine Assisted Human Translation のことで、機械翻訳の助けを受けた人手翻訳（つまり今日における翻訳メモリを使用した翻訳）を指す。

3 ここでの「一般の英語学習者」とは、例えば外国語学部に在籍する学習者のように英語を専門的に学ぶのではなく、必修の授業で英語を学ぶ大学生を指す。

4 例えば、中学・高等学校の学習指導要領では、授業を原則英語で行うことが明記されている（文部科学省, 2017; 2018a）。

5　文部科学省が平成29年度に国公立高校3年生に対して実施した調査では、「読むこと」における英語力はCEFR A1レベルが66.5%であったのに対して、「書くこと」については約8割がCEFR A1レベルに該当している（文部科学省, 2018b）。

6　メタ分析とは、すでに発表された論文の結果を基に、ある研究トピックについての「全体的な傾向を調べたり、研究間の結果の不一致を探ったりする」研究方法を指す（竹内・水本, 2014, p. 227）。

7　Bad modelとしての使用、Good modelとしての使用のどちらを採用しても、機械翻訳をライティングに使用しているという事実上MT-assisted writingとなる。だが、本稿では、Bad modelとしての使用法をpost-editing、Good modelとしての使用法をMT-assisted writingとみなす。

8　*Longman Dictionary of Contemporary English* (6th Ed.)では、useは最も頻繁に使用される語であるのに対し、utilizeは頻度が低いと記載される。

9　CALFには統語的複雑さ、正確性、語彙的複雑さに加え流暢さが含まれます。文構造および使用語彙のレベルが高くなるほどライティングのレベルが高くなり、正確なライティングは質が高いことを意味する (Wolfe-Quintero et al., 1998)。CALFに関する詳細はWolfe-Quintero et al. (1998)を参照のこと。

10　https://app.grammarly.com/

11　https://www.getginger.jp/

12　Bowker(2020)のリテラシーワークショップに含まれていた項目は、Privacy/confidentiality（秘匿性について）、Academic integrity（学術的責任について）、Potential for algorithmic bias（バイアスの可能性について）、Awareness of different tools（別ツールの使用について）、Awareness of different translation tasks（別手法の翻訳について）、Improving the output by changing the input（インプットの編集でアウトプットを改善することについて）の6つで構成されている。

〈引用文献〉

アジア太平洋機械翻訳協会 (2022).「MTユーザーガイド：機械翻訳で失敗しないための手引き (Ver 1.1)」https://www.aamt.info/wp-content/uploads/2022/09/MT_userguide_v1–1.pdf

Bialystok, E. (2001). *Bilingualism in development: Language, literacy, and cognition*. Cambridge University Press.

Bitchener, J., & Ferris, D. R. (2012). *Written corrective feedback in second language acquisition and writing*. Routledge.

Bowker, L. (2020). Machine translation literacy instruction for international business students and business English instructors. *Journal of Business & Finance Librarianship, 25*(1–2), 25–43. https://doi.org/10.1080/08963568.2020.1794739

Bowker, L., & Ciro, J. B. (2019). *Machine translation and global research:*

Towards improved machine translation literacy in the scholarly community. Emerald Group Publishing.

Chon, Y. V., Shin, D., & Kim, G. E. (2021). Comparing L2 learners' writing against parallel machine-translated texts: Raters' assessment, linguistic complexity and errors. *System, 96*, 102408. https://doi.org/10.1016/j.system.2020.102408

Clifford, J., Merschel, L., & Munné, J. (2013). Surveying the landscape: What is the role of machine translation in language learning? *@Tic. Revista D'Innovació Educativa, 10*, 108–121.

Cook, G. (2010). *Translation in language teaching: An argument for reassessment.* Oxford University Press.

Correa, M. (2014). Leaving the "peer" out of peer-editing: Online translators as a pedagogical tool in the Spanish as a second language classroom. *Latin American Journal of Content & Language Integrated Learning, 7*(1), 1–20. https://doi.org/10.1111/flan.12366

DeCesaris, J. A. (1995). Computerized translation managers as teaching aids. In C. Dellerup, & V. Appel (Eds.), *Teaching Translation and Interpreting 3: New Horizons* (pp. 263–269). John Benjamins.

Ducar, C., & Schocket, D. H. (2018). Machine translation and the L2 classroom: Pedagogical solutions for making peace with Google translate. *Foreign Language Annals, 51* (4), 779–795. https://doi.org/10.1111/flan.12366

Ellis, R. (2009). A typology of written corrective feedback types. *ELT journal, 63* (2), 97–107. https://doi.org/10.1093/elt/ccn023

Fredholm, K. (2019). Effects of Google translate on lexical diversity: Vocabulary development among learners of Spanish as a foreign language. *Revista Nebrija, 13* (26), 98–117. https://doi.org/10.26378/rnlael1326300

Garcia, I., & Pena, M. I. (2011). Machine translation-assisted language learning: writing for beginners. *Computer Assisted Language Learning, 24* (5), 471–487. https://doi.org/10.1080/09588221.2011.582687

Groves, M., & Mundt, K. (2021). A ghostwriter in the machine? Attitudes of academic staff towards machine translation use in internationalised Higher Education. *Journal of English for Academic Purposes, 50*, 100957. https://doi.org/10.1016/j.jeap.2021.100957

原田三千代 (2015).「協働的フィードバックとしてのピア・レスポンス」大関浩美編『フィードバック研究への招待』(pp. 139–179). くろしお出版.

Hyland, K., & Hyland, F. (Eds.). (2019). *Feedback in second language writing: Contexts and issues*. Cambridge university press.

Jolley, J. R., & Maimone, L. (2015). Free online machine translation: Use and perceptions by Spanish students and instructors. *Learn languages, explore cultures, transform lives*, 181–200.

Jolley, J. R., & Maimone, L. (2022). Thirty years of machine translation in language teaching and learning: A review of the literature. *L2 Journal, 14*(1). https://doi.org/10.5070/L214151760

Klimova, B., Pikhart, M., Benites, A. D., Lehr, C., & Sanchez-Stockhammer, C. (2022). Neural machine translation in foreign language teaching and learning: a systematic review. *Education and Information Technologies*, 1–20. https://doi.org/10.1007/s10639–022–11194–2

Lee, I. (2004). Error correction in L2 secondary writing classrooms: The case of Hong Kong. *Journal of second language writing, 13*(4), 285–312. https://doi.org/10.1016/j.jslw.2004.08.001

Lee, I. (2017). *Classroom writing assessment and feedback in L2 school contexts*. Springer Singapore.

Lee, S. M. (2020). The impact of using machine translation on EFL students' writing. *Computer Assisted Language Learning, 33* (3), 157–175. https://doi.org/10.1080/09588221.2018.1553186

Lee, S. M. (2021). The effectiveness of machine translation in foreign language education: A systematic review and meta-analysis. *Computer Assisted Language Learning*, 1–23.

Long, M. (1996). The role of the linguistic environment in second language acquisition. In W. C. Ritchie & T. K. Bhatia (Eds.), *Handbook of second language acquisition* (pp. 413–468). Academic Press.

Longman dictionary of contemporary English (6th ed.) (2014). Pearson Education.

みらい翻訳 (2019).「機械翻訳サービスの和文英訳がプロ翻訳者レベルに、英文和訳は TOEIC 960 点レベルを達成」https://miraitranslate.com/uploads/2019/04/MiraiTranslate_JaEn_pressrelease_20190417.pdf（2023 年 6 月 8 日閲覧）

文部科学省 (2017).「中学校学習指導要領（平成29年告示）」https://www.mext.go.jp/content/1413522_002.pdf

文部科学省 (2018a).「高等学校学習指導要領（平成 30 年告示）」https://www.mext.go.jp/content/20230120-mxt_kyoiku02-100002604_03.pdf

文部科学省 (2018b).「平成 29 年度 英語力調査結果（高校 3 年生）の概要」https://www.mext.go.jp/a_menu/kokusai/gaikokugo/__icsFiles/afieldfile/2018/04/06/1403470_03_1.pdf（2023 年 6 月 8 日閲覧）

Niño, A. (2008). Evaluating the use of machine translation post-editing in the foreign language class. *Computer Assisted Language Learning. 21* (1) 29–49. https://doi.org/10.1080/09588220701865482

Niño, A. (2009). Machine translation in foreign language learning: Language learners' and tutors' perceptions of its advantages and disadvantages. *ReCALL, 21* (2), 241–258. https://doi.org/10.1017/S0958344009000172

O'Neill, E. M. (2019). Training students to use online translators and dictionaries:

The impact on second language writing scores. *International Journal of Research Studies in Language Learning, 8* (2), 47–65. http://dx.doi.org/10.5861/ijrsll.2019.4002

立命館大学広報課 (2022).「大学の英語授業に AI 自動翻訳サービスを試験導入 学生・院生約 5,000 人を対象に、翻訳ツールを用いて新しい英語教育の可能性を検証」https://www.ritsumei.ac.jp/profile/pressrelease_detail/?id=719（2023 年 6 月 8 日閲覧）

清水由香里 (2023).『機械翻訳の英語ライティングへの活用』［未公開修士論文］. 立教大学.

Somers, H. (2003). Machine translation in the classroom. In H. Somers (Ed.), *Computers and translation: A translator's guide*. John Benjamins, 319–340.

染谷泰正 (2010).「大学における翻訳教育の位置づけとその目標」『関西大学外国語学部紀要』7, 73–102.

Stevenson, M., & Phakiti, A. (2019). Automated feedback and second language writing. In K. Hyland & F. Hyland (Eds.). *Feedback in second language writing: Contexts and issues*, (pp. 125–142). Cambridge University Press.

竹内理・水本篤（編）(2014).『外国語教育研究ハンドブック（改訂版）』松柏社.

Tamura, H. (2023). *Investigating possibilities of machine translation in language teaching*. [Unpublished master's thesis]. Kansai University.

田村颯登・山田優 (2021).「外国語教育現場における機械翻訳の使用に関する実態調査：先行研究レビュー」*MITIS Journal, 2*(1), 55–66. http://jaits.web.fc2.com/Yamada_Tamura_3.pdf

田中真理 (2015).「ライティング研究とフィードバック」大関浩美編『フィードバック研究への招待』(pp. 107–138). くろしお出版.

Tsai, S. C. (2019). Using google translate in EFL drafts: a preliminary investigation. *Computer Assisted Language Learning, 32* (5–6), 510–526. https://doi.org/10.1080/09588221.2018.1527361

Tsai, S. C. (2022). Chinese students' perceptions of using Google Translate as a translingual CALL tool in EFL writing. *Computer assisted language learning, 35*(5–6), 1250–1272. https://doi.org/10.1080/09588221.2020.1799412

Wolfe-Quintero, K., Inagaki, K., S., & Kim, H.-Y. (1998). *Second language development in writing: Measures of fluency, accuracy, and complexity*. University of Hawaii Press.

Xu, J. (2022). Proficiency and the Use of Machine Translation: A Case Study of Four Japanese Learners. *L2 Journal, 14* (1), 77–104. https://doi.org/10.5070/L214151328

Yamada, M. (2019a). The impact of Google neural machine translation on post-editing by student translators. *The Journal of Specialised Translation, 31*, 87–106.

Yamada, M. (2019b). Language learners and non-professional translators as users. O'Hagan, M. (Ed.). *The Routledge handbook of translation and technology*. (pp. 183–199) Routledge.

山田優 (2021).「AI と外国語学習」鳥飼玖美子・鈴木希明・綾部保志・榎本剛士編『よくわかる英 語教育学』(pp. 162–163). ミネルヴァ書房.

山田優 (2022).「機械翻訳の英語教育への応用――ライティング練習の支援と MTILT」『英語教育』71 (8), (4)–(5) 大修館.

Yamada, M. (2022, September 29). Machine Translation in Language Teaching [PowerPoint slides]. HKBU Translation Seminar Series.

山田優・ラングリッツ久佳・小田登志子・守田智裕・田村颯登・平岡裕資・入江敏 (2021).「日本の大学における教養教育英語と機械翻訳に関する予備的調査」『通訳翻訳研究への招待』23, 139–159.

第7章

機械翻訳の使用ルール
——身の丈に合った英語を選ぶ——

小田　登志子

はじめに

大学生に対して機械翻訳を使うことを許可してもいいのではないかと考える英語教員が増えてきました（第3章を参照）。しかし、それには一定のルールを設けて、学生が建設的な方向で機械翻訳を使用するように誘導する必要があるでしょう。この章では、ライティング活動時に英語教員がクラス単位で設定できるルールを、英語の習熟度があまり高くない学生を対象とした場合を想定して提案します。カギになるのは、学習者自身が自分のレベルに合った英語を選ぶことができるようなルールを設定することです。

本章の構成は以下の通りです。第1節では、ルール設定の動機として、機械翻訳が出した自分のレベルに合わない英語を学生が使用するという弊害があることを紹介します。第2節では、学習者に自分の身の丈に合った英語を使用させるためのルール案を提示します。第3節では、機械翻訳の訳出を学習者が自分のレベルに合った英語に直す「ダウングレード」の作業を提案します。自分が理解できる英語を使用することにより、学生は自分が用いる英語に責任を持つことができるようになります。

1　ルール設定の必要性

英語の習熟度が高くない学習者に機械翻訳を使用させる際は注意が必要です。大きな問題の一つは、機械翻訳が産出する英語が学生にとっては難しすぎるケースが多いことです。機械翻訳は日本語を入力する学生の英語力を考慮したりしません。同じ日本語の入力には当然同じ英語訳を出力します。人間の教員の場合は、学習者の習熟度レベルに合わせた英語を提案するのが普通でしょう。TOEIC300 点の人と 900 点の人に同じ英語を提案する教員はいないと思います。このように「学習者のレベルに合わせられるか」という点に機械と人間の決定的な違いがあります。したがって、習熟度が高くない学習者に機械翻訳を使用させる際は、学習者自らが意識して自分のレベルに合った英語を取捨選択するようなルール設定をすることが重要になります。

教育現場からもすでに「身の丈に合わない英語」の問題を指摘する声が挙がっています。佐藤 (2022) は中学・高校での英語教育における生徒の機械翻訳使用について、学習者のレベルに合わない難しい単語が出てくる場合がある、機械翻訳で作ったプレゼンテーションの原稿を生徒自身が読めないことがある、などの問題点を指摘しています。そして「自動翻訳にかけた後に自分の英語力にチューニングする作業が必須である」と述べています。佐竹 (2021) は習熟度が比較的高い英語学習者にとっては機械翻訳を用いたライティングは有効であるが、そうでない学習者には彼らの中間言語に即したフィードバックを与えることが重要であると指摘しています。

そこで以下の節で機械翻訳使用の基本ルールを提示します。さらに、「ダウングレード」と呼ぶチューニング作業を行うことを提案します。併せて、習熟度に関わらず、学生に機械翻訳の訳出を評価する姿勢を持たせることを提言します。

2　ルール案

ここでは筆者が日頃学生に対して提示している 3 つのルールを例として紹介します (小田, 2021)。汎用的なルールであるため、教養英語を学ぶほとんどの学生に対して用いることができます。主にライティング活動を念頭に置いたルールになっています。

(1) 教養英語を学ぶ学生に提示する機械翻訳使用時のルール例

a. 自分の英語レベルに合った表現のみ採用すること。

b. 機械翻訳の結果をそのまま用いず、自分なりの表現に修正して用いること。

c. 自分が用いる英語に責任を持つこと。

それぞれについて補足します。(1a)「自分の英語レベルに合った表現のみ採用すること」の意図としては、英語学習者は自分自身の身の丈に合った英語を使うべきであり「機械が出したから」といって自分が理解できない英語を使うべきではないというポリシーが根底にあります。出力された英語が自分のレベルに合っているか判断するための目安として、筆者自身は「少なくともすらすら言えるか、できれば暗記できる程度」と学生に説明しています。なお、学生に英語を暗記させるのは英文が不必要に長くなることを防止するという意図もあります。機械翻訳を使用すると簡単に英語を得られるため、学生が長文を作成しがちです。英語プレゼンテーションの場面で学生が機械翻訳を使って用意した長々とした意味不明の英文を読み上げる場面に遭遇したことのある教員は少なくないことでしょう。このようなケースを防ぎ、学生自身が理解できる適切な分量の英語を使用させるためには、英語を暗記させること（あるいはメモのみ見ることを許可する）は有効な方法の一つです。

(1b)「機械翻訳の結果をそのまま用いず、自分なりの表現に修正して用いること」には少なくとも 3 つの効果があります。1 つ目は自分がよくわからない英語が出た場合は、そのまま採用せずに自分が分かる英語に修正することによって (1a) のルールを守ることにつながります。2 つ目の効果として、修正する部分を探す作業の中で、自分が意図しない意味の英語を見つけることができます。おかしな英語訳を見て自分がそもそも日本語を打ち間違えていたことに気づくこともあります。また「訳抜け」なども見つけなければなりません。さらに、意図しない意味によって誤解を招いたり相手に不快な思いをさせたりする危険があることを知らせると、機械翻訳が出した英語の「丸呑み」を避けるのに効果的かもしれません。3 つ目は倫理的問題を防ぐことです。機械翻訳の訳をそのまま使用することは剽窃に当たるのではないかという懸念は教員と学習者の双方から出ています。オリジナリティを出すことによって少なくとも「丸写し」を防ぐことができます。筆者は学生に対して「機械翻訳の訳出をそのまま提出するのだったら名前を書く欄に Google 翻訳と書いて下さい」と言いますが、今のところ反論した学生はいません。

(1c)「自分が用いる英語に責任を持つこと」はとても重要です。筆者が

「この英語の意味は何か」と尋ねると「機械翻訳が出したのでよくわからない」と学生が答えたことがあります。知り合いの英語教員から「学習者が提出した英語を批判したところ、機械翻訳が出したものなのになぜ自分が注意されなくてはいけないのかという顔をされた」という話を聞いたこともあります。同じような経験をしてがっかりしたことがある教員は多いことでしょう。筆者は学生に対して「この提出物にはあなたの名前が書いてあるのだから、あなたに責任がある」と言うようにしていますが、学生は一応納得しています。提出する英語に責任を持つためにも、(1a) に関して述べたように自分が理解できる英語のみ採用することはとても重要です。

学生に向けて機械翻訳利用の方針を提示している例は他にもあります。柳瀬 (2022) は学術論文のための英語ライティングで機械翻訳を使用するための原則として、①機械翻訳は下訳の提案をするだけであり、翻訳の代行をするわけではない、②機械翻訳の下訳には人間の判断と修正が必要、③機械翻訳の利用については、人間が自覚的に主導権と責任を取らねばならない、という3点が挙げられています。やや習熟度が高い学生を念頭に置いたものですが、筆者の提案と似ています。近藤 (2023) は機械翻訳を英語学習の味方として使いこなすためには「産出したものは自分のものにする」「誇りを持って使う」ことが大切だと述べています。学生に対して自分自身を振り返りながら機械翻訳を使用してほしいと願う気持ちが伝わってきます。

しかし、英語教員の中には、たとえ修正を加えるとしても学生が機械翻訳を用いて英作文を行うことに抵抗を感じる人もいるのではないかと思います。抵抗感の理由はさまざまだと思われるため、こういった人たちを納得させられる説明をここで用意するのは難しいものの、抵抗感を少し和らげることができるかもしれない話をしてみたいと思います。筆者は学生が機械翻訳を英語学習に利用するのはAIを利用して発想を広げる行為の一つだと捉えています。たとえば囲碁の世界ではAIが人間のプロ棋士に勝つようになり、韓国のイ・セドル九段が「勝てない存在がある」と発言して引退を表明したことが広く知られています。しかし、囲碁界では人間かAIかの二者択一ではなく、棋士がAIを使って囲碁の研究をするようになりました。2019年に行われたインタビューにおいて大橋拓文六段（当時）は「10代の棋士は、今では囲碁AIを使うのが当たり前になっている。20代も多くの棋士が囲碁AIに触れている」と発言しています（浅川, 2019）。他には文学作品の執筆や作曲でも同様に、AIを用いて発想を広げる試みが行われています（小林, 2019）。これらの行動は機械翻訳の力を借りて自らの英語の可能性を広げようとしている学習者の姿と重なります。

事実、英語教員からは学習者が機械翻訳を使用する目的は「楽をすること」だけではないことが指摘されています。Kennedy (2021) は、英作文に機械翻訳を使用する学生は自ら考えた英語をより良くすることを目的として機械翻訳を使用していると報告しています。幸重・蔦田 (2021) は機械翻訳の利点として語彙や文法などの面において自分の英語表現の幅を広げる学習効果を挙げた学生がかなりいたことを報告しています。機械翻訳の使用を丸ごと禁じてしまうと、このような生産的な使い方をも封じ込めてしまうことになります。どうしたら機械翻訳への安易な依存を防ぎ、英語学習のツールとして賢く使わせることができるかに知恵を絞ってはどうでしょうか。そのためにも、授業開始時に機械翻訳使用のルールを設けておくことが重要です。

3　機械翻訳を使用した後の「ダウングレード」

この節では機械翻訳を使用して英語の訳出を得たあと、学習者が自らのレベルに合うように英語を「ダウングレード」するための方法を紹介します。ダウングレードとは筆者が考案した言葉です。これは、習熟度が高くない学生が機械翻訳の訳出を自分の身の丈にあったレベルの英語にあえて落としたり、内容の一部を削除したりすることを指します。対照的な活動として、翻訳者など英語力がある人が行うポストエディットを「アップグレード」と呼ぶとわかりやすいかもしれません。また、学習者が機械翻訳の訳出を参考にして自分の英語をよりレベルの高い英語に修正する行為（第6章参照）もアップグレードと呼べるでしょう。

ではなぜせっかく機械翻訳が出したレベルの高い英語をダウングレードする必要があるのでしょうか。もったいないと思う人もいるかもしれません。これは (1c) に挙げた「自分が用いる英語に責任を持つこと」というルールを守るためです。

試しに、自分が理解できない英語を使ってその内容について批判された際に「機械翻訳が出したものなので私にはよくわかりません」と言ったら相手がどのような顔をするか想像してみるといいでしょう。場合によっては、機械を言い訳にしたずるい言い逃れだと思われてしまうかもしれません。すると次から何を書いても「この人は自分が何を言っているのかわからない可能性がある」と思われてしまいかねません。このように、信頼関係が失われるとコミュニケーションが台無しになってしまいます。英語がそれほど得意でない普通の大学生には、英語が得意な人に見せかけたいという虚栄心をきっぱりと捨て、自分が責任を持てると思う範囲の英語を用いることをお勧めします。併せて英語のレベルが低いと思われるのが恥ずかしいという羞恥心も脇に置くことをお勧めします。そのようにうわべを取り繕うことよりも相手との信頼関係を築くことのほうがもっと大切ではないでしょうか。

学習以外の場面でどうしても自分が理解できない英訳を使わざるを得ないと判断した時は「この英語は機械翻訳によるものです」と一言付け加えておくことを勧めます。英語が自分の意図した意味になっていなかった時に、勘弁してもらいやすいかもしれません。参考までに Hatano (2019) による日本の社会人を対象にした調査では、「このメッセージは機械翻訳によって翻訳されました」と明記してある場合、メッセージの不自然さや丁寧さの欠如に対して否定的な気持ちを抱く人が減少することが指摘されています。

3.1　すらすら言えるか／おおよそ暗記できるか

教養英語を学ぶ学生が機械翻訳の英語をダウングレードする際、どのように行ったらよいでしょうか。すでに「学生が少なくともすらすら言えるか、できれば暗記できる程度」を目安とすることをお勧めしました。これを実現するためにダウングレードを行うには少なくとも 3 つの方法があります。

1 つ目は翻訳エンジン上で自分が理解できる表現を選ぶことです。2023 年 1 月の時点で DeepL には訳出された文の単語上にカーソルを置くと選択肢が現れる機能が搭載されています。自分の好みの表現を選ぶと、それに合わせて前後の英語を DeepL が自動的に調節してくれます。この機能があるために、筆者は翻訳エンジンの中では DeepL を学生に勧めています。そして、自分がよく理解できるなるべく簡単な表現を選択するように助言しています。

2 つ目は学生が自分で英語を書き換えたり内容を削除したりして、訳出を自分の身の丈に合う英語に直すことです。「後でほぼ暗記でスピーチできる程度に」と指示すると、筆者の学生（CEFR A2~B1 程度）はかなり訳出に手を加えるため、機械翻訳の訳出と学生自身の英語力の乖離を垣間見ることができます。異なる学生による修正例を 3 つほど見てみましょう。「制服がある高校とない高校のどちらがよいと思うか」という問いに対する答えをまず日本語で書き、それを Google 翻訳で英語に直した後[1]、後から何も見ないで言える程度の英語に直すように指示したところ、次のような修正が観察されました。

(2) ダウングレード例 1：単語の言い換え
- a. 日本語入力：1 つ目に制服だと不衛生であるからだ。
- b. 訳出の原文：First, uniforms are unsanitary.
- c. 修正結果　：First, uniforms are not clean.

(3) ダウングレード例 2：構文を単純化
- a. 日本語入力：ズボンをはきたい時もある。
- b. 訳出の原文：There are times when I want to wear pants.
- c. 修正結果　：I also want to wear pants.

(4) ダウングレード例 3：よく理解できない文を削除
- a. 日本語入力：なぜなら制服を着用することは学生だけができることだからです。
- b. 訳出の原文：Because wearing uniforms is something only students can do.
- c. 修正結果：構文がよく理解できないため削除

それぞれの修正について補足します。(2) の学生は unsanitary（不衛生）という単語を not clean（清潔でない）という言い方に替えています。結果として口頭でも問題なく発話することができました。(3) の学生は「も」に相当する also を使ったほうが、スカートもパンツも両方着たいという自分の気持ちに近い英語になると考えました。(4) の学生は関係詞節の部分がやはり口頭で言えるほどきちんと理解できていないようです。構文が理解できない・文が長すぎるという理由で削除しました。これらは学生自身によるダウングレードがある程度成功した例です。

しかし、学生自身の書き換えによるダウングレードがいつもうまくいくわけではありません。3つの例を下に挙げました。習熟度が高くない学習者が自力で英語を修正することはそれほど簡単ではないことがわかります。

(5) 不成功例 1：周囲の英語を併せて調整していない
　a. 日本語入力：（私服であると）格差が生じると考えます。
　b. 訳出の原文：I think that there will be a disparity.
　c. 修正結果：I think that there will be a inequality.（冠詞の誤り）

(6) 不成功例 2：非文法な構文への書き換え
　a. 日本語入力：私は生徒に制服の着用を義務付けている高校がいいと思います。
　b. 訳出の原文：I prefer high schools that require students to wear uniforms.
　c. 修正結果：I agree that wearing uniforms.（非文法な構文）

(7) 不成功例 3：不適切な表現に気づかない
　a. 日本語入力：（制服がない場合）服を選ぶ時間が増えます。
　b. 訳出の原文：You will have more time to choose clothes.
　c. 修正結果：You will have more time to choose clothes.（時間の余裕がなくなるという意味が伝わる英語にすべきだが変化がない。）

それぞれの例について補足します。(5) の学生は disparity（格差）の代わりに自分がよく理解できる inequality（不平等）を使うことにしました。しかし、直前の冠詞をそのままにしたため、文法的には正しくなくなってしまいました。(6) の学生は prefer という動詞を使った表現は読めばわかるものの発話する自信がなかったため短く書き換えたところ、構文が成立しない表現になってしまいました。これらのようなケースを防ぐためにはGrammarlyなどの英文校正ツールを併用する必要があります。(7)の学生は「制服がない場合、毎朝洋服を選ぶ必要があるため、時間の余裕がなくなる」と言いたいはずなのですが、機械翻訳が出した英語はYou will have more time to choose clothes（洋服を選ぶ時間がさらに得られる）というむしろ逆のニュアンスの英語になってしまっています。無理に修正せずに削除するのもダウングレードの方法の一つですが、そもそもこの英語がおかしいと気づくことができませんでした。この学生はTOEICの点数も800点を超えていて非英語専攻の学生としては英語が得意な層に属するのですが、こういったニュアンスを理解することには限界があるため、やはり教員の支援がある程度必要だと感じます。

ダウングレードの3つ目の方法は2022年の末に登場したChatGPTを使う方法です。まだ学生の使用状況を観察できていないため、あくまでもアイデアの段階ですが、今後の参考のために記します。「Too much of our testing regime still remains fixated on being able to regurgitate（学校の試験体制は今もなお記憶した記憶を吐き出させることに固執している）をもっと簡単な英語にしてください」というプロンプトを入力しました[2]。すると「Our testing system still focuses too much on memorization（学校の試験制度は今もまだ暗記に重点を置きすぎている）」のように少し簡単な英語が出力されました。同じことをもう一度繰り返すと、さらに簡単な英語「Our tests still emphasize memorization too much（学校のテストは未だに暗記を強調しすぎている）」になりました。今回は紙面の制限があるために短文の例を挙げましたが長文でも同じことができます。既存の機械翻訳には学習者に合った英語を出す機能が備わっていないことから、学生が自分に合ったレベルの英語を得るための一つの方法として使えるかもしれません。また、教員が生教材を学習者向けにリライトする方法としても使えるでしょう。しかしここでも、ChatGPTによる言い換えが適切かどうかを判断する必要があるため、鵜呑みにすることはできません。

このようにAIを利用すると、産出された英語を正しく評価できるかという問題が常に付いて回ります。AI翻訳の訳出に対する評価をどのように学生に行わせるかについては次項で詳しく議論します。無理を承知で英語教員としての理想を言うと、筆者は英語学習者用の機械翻訳があるといいと考えています。使う構文や単語に一定の制限をかけて、日本の英語テキストのようなやさしい英語を出す翻訳エンジンです。理論上は可能なようです。しかし実現可能かどうかは専門家に判断を委ねたいと思います。

3.2　機械翻訳の訳出について質問をする

学生に「自分が分かる英語だけ採用しなさい」と言うのは簡単ですが、自分が何をどれぐらい理解しているのかをはっきりと自覚している学生は少数でしょう。機械翻訳が出した英語を理解していると言う学生に対して「じゃあその英語を読んでみて」と言うと、実はしどろもどろだったりします。また自分では英語がおかしいことに気づかないこともあります。上記の (5)~(7) に挙げた例を見ても明らかです。そこで、訳出結果に対して「本当にこの英語でいいのだろうか」ともっと積極的に精査させるために「機械翻訳が出した英訳に対する質問を考えなさい」という課題を出すことをお勧めします。

誤解がないように補足すると、これは機械翻訳の訳出を教員が添削するという意味ではありません。筆者のところには海外プログラムに応募したい学生から機械翻訳を使用して作成した英語エッセイを添削してほしいという依頼がよくあります。中には「こういう事が言いたかったのですが、英語は合ってますか？」とご丁寧に機械翻訳に入力した日本語の原文を添えて送ってくる人もいます。学生としては英語が苦手で不安なので誰かにチェックしてもらいたいのでしょう。しかしこれでは本人の学習になっているのかどうかさっぱりわかりません。こういう時には「あなたの英語学習を支援することが私の仕事なので、あなたの考えを添えて具体的な質問をしてください」と返答するようにしています。英語教員の指導対象は学生であって機械ではないので、英語教員は機械翻訳の訳出の添削を堂々と断っていいはずです。ある学会で「機械翻訳が出す英語の意味を学習者が理解できないので英語ネイティブスピーカーの TA がチェックするが、作業が大変で困っている」という話を聞いたことがあります。学習者本人がさっぱり理解できないような英語は使わせるべきではないし、授業で扱う必要もないのではないでしょうか。

第 6 章で議論されたように、機械翻訳の訳出はもちろん Good model（良い手本）として十分機能すると思います。しかし、機械翻訳に安易に依存しないように機械翻訳が出すもっともらしい英語を常に「評価する」姿勢を育成することが重要であると思います。英語力が高ければ高いなりの評価の視点があり、低ければ低いなりの視点があるはずなので、英語力が低ければ機械翻訳の訳出を鵜呑みにしてもいいということにはなりません。参考として ChatGPT をめぐる議論の一端を紹介します。2022 年の年末に OpenAI による ChatGPT が公開されると、大きな話題になりました。OpenAI を設立したイーロン・マスク氏が「Goodbye, homework（宿題よ、さようなら）」とツイートしたように、ChatGPT はたいていの質問に即座にそれらしく回答することができます。機械翻訳をはるかに上回る脅威が登場したと言っていいでしょう。フィナンシャルタイムズ紙に掲載された記事である Cavendish (2023) は「最も脅威にさらされるのは教育の世界だ」と指摘しています。同記事は、AI の登場によって旧態依然の教育に変化が訪れることを期待すると同時に「Rather than banning ChatGPT teachers should ask pupils to give it an assignment and critique its response（教員は ChatGPT を禁止するのではなく、生徒に ChatGPT に質問を与えるように指示し、その回答に対する批評をさせるべき）」と述べています。つまり、AI を評価する姿勢を養うことがカギであるという意味に理解できます。英語学習においても同様に、学習者は「機械翻訳の訳出に対して自分はどう判断するのか」と積極的に自問する必要があり、教員も「機械翻訳の訳出に対してあなた自身はどう判断するのか」と学習者に積極的に働きかける必要があると思います。

英語の習熟度が高くなくても批評できるポイントはたくさんあります。意図した意味の英語になっているかどうかは氷山の一角です。自分の気持ちが伝わる表現になっているか、自分が知っている他の表現と比べてどちらが良いか、相手はこの英語で状況を理解できるか、書き言葉／話し言葉として適切か、友達／目上の人に対して使うのにふさわしい表現か、英語ノンネイティブスピーカーに対して用いても大丈夫か、相手の文化や風習に照らし合わせて適切な表現か、などいくらでも考えることはあります。翻訳は「単なる言語の置き換え」ではないからです。そして「機械翻訳が出したこの英語を自分が使うことはまだ無理だ」ということも立派な判断の一つです。機械翻訳はテキストではありません。世界中から英語を集めてくるため、学習者に理解できない英語があるのは当然です。肯定的にとらえて、次のステップを考えるべきです。自分の考えを添えて教員に質問をしてもいいし、あるいはその英語はあきらめて別の英語を探すという方法もあります。

3.3　学生の質問の具体例

機械翻訳の訳出に対して学生がどのような質問をするのか具体例を挙げてみましょう。学生に質問をさせると、学生の英語の理解度が思った以上に低いことに気づいて驚くことがよくあります。やはり機械翻訳が入りこむと学生の実力を把握するのが難しくなると実感する瞬間です。筆者はよく課題学習として 300 ワード程度の短い英語スピーチ原稿を学生に作成させます。その際、授業でスピーチを発表する時には原稿を見ないことを条件として機械翻訳の使用を許可しています。そして学生がスピーチ原稿を提出する際に、併せて機械翻訳の訳出に対して自分が疑問に感じたことを挙げて教員に相談するように指示しています。英語学習に積極的でない学生の場合「質問があったらどうぞ」という言い方だとなかなか質問をしません。そのような場合は「3 つ以上質問をするように」というように強制したほうが効果的かもしれません。ちなみに、こういった「質問を促す」ことも人間の教員の重要な仕事だと感じます。機械翻訳を含む AI 技術があれば英語の先生はいらないという人は、自分から進んで何でも調べられるごく一部の学習者だけでしょう。ほとんどの学習者は教員の励ましや助言を必要としています。

学生から寄せられた質問に対しては、習熟度に応じたアドバイスをします。その際、本人が理解できる英語になるようにヒントを与えることもあれば、思い切って内容の一部を削除するように提案することもあります。削除の提案をすると学生は驚きますが、習熟度が低い段階において自分の気持ちを英語で 100 パーセント言い表すことは無理なので、あきらめも肝心だと思います。母語の日本語でさえ自分の言いたいことを 100 パーセント表現することは難しいと思います。

このようにそれぞれの学習者に合った助言ができるのは人間の教員だけです。それは単に英語のレベルだけでなく、今までの学習経験であったり、学生の人格であったり、生活全般であったりします。「ここは先週の授業の内容を参考にしてください」と復習を促すのもいいでしょう。自分の英語力に対して落ち込んでいる学生に対しては、以前より進歩したと褒めることができるかもしれません。学生がスポーツ好きだと知っていれば「サッカーについて書いたらどうか」と助言できます。一見当たり前のような話ですが、こういった学習者に合わせたトータルなサポートができることが人間の教員の真骨頂ではないでしょうか。

下に挙げた質問をした学生たちの英語力は CEFR A2~B1 程度です。教員からの返信を参考にしてスピーチ原稿を修正したのち教室でスピーチを行うと、ややたどたどしいもののメモを見る程度でおおよそスピーチ原稿と同じ内容のスピーチを行うことができます。

(8) 学習者から寄せられた相談内容（“　” 内は学習者が機械翻訳で得た訳出）

a. “Also, children are not the only ones who use parks”「公園を利用するのは子どもだけではない」と言いたいが、この英語がよくわからない。

b. “There are many amusement facilities in large cities”「都会には娯楽施設がたくさんある」という意味だが、amusement facilities がもっと簡単な言い方にならならないか。

c. “It is not worth it to spend more on college sports activities than the same amount of money spent on the library” を「スポーツ活動に図書館と同じお金を使うほどの価値は少ない」という意味が伝わるもっと簡単な文にならないか。

(8a) の場合、ones という代名詞とそれに続く関係詞節が理解しにくい理由だと思われます。Children use parks, and adults also use them とすればこの学生も間違いなく理解できるでしょう。自力で考えられそうな英語なので学生が「なんだ、機械翻訳を使わなくてもよかった」と思うかもしれません。英語の関係詞節を避けるには日本語入力の段階で関係詞節を入力しないほうがいいのですが「関係詞節のない日本語を入力しましょう」と言うとかえって話がややこしくなるので止めておいたほうがよさそうです。しかし理想を言えば、自分が最も頼りにする母語に関する言語学的知識があることが望ましいと言えます。言語学を研究している筆者には不思議に感じるのですが、ほとんどの学生は日本語に関係詞節があることを知りません。英語の授業でしか耳にしないので、英語特有のものだと思っているようです。

さて、話を学生の質問に戻しましょう。(8b) の amusement facilities（娯楽施設）は amusement parks（遊園地）にすると意味は狭くなってしまいますが、言いたいことの半分ぐらいは言えそうです。

(8c) は少し単純化した日本語で言い直してみるといいかもしれません。「スポーツ活動は図書館よりも価値が高くはない」と入力すれば、もっとわかりやすい英語が出力されます。

筆者の経験では、こうしたやり取りを続けていくうちに、学生はだんだんとコツをつかんできます。大学を卒業して社会に出ると、このように質問をする相手を見つけることは難しくなります。質問がはっきりしていれば AI に質問できるかもしれませんが、学習者のほとんどは自分のモヤモヤをうまく言語化できずに「ここらへんが何となくわからない」と訴えることのほうが多いのではないでしょうか。こういう時に英語教員は学生が何につまずいているのかカンで気づいたりします。学生には大学にいる間に少しでも教員からコツを学び、社会に出た時に自立した英語使用者として活躍してほしいものです。

おわりに

この章では筆者の経験に基づいてライティング活動において学生が機械翻訳を使用する際のルールや注意すべきことを提案しました。機械翻訳を使用すると学生自身の実力よりもレベルの高い英語が産出されるため、学習者自身が気を付けて自分が理解できる「身の丈に合った英語」を選ぶことが大切です。したがって学生が安易に機械翻訳の訳出を丸写ししないように、いろいろな工夫をする必要があります。機械翻訳を利用して得た英語を暗記したり、自分仕様に直したり、本当にこれで良いのか問う中で、英語が学生自身のものになっていくことを期待したいものです。教員は、学生が機械翻訳の訳出を自分なりに評価しながら使用し、自分が使用する英語に責任を持つことができるように支援することが大切であると思います。上手に利用すれば、機械翻訳は学生の強い味方となります。「機械翻訳を利用して原稿を作ったら長いスピーチができてうれしかった」と述べた学生がいました。このように自分の考えを英語でみんなに言えたらどんなに楽しいことでしょうか。

本章で提案した内容は各個人の教員が自分の教室で実践できる内容ばかりですが、できれば各大学内の英語教員が話し合って、大まかなコンセンサスを形成するのが理想的でしょう。機械翻訳の使用ルールが教員によってばらばらだと学生が混乱しかねません。使ってもいいものと勘違いして機械翻訳を使用し、不正行為だとみなされたりすると学生が傷ついてしまって気の毒なことになります。ルールを明確に示し、学生が安心して機械翻訳を使える環境を整備することが喫緊の課題の一つです。

最後に今後の展望について記します。本章の内容は筆者個人の体験や観察に基づいて記されているため、その正当性には限界があります。学生の英語学習における機械翻訳使用のよりよいルールを作るためには多くの事例を持ち寄って検討することが欠かせません。しかし、2023 年 1 月までの段階において、英語教育関連の学会で機械翻訳使用のルール作りを主なテーマとした研究発表やワークショップなどは見当たりません。この章が議論の出発点の一つとなれば幸いです。

〈付記〉

本章は筆者による執筆物および講演（小田, 2021, 2022, 2022 年 12 月 11 日）から抜粋した内容を基にして加筆修正を加えた。

〈注〉

1　学生自身による修正行動を観察するために、システム上で表現が選択できる DeepL を避けて Google 翻訳を使用した。

2　Cavendish (2023) より英文を引用。日本語訳は筆者による。

〈引用文献〉

浅川直輝（2019 年 12 月 26 日）.「女流囲碁トップ棋士が語る、「相棒 AI」との付き合い方」『日経× TECH』 最終閲覧日 2023 年 2 月 3 日, https://xtech.nikkei.com/atcl/nxt/column/18/01132/122400009/

小田登志子 (2021).「機械翻訳が一般教養英語に与える影響に対応するには」『人文自然科学論集』*149*, 3–27. 東京経済大学.

小田登志子 (2022).「機械翻訳時代に学習者が意味を見出す大学教養英語教育とは」『人文自然科学論集』*151*, 17–49. 東京経済大学.

小田登志子（2022 年 12 月 11 日）.「機械翻訳と共存する大学教養英語を模索する」第 4 回相互行為と語学教育 日本女子大学（オンライン開催）.

ガリー , トム（2021 年 6 月 23 日）.「語学教育と MT：機械翻訳の問題——第二言語教育の立場から——」一般社団法人アジア太平洋機械翻訳協会第 2 回定時社員総会（オンライン開催）.

小林啓倫（2019 年 10 月 7 日）.「AI 記者, AI 小説家, そして AI 作曲家も——創作する人工知能を支える技『ITmedia』 最終閲覧日 2023 年 2 月 3 日, https://www.itmedia.co.jp/news/articles/1910/07/news043.html

近藤雪絵（2023 年 1 月 28 日）.「AI 機械翻訳を大学の英語授業に大規模導入してみた件」PEP Conference 2022. 立命館大学（オンライン開催）.

佐竹幸信（2021 年 12 月 19 日）.「機械翻訳が英語ライティング学習に与える効用について」シンポジウム機械翻訳をめぐる諸問題　日本英語表現学会第 50 回全国大会（オンライン開催）.

佐藤貴明 (2022).「中学校の言語活動での正確性はどこまで？」『英語教育』71(3), 24–25.

幸重美津子・蔦田和美（2021 年 8 月 28 日）.「大学英語授業における機械翻訳 (MT) の活用——実践的英語使用者としての自律学習者育成の観点から」JACET 第 60 回記念国際大会（オンライン開催）.

Cavendish, C. (2023, January 21). ChatGPT will force school exams out of the dark ages. *The Financial Times*.

Hatano, K. (2019). How do Japanese office workers accept the use of machine translation at their workplace. *JACET Proceedings, 2*, 53–59.

Kennedy, O. (2021, June 4–6). *Unexpected student writing strategies during the Covid-19 pandemic* [Paper presentation]. JALTCALL2021, Online.

付録

学習者に伝えたい機械翻訳使用のコツ

平岡　裕資・田村　颯登

教室内および授業での機械翻訳の利用を許可するにあたり、学習者にどのように指示をしたらよいのか迷っている教員は少なくないでしょう。そこで、学習者に伝えるべき内容を付録としてまとめて掲載します。教室での指導に活用してください。

＊＊＊

ココに注意！　機械翻訳を使用する際のコツ

はじめに

学習者のみなさんの中には「機械翻訳があるのだから英語を勉強しなくてもいいのでは」と考えたことがある人がいるのではないでしょうか。確かに、現在使用できる機械翻訳（Google 翻訳や DeepL）は精度の高い訳文を即座に提供してくれます。みなさんにも機械翻訳を使って英語で情報を受信・発信することをおススメします。

ただ、やみくもに機械翻訳を使ってしまうと、予期せぬ問題に直面する危険性があります。「上手に」機械翻訳を使うためには、いくつか注意すべき点があります。そこで、機械翻訳を使用する際の注意点をまとめました。以下の６つの要素について理解したうえで、機械翻訳を適切に活用しましょう。

① 機械翻訳エンジンの種類と特徴

世の中にはたくさんの翻訳機や翻訳アプリがありますが、元となる自動翻訳システムは共通したものが多いです。この元の自動翻訳システムを「機械翻訳エンジン」と呼びます。代表的な例が Google の開発する Google 翻訳です。**機械翻訳エンジンによって、訳文の質に違いがあったり、異なる便利な機能があったりします。**ここでは、無料で利用できる３つの機械翻訳エンジンを紹介します。それぞれの特性を理解したうえで、用途によって使い分けたり、それぞれの訳文を比較して最適な訳出を選んだりするとよいでしょう。Google 翻訳は分野を問わない汎用的なエンジンですが、みんなの自動翻訳には金融などの分野に特化したエンジンが用意されています。

エンジン名	開発元	特徴
Google翻訳	Google	・情報の抜けが少ないが、文脈の考慮は苦手 ・幅広い言語に対応（対応言語数は100以上） ・カメラ機能を使ったリアルタイム翻訳（スマホアプリ）
DeepL	DeepL	・言葉選びが自然 ・文脈の考慮が得意だが、情報の抜けが多い ・画像／カメラ撮影で文字起こし＆翻訳が可能（スマホアプリ）
みんなの自動翻訳	NICT	・日本の国立研究開発法人が開発 ・訳文を修正できるエディタ機能を搭載 ・分野に特化したエンジンを利用可能 ・対訳データで機械翻訳をカスタマイズ可能

② 倫理に関する注意点

次に機械翻訳使用における倫理面について説明します。具体的には著作権・剽窃の問題です。「剽窃（ひょうせつ）」という言葉になじみのない人がいるかもしれませんが、要は他人の考えを適切な引用なしで使用することを指します。機械翻訳使用における例を挙げると、英語でレポートを書かなければならないとき、**日本語で書かれた書籍の一部やウェブサイトの一部を機械翻訳にかけて英語にした場合、原典を適切に引用しなければ剽窃となります。**この問題はアカデミア（大学などの学界）では禁忌とされており、剽窃が判明した場合は厳しい罰則が科されます。他者の創作物をレポート等に利用する際には、適切な引用をしましょう。

また、機械翻訳に対する英語教員の考えはさまざまです。内容によっては機械翻訳を使用すべきでない場合もあります。「教室内で機械翻訳を使用しないように」という指示があった場合は使用を控えましょう。

③ プリエディット（前編集）

機械翻訳の精度は原文の質に左右されます。**機械翻訳を使用する際は、原文と**

なる日本語をわかりやすく書いておくことが大切です。これをプリエディット（前編集）と呼びます。機械翻訳の誤訳を予防するために、プリエディットを行うことを心がけましょう。プリエディットのポイントは、曖昧性を無くすことです。例えば、文を短めにしたり、省略を避けたりすることです。また、自分の書いた日本語を表2のリストを使ってチェックすると良いでしょう。

分類	チェック項目		例文
文法	□	係り受けが曖昧になっていないか	かわいいハンバーガーを食べる少女に決定した。 →ハンバーガーを食べる**かわいい**少女に決定した。
	□	うなぎ文になっていないか	私はうなぎです。 →私はうなぎ**を食べます**。
	□	長い名詞を使っていないか	人気ドラマ主題歌 →人気ドラマ**で使われた**主題歌
語句	□	慣用句を使っていないか	私は猫舌ですから、先に食べてください。 →私は**熱い食べ物が苦手なので**、先に食べてください。
	□	ことわざを使っていないか	仏の顔も三度までだよ。 →**何しても許されるわけではない**よ。
	□	オノマトペを使っていないか	教室がガラガラでした。 →教室に**誰もいません**でした。
文脈	□	「誰の」「どの」が曖昧になっていないか	ここに来る時、カバンを持ってきてくれますか？ →ここに来る時、**私の**カバンを持ってきてくれますか？
	□	「何を」が曖昧になっていないか	差し込むと、カバーが閉まりません。 →**フィルターを**差し込むと、カバーが閉まりません。
	□	「誰が」が曖昧になっていないか	新しいシステムを導入したようです。 →**開発チームが**新しいシステムを導入したようです。
解釈	□	遠回しの言い方になっていないか	そのご提案は少し難しいかもしれません。 →**今回のご提案はお断りさせていただきます。**
	□	文脈に依存する言葉を使っていないか	何時にご飯にしますか？ →何時に**夕飯を**食べますか？
	□	文化特有の表現になっていないか	お世話になっております。 →**（書かない）**
その他	□	固有名詞をあらかじめ英語表記にしているか	山田太郎 →**Taro Yamada**
	□	特殊な記号を使っていないか	千二十九万円 →**10,290,000**円
	□	数字が漢数字になっていないか	3月27日は× →3月27日は**都合が合いません**
	□	漢字で表記できるものをひらがなにしていないか	ことばのもんだい →**言葉**の**問題**

表2　プリエディットのチェックリスト

プリエディットを通して、日本語と英語の言語的かつ文化的な表現の違いへの気づきが促進されるかもしれません。例えば、日本語では主語が頻繁に省略されますが、英語ではあまり省略されません。日本語の「誰が」を明確にするプリエディットができれば、日本語と英語を対応させやすくなります。その他にも、慣用句やことわざはそのまま英訳しても通じないため、別の表現に置き換えなければなりません。

④ 逆翻訳

プリエディットを行って、機械翻訳にとって訳出しやすい日本語にしたとしても、機械翻訳が間違いを起こす可能性はゼロではありません。そこで、機械翻訳の訳出した英語が本当に自分の意図と一致しているのかを確認する方法について紹介します。それが逆翻訳です。逆翻訳とは、文字通り翻訳したものを逆方向で翻訳し直すことを指し、例えば日本語⇒英語の翻訳をした場合、逆翻訳は英語⇒日本語です。この段落の冒頭の一文を使って説明します（この文は機械翻訳用にプリエディットしたものではありません）。

DeepL の訳出結果が図 1 です。訳文を見る限り、一部（後述）を除いて日本語の意味は英語に適切に訳されていると言えます。これを逆翻訳したものが図 2 です。インプットした日本語とは表現が若干変化していますが、伝えたい内容は一致していると言って良いでしょう。このように、自分が日本語で表現した内容が、英語で正しく表現されているかを確認する方法として逆翻訳は有効です。

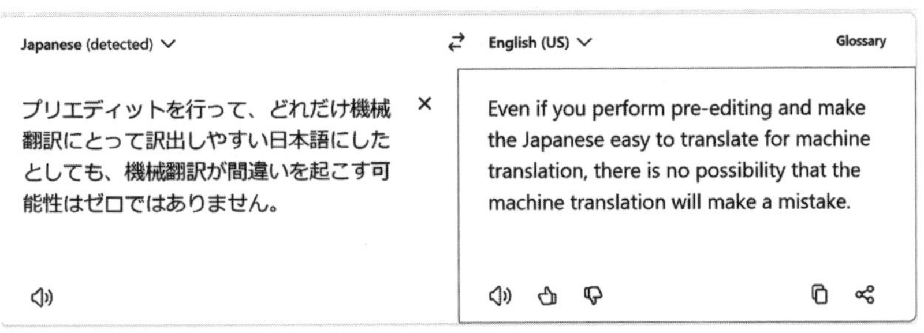

図 1　日英翻訳の例 (Deep L)

図 2　逆翻訳の例 (Deep L)

しかしながら、先ほど「一部を除いて」と述べたように、逆翻訳を行っても誤訳を見つけることができないケースがあります。例えば、今回使用した例文の中でDeepL が訳出した there is no possibility という表現は「可能性がない」という意味です。一方、インプット側の日本語「可能性がゼロではありません」は「可能性がある」ということを意味しています。しかし、there is no possibility を逆翻訳にかけても、「可能性はゼロではありません」となってしまっており、訳出ミスを反映しない日本語になっています (図 2)。このように**逆翻訳だけでは完全に訳出ミスをチェックすることができない**、ということは念頭に置いておきましょう。

⑤ ポストエディット（後編集）

先ほど用いた具体例では、「可能性がゼロではありません」という表現が、there is no possibility と訳出されていることが問題であると説明しました。訳出された英文に文法的・語彙的な間違いはないわけですから、英文的には正しいと言えます。しかし、日本語の意味と英語の意味が反対になってしまっているため、何らかの修正が必要です。

そこで必要な操作がポストエディットです。**ポストエディット（後編集）とは、アウトプット情報（今回の場合は英文）を編集することを指します。**今回の例で言うと、there is no possibility を there is a possibility と変更することによって、「可能性がある」という表現になります。ただし、学習中の言語を操作するポストエディットは、プリエディットに比べて難易度が高くなります。

そこで、ポストエディットを簡単に行うためのコツを 2 つお伝えします。1 つ目は機械翻訳に実装されている**選択機能**を使うことです。DeepL に実装されている機能にはポストエディットに似たものがあります。例えば、「No matter how という表現がよくわからないから自分が理解している表現に変えたい」と思った場合、No の部分をクリックすると、図 3 のようにいくつか訳例が提示されます。この中から、Even を選択すると Even if を使った表現に書き換えられます（図 4)。

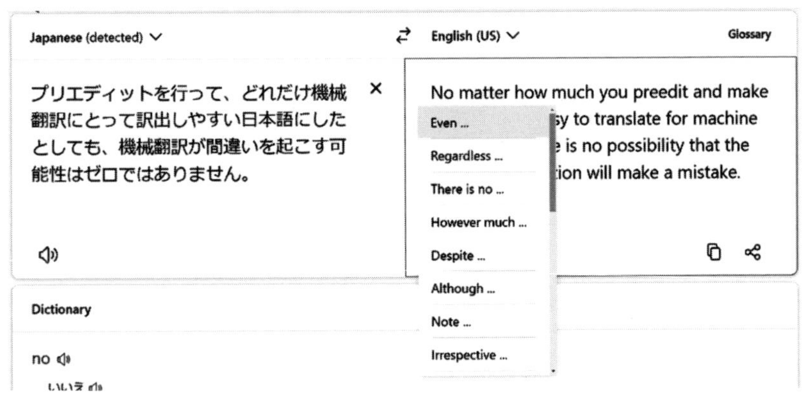

図 3　DeepL の訳語選択機能（DeepL によるポストエディット）

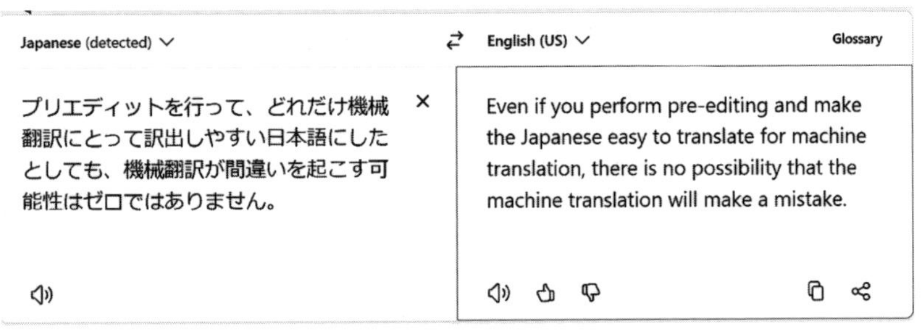

図 4　書き換え後の訳例（DeepL）

2つ目のコツは、**英文校正ツール**など機械翻訳以外のツールを使用することです。例えば、Grammarly[1]（グラマリー）は英文校正ツールとして世界中で使用されており、英文の間違いを指摘すると同時に修正案を提示してくれます。ただし、Grammarly も完璧というわけではありません。図 1 の訳例を Grammarly にインプットすると、図 5 の画面が表示されます。今回は preedit を pre-edit に変更する指示なので、この変更を受け入れても問題ありません。しかし、場合によっては不適切な修正を提示されることがある点には留意して下さい。この他にも、Ginger[2]

(ジンジャー) をはじめとする英文校正ツールがあるので、機械翻訳と組み合わせてライティングを向上させることができます。

ほかにも、ChatGPT などの大規模言語モデルを使って、英文校正をしたりパラフレーズを行ったりする方法もあります (第 2 章、第 7 章の事例を参照)。

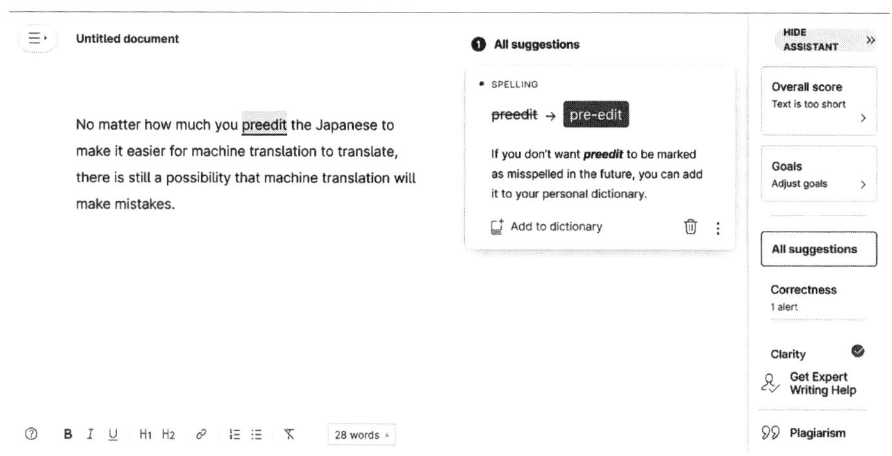

図 5　Grammarly の使用例

⑥ 機械翻訳にインプットするタイミング

機械翻訳にインプットするタイミングで訳出が変化することがあります。さきほど使用した例文に対して別のタイミングでは以下の訳出がされました (図 6)。図 1 の訳出も図 6 の訳出も同一日 (2023 年 3 月 31 日) に撮影したものです。逆翻訳の例では誤訳 (「可能性がゼロではない」が「there is no possibility」と訳されていた) があったのに対して、図 6 では「there is still a possibility (＝可能性がある)」と訳出されています。このように、タイミングが違えば異なる訳出がされることがあるので、何度か翻訳を試して確認をしても良いかもしれません。

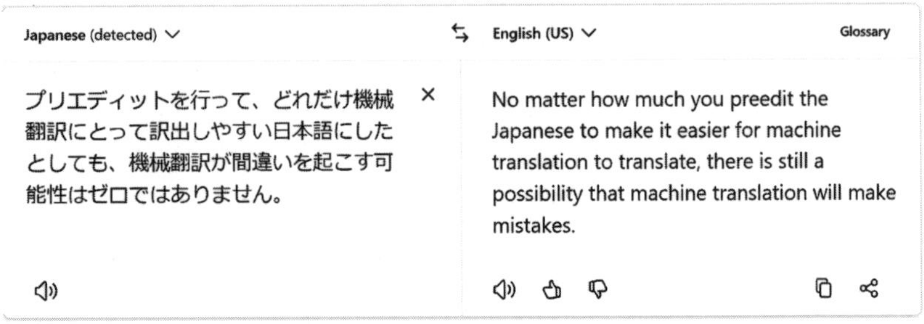

Japanese (detected)　　English (US)　　Glossary

プリエディットを行って、どれだけ機械翻訳にとって訳出しやすい日本語にしたとしても、機械翻訳が間違いを起こす可能性はゼロではありません。

No matter how much you preedit the Japanese to make it easier for machine translation to translate, there is still a possibility that machine translation will make mistakes.

図6　同じ日に同じ日本語を訳出させて結果が異なる例（DeepL）

以上のように、逆翻訳機能を使いながら、プリエディット、ポストエディットをしていくことで、自分が英語で表現したかったことを適切に英語で表現できるようになる可能性が高まります。その際、機械翻訳使用の倫理的側面に注意して使うことが重要です。また、繰り返しになりますが、機械翻訳の精度が向上したからと言って、100%完璧な訳文を得られるというわけではありません。機械翻訳に頼りきりになるのではなく、機械翻訳の特性を十分に理解したうえで使いこなしましょう。

〈注〉

1 Grammarly (n.d.) https://www.grammarly.com/

2 Ginger (n.d.) https://www.getginger.jp/

〈リソースの紹介〉

・**機械翻訳を活用した英語学習教材**

Let's Work with AI!　AI 翻訳で英語コミュニケーション

幸重美津子・蔦田和美・西山幹枝・Tom Gally

2022 年　三修社

・**プリエディットのマニュアル**

グローバル× AI 翻訳時代の新・日本語練習帳

井上多恵子

2022 年　中央経済社

・**ビジネスマン向けの機械翻訳ユーザーガイド**

自動翻訳大全

坂西優・山田優

2022 年　三才ブックス

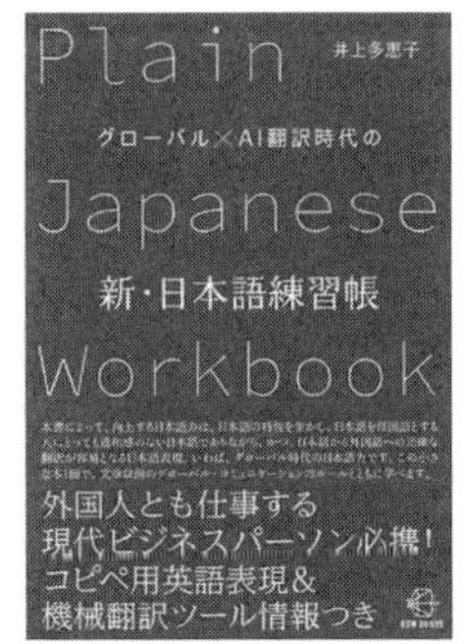

第３部
教員と機械翻訳

キーワード：　機械翻訳との協働
教育機関単位での対応
多様な学習者への対応
実践例

第 8 章
英語教育と機械翻訳が協働する国際交流

小田　登志子

はじめに

機械翻訳を教育現場から排除するのは難しいという見方が広まっています。ところが、機械翻訳があるとどうしても機械翻訳に頼ってしまったり、「いくら努力しても機械翻訳にはかなわないから」という理由で英語をあきらめてしまったりする学生が少なからず存在します。このような学生にどのようにアプローチしたらよいでしょうか。言い換えれば、機械翻訳があっても学習者が学習意欲を失いにくい英語教育は可能なのでしょうか。

本章では、一つの方法として「機械翻訳があっても自分が言いたい英語」にフォーカスを当てることを提案します。そうすれば、機械翻訳があっても学生の英語学習意欲をある程度保つことができると考えられるからです。その際、「人的交流のための英語」がポイントになります。そういった人と人とのコミュニケーションに用いる英語は、少なくとも本書を執筆した時点では機械翻訳が得意ではない分野であり、かつ自分が言うことに価値があると学習者自身が認識しているからです。そういった場面を学生に提供するために、国際交流の場を設定することが有力な方法として挙げられます。

本章の構成は以下の通りです。まず、第 1 節では機械翻訳が学習意欲に対して与える影響に関するアンケート調査を紹介します。東京都のある大学で教養英語を学ぶ学生を対象にした調査を行ったところ、機械翻訳があると「学習意欲が上がる」と回答した学生と「学習意欲が下がる」と回答した二つの大きなグループがあることがわかりました。第 2 節では「機械翻訳があっても自分で言いたい英語はどのようなものか」という質問に対する回答を紹介します。すると、人的交流に関する内容を挙げた学生が多数いました。そこで第 3 節では、意欲が下がりそうな学生を英語学習につなぎとめるためには国際交流などの人的交流を英語学習に多く取り入れることが一つの方法であると提案します。幸いにも、コロナ禍を機にさまざまなICTの活用が進み、海外に渡航をしなくても国際交流を行うことはそれほど難しくなくなっています。第4節では国際交流を設定することによるメリットを論じます。自分が英語を使って話しかける相手がいることにより、学生は自分も相手も理解できる「身の丈に合った英語」を使う動機を得ることができます。また、機械翻訳に対する過信を防ぎ、学生が「できれば自力で英語ができたほうがよい」と実感するチャンスが豊富にあります。教員の側も、機械翻訳があれば学生がある程度自立して英語を用意することができるため、どのような内容が相手の興味関心を引くのかといった文化的側面を学生に伝えることに注力する余裕が生まれます。つまり、国際交流は英語教育が機械翻訳と協働関係を得るための舞台と捉えることができます。

英語教育において学生に国際交流の機会を提供するというアイデアは新しいものではありません。しかし、そういった機会が今まで教養英語を学ぶ学生に広く行き渡っていたかというと、必ずしもそうではないと思います。ですから、機械翻訳の普及は国際交流をさらに広く取り入れるきっかけの一つと捉えることができます。また、実際に英語を使って活動するアクティブラーニングを推奨する流れは機械翻訳の普及とは独立してすでに広まりを見せています。このような近年の英語教育が目指す方向を追求することがそのまま機械翻訳への対策につながると考えることができます。

1　機械翻訳が英語学習意欲に与える影響

機械翻訳の悪影響を最も受けるのは大学で教養英語を学ぶ層ではないでしょうか。中学生・高校生の場合は受験という大きな目標があるため、英語が受験科目に含まれる限り、英語学習を放棄することは考えにくいでしょう。また、大学生の中でも英語専攻の学生や、留学あるいは国際的な仕事を視野に入れた英語習熟度の高い層は、機械翻訳があっても学習動機を失いにくいと考えられます。そもそも留学するためにはTOEFLやIELTSといった英語試験で「読む・書く・聞く・話す」の四技能で高得点を取得しなければなりませんし、国際ビジネスにおいて機械翻訳に頼ることは（少なくとも今のところ）現実的ではないからです。また、理工系の学生で英語による国際発表が必要な人にも英語学習の動機は残ります。そういった特別な理由がない、大学卒業のために必修英語科目の単位を得ることが英語学習の主な目的の学生の中には、機械翻訳があれば自分が英語を学習する必要がないと考える人もいることでしょう。では、そういった「機械翻訳によって英語学習意欲を削がれる学生」はどれぐらいいるのでしょうか。そして、そういった学生をつなぎとめられるような英語教育を提供することは可能なのでしょうか。

1.1　アンケートの結果：二つのグループの存在

機械翻訳が発達すると学習者の英語学習意欲にどのように影響するのかについては少なくとも二つの見方があります。一つは英語を学習する意義を感じなくなり学習意欲が削がれるのではないかという見方です。特に英語が好きでない層にはこういった学習者がいることは想像に難くありません。また、英語学習にかかる大量の時間を他の技術の習得に回したほうが得策であるという意見もあるため、こういった考えに同調する学習者の英語学習意欲は下がることが予想されます。

他方、機械翻訳を使うともっと英語（外国語）が使えるようになるため、学習意欲はかえって上がるのではないかという見方もあります。このような見方は学習者に機械翻訳を実際に使用させた実践を行った教員からよく挙げられています。小学校の児童を対象とした実践研究である成田 (2019) は機械翻訳の使用が学習者の外国語への興味関心を高めていると指摘しています。また、大学生を対象としたライティング活動で機械翻訳を取り入れた幸重・蔦田 (2021) や坂本 (2021) の実践報告も、学生が機械翻訳を学習ツールとして捉えていることや、機械翻訳の使用によって英語学習意欲はかえって上がる可能性があることを指摘しています。弥永 (2022) が行ったアンケート調査では、習熟度が高い学生のほうが機械翻訳の使用を支持する傾向が強いという結果が出ています。したがって、少なくとも「意欲の低い学生が楽をするために機械翻訳を使用する」という見方だけではとらえられない側面があることは確かでしょう。

しかし、機械翻訳の存在が学習者の英語学習意欲にどのような影響を与えうるのか、学生に直接問いかけた調査は見当たりません。そこで、2022年7月に筆者の勤務先である東京都の私立大学で開講されたある選択教養講義科目の履修者を対象として行ったアンケートの結果を紹介します[1]。回答者の専攻は経済学・経営学・法学・コミュニケーション学のいずれかです。回答者の英語力はさまざまですが、英語に苦手意識を持つ人が多いのが特徴です。

さて、結果はどのようなものだったのでしょうか。図1は315名の回答者から得られた結果です。「機械翻訳はあなたの英語学習の意欲にどのように影響していますか？」と問いかけ、選択肢の中から一つだけを選択してもらいました。

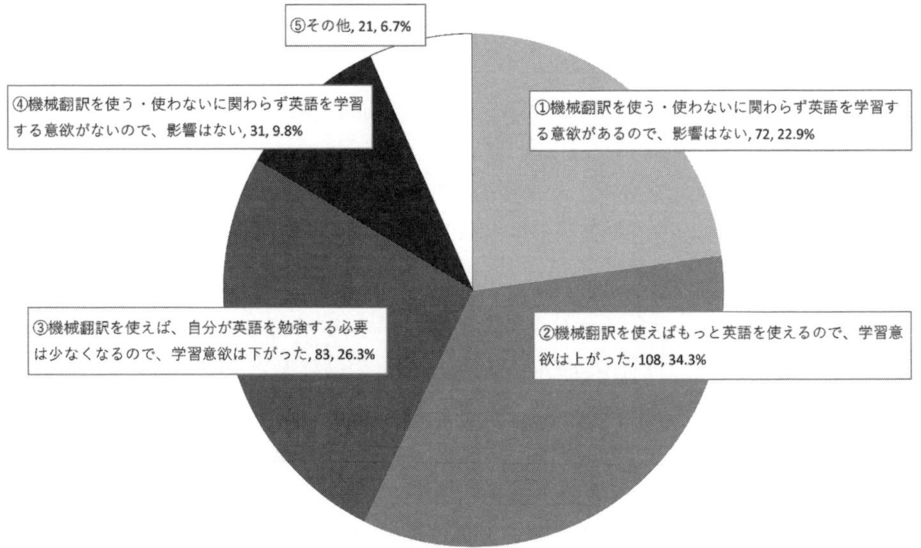

図1　機械翻訳の英語学習意欲に対する影響 (n=315)

それぞれの選択肢について補足します。まず、「①機械翻訳を使う・使わないに関わらず英語を学習する意欲があるので、影響はない」と答えた学生は72名 (22.9%) でした。もし英語が得意な学生が集まる大学で調査を行った場合、①を選択する人はもっと多くなるのではないかと思います。

次に、「②機械翻訳を使えばもっと英語を使えるので、学習意欲は上がった」と答えた学生は 108 名 (34.3%) にのぼり、選択した人がもっとも多い回答となりました。これは筆者の予想を超える高い割合でした。先行研究で指摘されているような「機械翻訳が学生の英語学習意欲向上に寄与する可能性」が学生自身の回答からもある程度裏付けられたことがわかります。しかし、やる気がそのまま実際の学習行動に結びつくとは限らないので、ぬか喜びすることは禁物かもしれません。それでもこの大学で長年英語を担当して英語嫌いの学生を見てきた筆者の予想に反する前向きな結果であったことは確かです。

次が懸案の選択肢「③機械翻訳を使えば、自分が英語を勉強する必要は少なくなるので、学習意欲は下がった」です。多くの英語教員が恐れているのはこのような学生が増えることではないでしょうか。この選択肢を選んだ人は 83 名 (26.3%) でした。この数字を多いと判断するか、少ないと判断するかは人によって意見が分かれるかもしれません。約 4 分の 1 の学生が機械翻訳のせいでやる気をなくすというのは重大な損失です。しかし筆者自身としては、予測より少なかったために胸をなでおろしたというのが正直な感想です。

さて、次は「④機械翻訳を使う・使わないに関わらず英語を学習する意欲がないので、影響はない」の選択肢です。英語教員としては残念に感じるものの、このような人がいることは事実なので仕方がありません。この選択肢を選んだ人は 31 名 (9.8%) でした。

このほか「⑤その他」（わからない、選びたい回答がない、など）という選択肢も設けましたが、選択した回答者は 21 名 (6.7%) にとどまりました。これは筆者の予想を下回る割合でした。筆者はもしかしたら機械翻訳についてどう考えたらよいのかわからない学生がもっといるのではないかと予想していました。というのも、教員を対象とした調査である山田ら (2021) においては、英語教員が機械翻訳に対して態度を決めかねている様子が表れているからです。この調査は大学教養英語を担当する教員を対象としたアンケートです。機械翻訳使用について、学生にどのような指示を出しているのか

（禁止・許可など）尋ねたところ、「学生に機械翻訳の使用に関して何ら指示を出していない」と回答した教員が回答者の約63%にも達しました。

なお、図1のアンケート結果には多少の注意を要することを書き添えておきたいと思います。このアンケートの回答はあくまでも学生の主観的な判断によるものです。また、学生の回答は専攻などによって異なることが予想されます。

1.2　自由記述

このアンケートには自由記述欄を設けたので、代表的なコメントのいくつかを紹介します。図1の結果と同様に、英語学習に対する意欲が「上がった」という趣旨の記述と「下がった」という趣旨の回答が混在しています。

(1) 自由記述より抜粋（原文のまま・下線は筆者による強調）

a. 海外のサイトを開くと自動翻訳を選択できるものもあり、分量が多いものを翻訳するのには機械翻訳が役立ち、便利だと感じている。

b. 翻訳ツールの発達は英語学習をする際にとても便利で、知らない単語をすぐに知ることができるとモチベーションにもなるので良いことだと思いました。

c. 英語の授業でスピーチをするとき、機械翻訳には助けられました。発表は暗記して行えたので、長い英文を自分で作って話せたことが嬉しかったです。

d. 翻訳に助けられている反面、自分自身の英語学習意欲は下がっていると思いました。

e. 大学に入ってから翻訳機の影響がとても大きくなりました。分からないことがあったらすぐに翻訳してしまう癖がついて、英語力がとても下がったと実感しています。

1.3　考察

このアンケート結果に関して注目したいことがあります。それは、「②機械翻訳を使えばもっと英語を使えるので、学習意欲は上がった」を選んだグループ（108 名、34.3%）と、「③機械翻訳を使えば、自分が英語を勉強する必要は少なくなるので、学習意欲は下がった」を選んだグループ（83 名、26.3%）という二つの大きなグループが存在することです。つまり、機械翻訳は学習意欲に対してはプラスにもマイナスにもなりうる「諸刃の剣」であることがわかります。機械翻訳について積極的に発言しているトム・ガリー氏が自身のエッセイの中で、機械翻訳の学習意欲に対する影響は「やはりわからないのだ」（ガリー,2020, p. 2）と述べたのは当たっていたともいえます。

この二つのグループの存在は、今後の英語力の格差の拡大を予感させます。つまり、機械翻訳を活用してますます英語学習に取り組むグループと、機械翻訳に頼りきって自分では学習しないグループが出現することが可能性として考えられます。日本の大学生の英語力の格差はさまざまな理由ですでに拡大しつつあります。例として、保護者の経済格差が挙げられます。英語塾や留学などを通じて英語を学ぶことができる層とそうでない層がいるからです。また、英語授業で ALT（Assistant Language Teacher、外国語指導助手）がどれぐらい配置されているかなども格差の要因となり得ます。地方では都市部に比べて ALT の確保が難しいからです。こういった格差に機械翻訳をはじめとする AI 技術がどのように影響するのか、本稿を執筆した 2023 年初めの時点ではよくわかっていません。参考までに、民間のテレビ番組で「本当の英語力を身につけなければならない人たちと、機械翻訳を使って最低限の意思疎通や情報伝達さえできればいい人の二つに分かれていく」「自分は本当に英語が必要なのかどうか、はっきりさせることが大事」(TBS NEWS DIG, 2022) と議論されたケースがあります。

さて、英語教員の最大の関心事は「機械翻訳によって学習動機を失う学生をどうつなぎとめるか」だと思われます。機械翻訳に対応するために英語教育の内容をどのように変えてゆくべきかについては、すでにさまざまな教員側の意見が述べられています。例として、英語学習の内容を「文化的な学びに重点を置いたものにする」という意見があります。たとえばラテン語のように、実用面よりも教養教育としての側面を強調すべきではないかという意味です。「世界の人々との交流を主眼とするプロジェクト的なものにする」という意見もしばしば挙げられます。では学生自身は機械翻訳が発達した時代に何を学びたい／学んでもいいと感じているのでしょうか。次の節でアンケート結果を基に考えてみることにします。

2　機械翻訳があっても学生が自分で言いたい英語とは

次に「機械翻訳が発達しても自分で言いたい事は何か」という質問に対するアンケート結果を紹介します。この問いの目的は、機械翻訳と共存する教養英語教育の在り方を探ることです。機械翻訳が世の中にある以上、教養英語教育が意味あるものとして学習者に受け入れられるためには「機械翻訳があっても学習者が学びたいこと」に焦点を当てることが一つの方法であると考えられるからです。教員側にもいろいろな意見があると思いますが、肝心の学習者がその気になってくれなければ実りある学びにはならないでしょう。たとえば米国出身の日本文学者であるロバート・キャンベル氏は朝日新聞によるインタビュー（田渕, 2022）の中で日本語の古典を例として挙げ、日本語の古典には現代日本語にはない複雑なニュアンスがあり、学ぶことで自分が豊かになると述べています。そして機械翻訳では理解できない世界を知ることが原語を学ぶ価値であると述べています。もっともな内容であり、英文学を専攻する学生にとっては説得力があるかもしれません。ただし、必修単位取得のためにしかたなく英語を履修する層から共感を得るのは難しいように思います。したがって、学びの主役である学生の意見を聞いてみることには価値があると思います。

2.1　アンケート結果

そこで第1節の調査と同じ大学生グループに質問をしたところ、自分の人間性や人とのかかわりに関することは自分で言いたいものの、事務的な内容や自分には難しい内容は機械翻訳に任せてもいいと考える傾向があることがわかりました。結果は図2の通りです。回答者は選択肢の中から複数回答可で選択しました。大まかに言うと、あいさつや自分自身に関わる事、相手と親しくなるための内容については選択した人が多いものの、買い物や道案内といったやや事務的な内容や、ディスカッションといった高度な内容になると選択する人が少なくなっています。

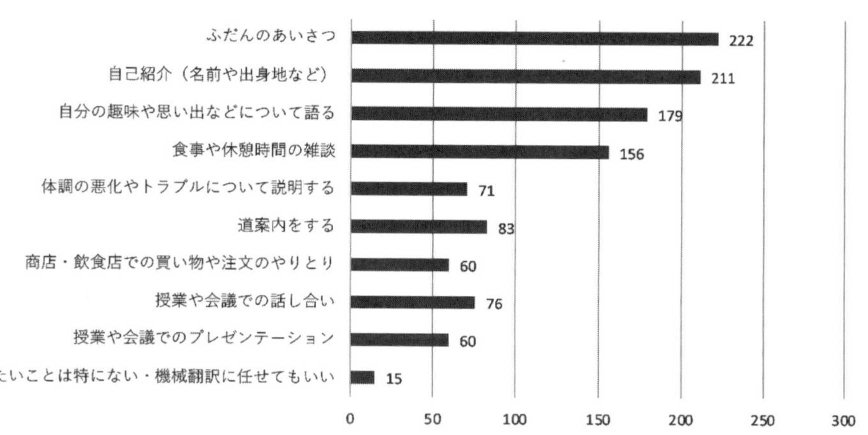

図 2　機械翻訳が発達しても自分で言いたい事 (n=315)

回答の傾向について補足します。「機械翻訳が発達しても自分で言いたい事」として最も多くの回答者が選択したのが「ふだんのあいさつ（222 名, 70.1%）」です。次に最も選ばれた選択肢は「自己紹介（名前や出身地など）（211 名, 67.0%）」です。このような基本的な事については自分で言うべきだという考えは社会の中で広く共有されているのではないでしょうか。その他「自分の趣味や思い出について語る（179 名, 56.9%）」や「食事や休憩時間の雑談（156 名, 49.5%）」も高い選択率となっています。

選んだ人があまり多くなかった選択肢は次の通りです。「体調の悪化やトフブルについて説明する（71 名, 22.5%）」「道案内をする（83 名, 26.3%）」「商店・飲食店での買い物や注文のやりとり（60 名, 19.0%）」などは英会話のテキストでよく取り上げられる内容ですが、選んだ回答者は 4 分の 1 程度あるいはそれ以下となっています。「授業や会議での話し合い（76 名, 24.1%）」「授業や会議でのプレゼンテーション（60 名, 19.0%）」も選んだ人は多くありませんでした。回答者の多くが英語に苦手意識があるため、内容が高度になることが関連していると思われます。

注目すべきは図2の一番下にある選択肢「自分で英語で言いたい事は特にない・機械翻訳に任せてもいい」です。これを選択した回答者もいたことは事実ですが、15名(4.8%)にとどまっています。英語嫌いな学生を長年見てきた筆者の予想よりもずいぶん少なく、拍子抜けしたというのが率直な感想です。したがって、ほとんどの学生にとっては、たとえ英語嫌いであっても機械任せにしたくない部分があると考えてよさそうです。

2.2　自由記述より

このアンケートには自由記述欄を設けたので、代表的な回答をいくつか紹介します。これらの回答は「自分の気持ちを伝えるためには機械を使わずに自分で英語を話したほうがよい」という考えの表れととらえることができます。

(2) 自由記述より抜粋（原文のまま・下線は筆者による強調）

a. 機械翻訳に関しては、自身の感情や情熱を伝えたいときはあまり頼るべきではないなと感じました。

b. 機械翻訳が発達しても、例えば「好き」といった自分の気持ちを相手に伝えたいときは、自分の言葉で伝えるべきだと思います。翻訳された綺麗な文章よりも、（中略）その時々で言葉を選び自分を伝えることがコミュニケーションであり、言語ではないでしょうか。

c. 翻訳機はとても便利ですが、人と人とのコミュニケーションは自分の言葉で頑張りたいと思いました。

d. コミュニケーションの中に機械が入るのは少し不自然な感じがあり、対面のリアクションや感情は機械にはできない素敵な表現だと思うので、英語を勉強して流暢に使えるようになるべきだと思いました。

その他、お礼を言ったり謝ったりする際は誠意を表すために直接自分で言うべきだという意見もあります。また、機械翻訳を使うと相手にいやな思いをさせてしまうのではないか、機械翻訳だと文化的に正しい言い方ができないのではないかと気にする人もいます。いっぽう、言いたい内容が難しい場合は機械翻訳を使ったほうが話が正確に伝わりそうだと考える人もいます。したがって全体の傾向としては、全部自分で言う・全部機械翻訳に頼る、という二者択一ではなく、言いたい内容によって判断が変わり、その判断の基準が人によって異なると考えるのがよさそうです。

2.3　考察

図 1 に示されたアンケート結果から、機械翻訳によって学習意欲が上がるグループと、学習意欲を失うグループの二つがあることがわかりました。そして、一部に学習意欲を失う人がいるとはいえ、図 2 に示したように、ほとんどの学生には機械翻訳が発達してもできれば自分で言いたい内容があることもわかりました。つまり、機械翻訳時代に意味ある教養英語教育を行うためには、このように「機械翻訳があっても自分が言う事に価値がある」と学習者自身が考える内容にフォーカスすることが一つの方法として考えられます。英語嫌いを多数含む教養英語科目の履修者に英語学習の意欲を失わせないためには、教員から見て正論かどうかという議論もさることながら、学習者から共感を得られる内容を扱うことも重要だからです。

では、学習者から共感を得られる内容とはどのようなものでしょうか。図 2 に示されたアンケート結果にあるように、あいさつ、自分の気持ち、友人との語らいといった「人的交流のための英語」は自分で言いたいと考える学生が多かったことから、このような内容を重視することで学生の気持ちを英語学習につなぎとめることができるかもしれません。やや余談になりますが、人気英会話教材のコマーシャルに「自分のやりたいは自分で伝えたい」というフレーズがあります[2]。一般学習者の気持ちをうまくとらえたセリフだと思います。

中には「対人関係に特化した英語など存在しない」と考える人がいることは想像に難くありません。特に雑談などは定義しにくいので、結局は現在使用している英会話テキストと似たような内容を教えることになるのかもしれません。しかしここで重要なのは、扱う内容に関して教員だけでなく学習者が納得していることではないでしょうか。したがって、例えば仮定法過去の文法を扱う際も英字新聞を用いて仮定法過去が使用されている文を説明するよりも、仮定法過去の発話を用いた食事中の会話を扱うほうが、より多くの学習者から「機械翻訳があっても自分が学ぶべきだ」という共感を得られるでしょう。

また、自然言語を扱う技術の進歩により、従来は対人で行われていたコミュニケーションに変化が生じつつあることも考慮する必要があります。例えば、世界中で電子決済の普及が進むにつれ、買い物や注文で店員と実際に話をする機会は減少しています。図2に示されたように買い物の際に自分で英語を話したいと思う学生が少ないのも、こういった社会状況を反映しているのではないでしょうか。他にも空港のカウンターでのやり取りや入国審査の場面なども英会話のテキストによく取り上げられるものの、そういった場面で人と会話をする機会は減少傾向にあります。搭乗手続を事前に済ませ、空港到着後に荷物を預ける際もタッチパネルを用いて自分で行うことも珍しくありません。こういった電子化が進むと日本語を含む多言語表示がスクリーンに提示されるようになるのは時間の問題です。道案内についても同様で、道に迷った時は他人に尋ねるよりもスマホを見ることのほうが多いのではないでしょうか。対人コミュニケーションの内容を単なるこれまでの英会話と捉えず「学習者が自分で言うべきだと考える事」は何かを基準に精査すると良いのではないでしょうか。

対人関係を築くために英語を学習するという考え方が教養英語を学ぶ層に受け入れられそうだと考える根拠の補足として、一般向けの報道から二つの記事を紹介します。一つ目は「松山秀樹、和のもてなしでも世界魅了　ホストの大役堂々」と題した日本経済新聞に掲載された記事（串田, 2022）です。アジア人として初めてマスターズを制したプロゴルファーの松山秀樹氏が、マスターズ歴代優勝者が集う夕食の席においてホストとして原稿を見ないで英語のスピーチを行ったことが紹介されています。夕食の席に集ったゲストは松山選手がそれほど英語が得意でないことを知っていました。それでも通訳を介さず、自分でスピーチを行ったことに対してゲストの全員が立ち上がって拍手をしたと記されています。「自らが話すこと」が人の心をとらえることをよく表した逸話だといえます。もう一つは「(Interview) 語学に近道なし、意見ぶつけて尊敬しあえる関係に　サッカー日本代表・吉田麻也」と題した朝日新聞に掲載されたインタビュー記事です（吉田, 2022）。この中で吉田氏はチームメートと親しくなるために夕食の席に積極的に参加し、発音を笑われながらも少しずつ英語力を磨いて仲間との信頼関係を築いてきた経験を披露しています。このような食事の際の会話は人々との距離を縮めるためには欠かせません。自らが話すべき対人コミュニケーションの代表的な例と言ってよいでしょう。

その裏返しとして、自分が会話の輪に入っていくことができない場合、人との距離が縮まらないことを示唆するデータもあります。2022 年 2 月から 3 月にかけて行われた出入国在留管理庁の調査によると、日本で生活する外国人の中で日本語の会話に不自由な人は孤独感が強いことが明らかになりました。具体的には、日本語がほとんどできない人の 59% が孤独を感じると答えています。一方、日本語の会話に不自由しない人の場合、孤独を感じる人の割合は 44％に下がります。つまり、現地の言語（この場合は日本語）を用いて人と交流できるかどうかが生活の質に影響を与えていることがわかります。筆者は東京都のある自治体で外国人住民の日本語学習をサポートするボランティア活動に従事しています。外国人住民は日本語話者とのコミュニケーションを求めて日本語教室にやってきます。機械翻訳のおかげで日本人の友人が増えたという話は聞いたことがありません。機械翻訳は各自治体からの情報発信において大いに活用されていますが、情報伝達と人的交流は別物と考えたほうがよさそうです。

興味深いことに、図 2 のアンケート結果は先行研究の報告内容とかなり一致した部分があります。高橋 (2021) の実験では、英語学習者を二つのグループに分け、一つのグループの学習者は機械翻訳なし、もう一つのグループの学習者には音声翻訳アプリ「ボイストラ」を使用して英語話者と会話をさせ、詳細な談話分析を行いました。会話をネイティブスピーカーが評価したところ、機械翻訳なしの会話のほうが評価は著しく高くなりました。また、翻訳アプリを用いた会話はぎこちなく、自然な笑いがなかったことが報告されました。まとめとして、機械翻訳を用いた会話は report-talk には向くが rapport-talk には不向きであるという指摘がありました。井上 (2022) はさまざまな例文を機械翻訳にかけて検証した結果、機械翻訳は「説明的な文（章）についてはかなりのクオリティのところに来ている」ものの、「対人的な配慮を要するもの」等の翻訳はクオリティが低い傾向があると指摘しました。工藤・津久井 (2019) では「機械翻訳を使えば言いたい内容は伝わるかもしれないが友達にはなれない」「発表ならいいけど、ターンテイキングが頻繁なやり取りに関しては、（中略）結局本当のコミュニケーションの再現はされない」と言った見解が述べられています。これらの外国語教育関係者による考察は、学生のアンケート結果の内容と同じ傾向を示しています。言い換えれば、学生は直観的に機械翻訳の向き不向きを判断できているということになります。

では、そういった「人的交流のための英語」を重視した教育を行い、学生が「自分が英語を話すことに価値がある」と実感できるチャンスを得られるにはどうしたらよいのでしょうか。選択肢の一つは「国際交流」だと考えます。

3 機械翻訳と協働する国際交流のすすめ

前節で述べたような対人コミュニケーションの英語に教養英語の内容をフォーカスすることは技術的にはそれほど難しくないでしょう。しかし、重要なのは本当にそういった対人コミュニケーションを実践する場を教養英語を学ぶ大勢の学生に豊富に提供することだと思います。学習者はそういった場面を経験して初めて「機械翻訳があっても自らが英語を学ぶべき」と納得できるのではないでしょうか。先行研究でも、竹内 (2017) は英語教育はもっとアクティブであるべきであり、機械翻訳などの技術はその手助けになると述べています。波多野 (2021) は学習者に対して海外研修の機会を設けることは「機械翻訳時代にあっても、外国語教育が大きくかかわることができる分野である」と述べています。

そして、コロナ禍以降は英語教育における ICT の利用が進んだため、海外研修に類似した選択肢が豊富になり、教養英語を履修する多数の学生に国際交流の機会を提供することはさほど難しいことではなくなっています。いわゆるオンライン留学もその一つです。オンライン留学の効果を疑問視する声もあるものの、コロナ禍以降に実践記録が積み重なり、渡航を伴う留学とも国内の学習とも異なる第 3 の選択肢として存在感を増しつつあります。実際の渡航を伴う留学に比べて非常に安価な点も、多くの学生に機会を与える上では重要なポイントです。

コロナ禍以降に渡航を伴う留学の代替手段として注目を浴びている COIL (Collaborative Online International Learning オンライン国際交流学習）も有効な手段です。COIL を積極的に推進している国内の大学の一つである関西大学のサイト[3]には COIL 導入を検討する教育機関のために様々な情報が提供されています。同期型コミュニケーションを授業に 1 回だけ導入する、COIL 形式を全て（全 15 回）の授業に導入し実施する、などのさまざまな実施形態が可能であることがわかります。教養英語として多数の学生に体験させるにはまず「1 回だけ」のような敷居の低いオプションから検討することも有効でしょう。

時差がある地域との交流にはビデオレターの交換程度の簡単な交流も選択肢となります。筆者は自分が担当する英語の授業においてアメリカの大学で日本語を学ぶ学生とのビデオレターの交換を時々行っています。日本側・アメリカ側の双方の学生が自分の学生生活を紹介する 1 分以内の短いスピーチを英語と日本語で行い、スマホで録画したビデオをグーグルドライブで共有します。学生は実際に自分が話した英語／日本語が相手に通じていることがわかって嬉しいようです。また、アメリカの学生がビデオ内で「寮から教室までシャトルバスに乗ります」と発言したことから、アメリカと日本のキャンパス事情の違いについて話が弾んだりしました。

また、最近では外国にルーツを持つ住民が増加したため、地元住民を授業に招くのもよい方法です。筆者は地元で知り合ったバングラデシュやパキスタン出身の住民をよく英語の授業にゲストとして招待します。そして、学生の質問にゲストが答えるという形で授業を進めます。筆者の学生の英語レベル（TOEIC 400~600 点程度）ではその場で込み入った質問を英語ですることが難しいので、学生は質問を事前に準備します。機械翻訳を使うことを許可すると、ほぼ全員の学生が使います。そうすると、政治・経済・教育などの幅広い問題について大学生にふさわしい内容の質問をすることができ、ディスカッションが充実するので、学生・ゲスト双方の満足度が高くなります。筆者は質問の英語を事前に点検しますが、少し修正するだけで済むことがほとんどです。

図3　(左) 外国出身のゲストと共に・(右) スマホの翻訳アプリを使用してゲストへの質問を考える学生

実際に質問する際は、もちろん学生が自分で英語を話して質問します。学生の発音がそれほど良くないため聞き返されたりすることはありますが、質問が全く通じなくて困ったことはありません。国際交流を行うといつも感じることですが、最も大きな問題は文法や発音といった英語そのものではなく、もっと違う部分にあると思います。筆者が担当する学生はとてもシャイで、なかなか自分からゲストに質問しようとしません。また、外国事情に関する知識が少なく、ゲストに何を質問したらよいのか困ることがよくあります。当然、機械翻訳は質問を考えてくれたりはしません。言語を用いて人と対話するという行為はとても複雑なものだと実感します。学生が機械翻訳を用いてある程度自立して英語を準備することができると、教員は質問そのものを考える手助けに時間を使うことができます。

4　国際交流を取り入れるメリット

本節では、国際交流を授業に取り入れることのメリットとして、機械翻訳に関連した事をいくつか取り上げます。国際交流を取り入れると、学習者と教員が機械翻訳の恩恵を受けることができるだけでなく、機械翻訳使用による弊害を少なくする効果もあります。上記に紹介した外国出身のゲストに対して質問をする授業を例にとっていくつか紹介します。

よくある機械翻訳の弊害として「学生が機械翻訳が出した自分が理解できない英語を使う」という事があります。教員からは「普段の本人の様子とは全く違う難しい英語の英作文が提出される」「機械翻訳を使って得た英語を学生に読ませると、読めないことがある」といった声が挙がっています。こういった「身の丈に合わない英語」を学生が用いるのは、提出する英語を見る人が教員しかいないからではないでしょうか。機械翻訳が出した英語は自分にはよくわからないけれど先生が理解できればよい、もしおかしな英語だったら低い点をもらえば済むこと、と考える学生がいても不思議ではありません。しかし、国際交流の場面で自分が理解できない英語を発話したり投稿したりする度胸がある学生は少数ではないでしょうか。「What do you mean?」と言われたら困ってしまうので、意味を確認して使う学生がほとんどでしょう。事実、普段は質問をしない筆者の学生も機械翻訳を使って考えた英語の質問を見せて「これってゲストの人に意味が通じますか？」と聞いてくることがよくあります。

機械翻訳の難点は、使用者の英語習熟度に合った英語を出してはくれないことです。学生が機械翻訳を利用して作った質問は、本人とゲストには理解できてもクラスの他の学生には難しすぎることがよくあります。機械翻訳が出す英語ネイティブスピーカーが使うような英語を用いると、みんなが話についていけず、交流がとてもつまらないものになりかねません。国際交流は「みんなが分かる英語を使いましょう」と呼びかけるチャンスになります。そうすると、学生は機械翻訳を参考にするものの英語を調整するため、自然と「身の丈に合った英語」を使うようになります。

また、国際交流で英語を用いると「できれば機械翻訳を使わないでも済む英語力があるとよい」と学生が実感することができます。ゲストへの質問は事前に準備できるので、練習して大きな声で言えばほとんどの場合通じます。ゲストは満面の笑みで質問に答えてくれますが、学生はゲストの回答の英語が理解できなくて、話が盛り上がらないことがよくあります。せっかくゲストがジョークを言っても笑うのは教員だけだったりします。また、学生が追加の質問をしたい時は教員が手伝ったり、学生が手元のスマホで英語を探したりしながらコミュニケーションすることになります。このような経験が重なると、学生はやっぱり英語ができたほうがいいと思うようです。交流相手が同じ年ごろの大学生ならばなおさらでしょう。

上記で少し述べたように、国際交流は言語使用の複雑さを実感するチャンスでもあります。本来外国語を用いるという行為とは右から左に単語を置き換えるような単純なものではないことは教員にとっては周知の事実です。「機械翻訳があれば自分は英語を勉強しなくてもよい」と考える人がいるのは、こういった事情を知らないからでしょう。国際交流の場面を設定すると、このような誤った機械翻訳への過信を防ぐことができます。日本の大学生が「今学期は授業を12科目履修しています」と言うと、一度に3～4科目程度しか履修しないアメリカの大学生は聞き間違いではないかと思ってしまいます。あるいは、中国の大学生による「次の授業に出るために貸し自転車で移動します」という話が日本の学生にはよくわからないことがあります。性自認が女性の人を指して he という代名詞を用いる学生には一言助言が必要でしょう。このように国際交流の場面においては、英語（外国語）を使うには、相手の文化背景を理解し、必要な説明や配慮をする必要があることを実感できる場面がたくさんあります。教員にとっては、細かい英語の指導は機械翻訳にある程度まかせて、英語（外国語）学習に不可欠である異文化理解を授業に取り入れる機会となります。

おわりに

本章では、機械翻訳と共存する英語教育とは何か考えてみました。機械翻訳が発達してその性能がほとんどの学習者の英語力を上回るようになった現在、学習者自らが英語を学習する意義を自覚しないかぎり、教養英語は今まで以上に大学卒業に必要な単位を取るのが目的である空虚なものになりかねません。本章では機械翻訳が教養英語を学ぶ学生の英語学習意欲にどのように影響するのか調査したアンケートの結果として、機械翻訳の存在によって学習意欲をそがれる可能性のある学生が4分の1程度いることを紹介しました。こういった学生を英語学習につなぎとめる方法として、自分自身が話すことに価値がある英語に焦点を当てることを提案しました。そして、人的交流のための表現は学生自身が自分で言いたいと感じる傾向が強いことから、国際交流を広く取り入れることが意味ある教養英語を行い、かつ機械翻訳と教員が協働するための一つの方法であると提案しました。

何点か補足します。本章では国際交流を提案したとはいえ、本当に重要なポイントは「教科書の外の世界に学生を連れ出すこと」にあると思います。教科書の世界に留まっていると「自分が英語を使う事に価値がある」という実感が得にくいからです。教科書を用いた英語学習を否定するわけではありませんが、現在よりももう少し教科書の外の世界に学生を連れ出す機会を設ける余地があるように思います。英語が苦手なために今まで国際交流から取り残されてきた学生にも機械翻訳を持たせて外の世界に連れ出してはどうでしょうか。留学のようにお金や手間がかかる方法でなくても、何かしらの方法があるはずです。学生に世界にどんどん出て行ってほしいと考える英語教員にとって、機械翻訳は問題ではなくてむしろ強力なツールと映るのではないでしょうか。

また、国際交流を通じて実際に英語を使用する場面を学生に提供しようとする動きは機械翻訳の普及とは独立してすでに広まっていることが注目に値します。文部科学省が 2022 年 8 月 8 日に発表した「英語教育・日本人の対外発信力の改善に向けて（アクションプラン）」（文部科学省, n.d.）においても、対外的な発信ができる人材の育成が大きな課題として挙げられています（教育新聞 2022 年 8 月 8 日）。アクティブラーニングを目指す近年の英語教育の動向がそのまま機械翻訳への対応策となると考えることができます。そう考えると、機械翻訳に対応するためにはそれほど変わったことをする必要はなく、目指すべき英語教育の延長に対応策が存在すると言えるのではないでしょうか。

〈付記〉

本章は筆者による執筆物および講演（小田, 2022, 2022 年 12 月 11 日）より抜粋した内容を基にして加筆修正を加えた。

〈注〉

1　履修者349名のうち315名から回答を得た。大学指定のLMSであるnamabaを使用したため記名式アンケートに相当する。

2　株式会社リクルート「スタディサプリEnglish」のコマーシャルより引用。https://www.youtube.com/watch?v=gbx18KALJhs&ab_channel=%E3%82%B9%E3%82%BF%E3%83%87%E3%82%A3%E3%82%B5%E3%83%97%E3%83%AAENGLISH（2022年8月5日閲覧）

3　関西大学ホームページ「COIL」より引用。https://www.kansai-u.ac.jp/Kokusai/IIGE/jp/COIL/（2023年1月20日閲覧）

〈引用文献・資料〉

井上逸兵（2022年11月13日）.「いわゆる『AI時代』の英語教育」日本英語学会第39回大会公開特別シンポジウム（日本英文学会との共催）「今, 英語教育を考える―英語にかかわる研究の視点から」（オンライン開催）.

弥永啓子 (2022).「日本人大学生の機械翻訳使用の実態調査と今後の英語教育への導入に関する考察」『京都橘大学研究紀要』, *48*, 1–19.

小田登志子 (2022).「機械翻訳時代に学習者が意味を見出す大学教養英語教育とは」『人文自然科学論集』151, 17–49. 東京経済大学.

小田登志子（2022年12月11日）.「機械翻訳と共存する大学教養英語を模索する」第4回相互行為と語学教育 日本女子大学（オンライン開催）.

ガリー, T. (2020).「ニューラルMTの問題」『AAMT Journal』, *72*, 1–2.

教育新聞（2022年8月8日）.「英語教育アクションプラン 個別入試に予算措置, 地域差解消も」最終閲覧日2023年3月30日, https://www.kyobun.co.jp/news/20220808_06/

串田孝義（2022年5月13日）.「松山英樹,和のもてなしでも世界魅了 ホストの堂々」『日本経済新聞電子版』https://www.nikkei.com/article/DGXZQODH15EJ60V10C22A4000000/

工藤洋路・津久井貴之（2019年2月4日）.「「自動翻訳機のある時代に、なぜ英語を勉強しますか」と言われたら」『English Coffee Break』最終閲覧日2023年3月30日, https://tb.sanseido-publ.co.jp/column/dialogue/column-3082/

坂本輝世（2021年12月18日）.「英語コミュニケーションへの意欲と機械翻訳」日本英語表現学会第50回全国大会（オンライン開催）.

出入国在留管理庁 (2022).『在留外国人に対する基礎調査（令和3年度）調査結果報告書』最終閲覧日2022年8月13日, https://www.moj.go.jp/isa/content/001377400.pdf

高橋秀彰（2021年12月11日）.「機械翻訳と中上級レベルの英語学習者のパフォーマンス比較から考える外国語教育政策の可能性」日本通訳翻訳学会関西支部第57回例会（オンライン開催）.

竹内和雄 (2017).「AI 時代に英語教育は必要か？」『英語教育』, *66*(6), 30–31.
田渕紫織（2022 年 6 月 15 日）.「（私たちはなぜ学ぶのか）自分の変化、味わう楽しみ　ロバート・キャンベルさん」『朝日新聞』朝刊教育 p. 1.
TBS NEWS DIG（2022 年 12 月 9 日）.『成田悠輔さん「英語が必要かどうか、今後、二極化していく」これからの日本の英語教育を』［動画］. 最終閲覧日 2023 年 1 月 20 日, https://newsdig.tbs.co.jp/articles/-/225628?display=1
成田潤也 (2019).「機械翻訳を介しての外国語と国語の横断的学習に関する研究」『2019 年度第 14 回児童教育実践についての研究助成研究成果報告書』博報財団.
波多野一真 (2021).「機械翻訳を通して考える『つながる』ための外国語教育の役割」杉野俊子・野沢恵美子・田中富士美編『「つながる」ための言語教育：アフターコロナのことばと社会』(pp. 294–306). 明石書店.
文部科学省 (n.d.).『英語教育・日本人の対外発信力の改善に向けて（アクションプラン）』最終閲覧日 2023 年 3 月 30 日, https://www.mext.go.jp/a_menu/other/mext_01982.html
山田優・ラングリッツ久佳・小田登志子・守田智裕・田村颯登・平岡裕資・入江敏子 (2021).「日本の大学における教養教育英語と機械翻訳に関する予備的調査」『通訳翻訳研究への招待』, *23*, 139–159.
幸重美津子・蔦田和美（2021 年 8 月 25 日−29 日）.「大学英語授業における機械翻訳 (MT) の活用――実践的英語使用者としての自律学習者育成の観点から」JACET 第 60 回記念国際大会（オンライン開催）.
吉田純哉（2022 年 7 月 30 日）.「(Interview) 語学に近道なし, 意見ぶつけて尊敬しあえる関係に　サッカー日本代表・吉田麻也」『朝日新聞』朝刊スポーツ p. 3.

第9章

機械翻訳を教育に取り込む

——大学による機械翻訳有料契約——

山下　美朋・山中　司

はじめに

本章では、大学英語教育において、国内で初めて機械翻訳を正式導入した立命館大学の事例を取り上げ、本書執筆時点での最新の報告をしたいと思います。なお本章の執筆者は、立命館大学側でこうした動きを行った当事者ですので、我々の模索や苦悩も含め、こうした動きに込めた意図や願いのようなものもお伝えできればと考えています。

本章の構成は、まず、立命館大学の機械翻訳有料契約の経緯について説明することから始め、その次に、実際に授業へ導入した事例の紹介、最後に導入後の学習者の英語能力の変化について検証結果を報告します。内容が多岐に渡り、盛りだくさんとなっていますが、それもやってみたからこそ分かった話で、お伝えしたいことはたくさんあります。筆者らは身をもって、機械翻訳が新たに切り開いてくれる実践の地平の大きさを痛感しており、その可能性に希望を見出すことができました。

1　大学による機械翻訳有料契約の背景

立命館大学の4学部（生命科学部、薬学部、スポーツ健康科学部、総合心理学部）は、2022年9月より、機械翻訳 (Mirai Translator) を有料契約しました。その規模は合計5,000人に及び、24時間365日、いつでもMirai Translatorが持つ機能の全てを自由に使うことができるようにしました。当然、これは授業以外の用途にも自由に使って構わないとの認識です[1]。

振り返ってみれば我々としても随分思い切ったことをしたものだと思います。しかしこうした動きには背景があり、今回の取り組みの意図にも関わるので、まずは少しそれらについて触れておきたいと思います。

まず私たちには、今回の政策を実現するだけの予算がありました。それは学内の競争的予算である「立命館大学教育開発DXピッチ」[2] において私たちの英語教育（プロジェクト発信型英語プログラム：Project-based English Program、通称PEP）のグループが幸運にも入賞し、DXに関わる政策推進が行える立場にありました。

もう1つは、これも学内事情になりますが、私たちが立命館グローバル・イノベーション研究機構（Ritsumeikan Global Innovation Research Organization、通称R-GIRO）の中の研究拠点III：生産年齢人口減の克服「記号創発システム科学創生——実世界人工知能と次世代共生社会の学術融合研究拠点——（プロジェクトリーダー：谷口忠大情報理工学部教授、2022年度〜2026年度）」[3] の中の1つの研究グループを担うことになったことが関係します。私たちのグループは「マルチモーダル言語教育グループ（グループリーダー：山中司）」と称し、記号創発システム科学を援用して、次世代の大学英語教育を実践・提示することが研究目標です。詳細な議論は別書に譲りますが[4]、実はロボットが言語を獲得することと、人が外国語を学ぶことはパラレルに論じられる点が多く、プログラマティックな言語論に基づく私たちの英語教育(PEP)はその最たるモデルです。AI技術に基づく教育のポジティブな変化を先取りし、新しい英語教育のあり方を示していくことは、私たちの研究の目的にも適うものでした。

1.1　機械翻訳の「悪い」使い方の横行

このように書くと、私たちを取り巻く機械翻訳の導入環境は幸先良いスタートにみえると思います。しかし、私たちの中に、機械翻訳と英語教育の関係において、それがポジティブな影響をもたらすという絶対的自信や確信があったのかと言えば、決してそうではありませんでした。

というのも、機械翻訳を導入することと、機械翻訳を導入することで、「英語教育として」学生の英語力が伸びるのかについては全く別問題であり、この点について我々は決して何らかの確証的なデータを持ち合わせていたわけではなかったからです。それでも私たちはやってみようと思いました。その理由こそ、「放っておいても大学生は機械翻訳を使っている」という無視できない実情があったからです。

昨今の機械翻訳には大きな特徴があります。それは多くの場合、教員が機械翻訳を使ったのかどうか、もはや見分けることができなくなっているという点です。すると当然、英語なんかやりたくない、必修科目だから仕方なく取っているようなモチベーションの低い学生たちが、これみよがしに機械翻訳を使い始めるわけです。概して、その際の使い方は「悪い」使い方で、単に日本語を入力し、出力された英文を提出するのがライティング、読むのがプレゼンテーションの授業になるわけです。そうなると授業は地獄絵図です。これは時間の無駄以外の何物でもありません。

こうした地獄絵図が発生してしまうのを、直ちに機械翻訳のせいにして、だから機械翻訳の導入に反対する人は一定数いると思います。確かに機械翻訳も片棒を担いでいるでしょう。しかし根本的には、一生懸命取り組むことがばかばかしくなるような授業しかできない教員の側に問題があるのではないでしょうか。もし自分の誇らしい、大切にしたい内容の英文ならば、たとえ機械翻訳に助けてもらったとしても、よくチェックもせずそのまま読み上げたり、そのままライティング課題として提出したりはしないはずです。ですから問題は機械翻訳にあるのではなく、授業そのものの方にあると思います。機械翻訳が使えなくとも、そうした学生は友達のものを写したり、別の課題を流用したり、他人に代わりに作らせたりと、似たような「悪い」ことをこれまでもしてきたでしょう。機械翻訳は、その効率を恐ろしく上げたに過ぎず、問題の構図は全く変わっていないのです。

1.2　機械翻訳を使う「罪悪感」

もう1点指摘しておきたいことがあります。機械翻訳を使う学生には、上記にあげたモチベーションの極めて低い、英語なんてどうでもよいと思っている学生ばかりではありません。それなりに英語に一生懸命取り組みたいと思っていても、自力で英語を作ることに困難を感じる学生や、より良い表現がなかなか編み出せない学生も大勢います。より良い表現にはきりがありませんから、これはどんなに高い英語レベルを持つ学生にも当てはまります。機械翻訳を使えば、より高いレベルで、自分が発表したり、書きたかった内容を言語的に実現したりできるわけですから、そういった意味で機械翻訳は心がそそられる魅惑的なツールです。だから機械翻訳を使うわけですが、ここでのポイントは使って「しまう」、つまり、使うことに学生が罪悪感を持ってしまうことです。結果として「こそこそ」使う、「バレないように」使うことになり、機械翻訳を使うことに「後ろめたさ」を感じてしまうわけです。

これは、英語教育と機械翻訳が、一見すると相容れない関係に見えてしまうことが影響していると思います。どうしても先に見た「悪い」使い方のイメージが先行してしまうので、「機械翻訳＝手抜き」や「ズル」、「自己嫌悪するべき」といった印象が学習者自身に備わってしまっているのです。私たち教員がそんなこと一言も言っていないにもかかわらずです。

こうした現象は、明らかに誰にとってもハッピーではありません。現在の性能を誇る機械翻訳を効果的に使えば、英語力がほとんどない人からかなりある人まで、それぞれのパーソナルトレーナーとして、大変効果的で効率的な活用が可能です。常に Good model を示してくれるわけですから、自分のことを一番よく分かってくれる先生がいつも隣にいるようなものです。この意味で機械翻訳は決して「悪」ではありません。「悪い」使い方をする学生がいれば、その一部の学生の一部の使い方を排除していくようなやり方を考えればよいのであって、大多数は機械翻訳を効果的に用い、その恩恵を最大限に受けた方がよいし、その方が学習者の英語能力の向上に資すると考えました。

そこで私たちが考えたことは、こうした学習者が持ってしまう罪悪感や、自己嫌悪のような感情を一掃することでした。大袈裟にいえば、学習者が傾向として持ってしまう、こうした無用で偏見のある価値観を転換することを考えたのです。その手段こそが、機械翻訳の英語教育への全面的な導入であり、いわば「公式な」お墨付きを学生に与えることで、機械翻訳の使用を「悪」から「善」にしようと考えました。

1.3　教員同士の議論開始

機械翻訳を導入する強い意志と、その裏にある説得的なロジックはあったものの、ではどうやってそれをうまく使ったらよいのか、そしてそうすることで、実際に学習者の英語能力が向上するのかどうかについて、私たちに具体的な策があったのかというと、それはありませんでした。

とは言え、授業は始まります。学生はもちろん、機械翻訳を用いて堂々と課題をこなし、授業内タスクに取り組むようになりました。少なくとも、機械翻訳使用に対する意味論を「悪」から「善（もしくはニュートラル）」に変えることには成功したと思いました。

しかしその一方で、短絡的に日本語を英語に、英語を日本語にしたところで英語力の向上には何の効果もありません。どうやって機械翻訳を英語教育として用いたら良いのか、こうした現実に直面して初めて、教員同士の真剣な議論と、アイディアの提案合戦が始まりました。これは今振り返っても、とても良い動きだったと思っています。はじめは9月の授業開始までに、一定の方針を議論し、何らかの合意を取り付けた上で「機械翻訳使用ポリシー」のようなものをクラス横断で制定しようと考えました。ところが案の定そんな合意なんて簡単に導かれるものではなく、とうとう時間オーバーで、各クラスで模索しながら工夫するということで、授業を担当して下さる講師の先生方全員に私たちからお願いをしました。すると思いつきレベルから研究プロジェクトまで、様々な取り組みが各クラスで始まったのです。

次からは、こうした取り組みの過程で発案された取り組みについて、1つの具体例を詳述したいと思います。

2　機械翻訳の教養英語への導入

この授業は「読めるようになる、やさしい英語論文」という全学部に開かれた選択科目で、学生には個々の関心や研究に関する日本語論文または英語論文を選んでもらい、要約を英語で書くことを求めています。2022年度は、この要約を作成する際にDeepLを使う試みを行いました[5]。この授業に機械翻訳を導入したのは、本授業が本来受講対象としていた上級生だけでなく1、2年生の受講生が増え、彼らにとって英語で論文の要約を書くというハードルの高さが伺えたからでした。自分で書いた英語の要約文を機械翻訳が産出した訳（MT 訳）と比較することで、オリジナルの英文を自分で修正し、より良い最終稿になるようにと考えました。しかしながら、英語力にばらつきのある受講生すべてが「自分で英語を修正」できるかは不明で、そこがまさに機械翻訳を導入する検証の対象にもなると考え、ペア、博士後期課程の TA（ティーチング・アシスタント）そして英語母語話者の三種類のフィードバックを入れてそれらの効果を見ることにしたのです。本節は、暫定的な結果のみご紹介するにとどめ、今後の展開と合わせて説明します。

2.1　事前調査：受講生の機械翻訳利用状況

2022 年度春学期に開講した選択科目、教養ゼミ「読めるようになる、やさしい英語論文」の受講生は 29 名（1 年生 14 名、2 年生 11 名、3 年生 3 名、4 年生 1 名）、所属は理系学部が集まる開講キャンパスの性質上、生命科学部、薬学部、情報理工学部、理工学部、スポーツ健康科学部といわゆる社系以外の学部でした。授業初回のヒアリングから、英語力は初級から中級、比較的英語に対する学習意欲が高い学生が集まっていることが伺えました。

まず、機械翻訳の使用状況を把握するために授業開始直後（2023 年 4 月）に実施したアンケートの結果を紹介します。人数は限られてはいましたが、少なくとも大学生の機械翻訳使用の傾向が見て取れました。アンケートは主に次の 3 点を調査しました。1) 機械翻訳の使用経験と使用方法について、2) 自身の英作文への信頼度と機械翻訳の信頼度について、そして 3) 機械翻訳の今後の影響についてです。詳細は省くとして、本項では結果の概要をお伝えします。

1) 機械翻訳の授業開始以前までの使用経験は、ほぼ全員（27 名）が「使用経験はある」と回答し、大学の英語授業内または課題を作成するときに、読み書き両方で頻繁に使用していることが分かりました。良く使うツールは圧倒的に DeepL と Google 翻訳で、その使いやすさやアクセスのしやすさ、また翻訳の精度が高いという理由も挙がっていました。これらの機械翻訳を使う理由は、「自分で英文を作成するよりも時間が短縮できる」「翻訳の労力削減」そして少なからずいたのは「自分の英語力に自信がないから」でした。

次に、英文作成の手順を尋ねたところ、「日本語を用意して全て翻訳する（8 名）」「日本語を一文ずつ翻訳する（6 名）」「自分で英文を考え困ったときのみ機械翻訳に頼る（6 名）」「単語や熟語を調べる際に使う（4 名）」「自分で英文を作り確認のために MT 訳を見る（3 名）」と約半数の学生が和文を作成して、MT 訳の英文を出していると答えていました。しかし、翻訳後の英文が正しく訳出されているか確認をするかとの質問には、「確認作業はしない」と答えた学生 2 名を除いては、「一文ずつ自分が作成した和文と照らし合わせて、英訳を確認する（14 名）」「逆翻訳をする（11 名）」と回答していました。多くの学生が、機械翻訳ツールを使い日本語と英語（MT 訳）を比較して自分が意図した英文になっているかを確認する作業をしていたのです。機械翻訳の授業への導入を多くの英語教員が危惧しているのは、「学生は MT 訳をそのまま確認もせず自分が書いたかのように課題として提出する」ことではないかと思いますが、アンケートの結果から、自分の英文に自信がないと答えた学生でさえ、機械翻訳を使用する際には必ずしも MT 訳を鵜呑みにしているわけではないことが示されたのです。

さらに、MT 訳にする前の和文に手を加えるか (pre-editing) については、14 名の学生が「手を加える」と答え、「簡単な日本語にする」「適切な英文になるように、日本語にはない主語や目的語を加える」「あいまいな表現を避け、明確な日本語にする」「誤訳にならないように、ややこしい日本語をやめる」「日本語の熟語や四字熟語を入れない」などの作業を行っていました。一方、翻訳後の MT 訳に対して行っている作業 (post-editing) については、「文法的に間違っている部分や、自分らしくないと感じる部分について修正を行う（14 名）」「自分の意図していた訳と異なる部分を修正する（6 名）」と手を加えている学生がクラスの半分以上にのぼり、「MT 訳を別の表現としてメモる」と答えた学生も少なからずいたのです。これらの学生がメモった単語や表現を別の機会に使用しているのか興味深いところです。今回の結果は、アンケート後に筆者が機械翻訳を使う際の和文の作り方 (pre-editing) と MT 訳の修正 (post-editing) を説明する以前に、学生らは既にそれらの方法について知っていたことを示しています。他の授業で学んでいたのかは分かりませんが、これらの回答を見るだけでも、機械翻訳の使用が学生間で既に浸透しており、しかも和文や MT 訳に適宜手を加えて、自分が伝えたい内容の英文にしていたことは明らかでした。

次に 2) 自身の英作文への信頼度と機械翻訳の信頼度についての回答です。この質問群に対しては、自分で英文が作ることができ、その英文にも自信がある学生が多かった（20 名）ことを先に書いておきます。選択授業であったこと、また英語論文を自分で読みたい学生達であったため、英語に対して少なくとも自信のある学生が集まっていたのは確かでしたので、大学全体の比率からすると偏りがあったかもしれません。一方で英文作成に自信がない、ほとんど自力では作成出来ないと答えた学生（7 名）もいました。自分の書いた英文が信用できるかという質問項目で、この 7 名はあまり信用できないと答えており、おのずから機械翻訳に頼ると回答していたわけです。一方、自分が書いた英文がある程度信用できると答えた学生らは、「辞書などを使って英文を作れる」「発表原稿などは簡単な表現を使うようにしているので、自分で作ったほうが理解できる」「簡単な語彙や表現を使うようにしてこれまで通じなかったことがない」などと回答し、英文を作る際の方策を知っている学生達でもあったことは留意すべきでしょう。

続けてこれらの学生に、「機械翻訳が産出した英語はどの程度理解できるか」と尋ねると、「文の意味と文構造はおおよそ理解できる（16 名）」「十分理解できる（8 名）」「文構造はわからないが、意味は何となく分かる（2 名）」「日本語がないと全くわからない（1 名）」という結果でした。外国語の能力には、receptive skill（受信スキル）と productive skill（発信スキル）があり、多くの学生は、前者スキルが後者スキルより優っているため、自分で英文を作ることは難しくても、MT 訳を読んで理解はできると答えたのは頷けます。そして MT 訳が理解できない場合の対処は、「辞書や参考書を使って調べる」と答えた学生が 18 名もおり、「何もせずそのまま使う（1 名）」を除いて、「友人や先生に聞く（4 名）」「その英文は採択しない（4 名）」と答えていることからも自分が納得した英文にしようと試みている傾向が見られました。更に、「機械翻訳は信用できるか」との質問には、「ある程度は信用している（13 名）」と答えた学生がいる一方で、「あまり信用していない（6 名）」「信用していない（2 名）」「どちらとも言えない（6 名）」と MT 訳に懐疑的な姿勢も伺えました。「信用できる」と回答した理由は、「AIだから」「自分が書くよりも正確な英文を出してくるから」「自分が書きたいと考えていた内容とほぼ一致するから」とあり、MT訳の正確性を信頼する意見が大多数を占め、それに反して「信用できない」や「どちらとも言えない」と答えた学生は、「単語は良いが、たまに変な英文を出してくる」「自分が伝えたいニュアンスに訳してくれない」「入力する和文により英文が変わるから」「専門的な内容だと意味が通じない英文に訳されることがある」と機械翻訳がまだ発展途上であることを指摘した回答が目立ち、機械翻訳使用に慎重な姿勢が伺えました。多くの学生が、機械翻訳は夢のようなツールではないと認めつつ、使っていることが分かりました。

では最後に、今後の機械翻訳に学生がどう期待しているかを知るために3) 機械翻訳の今後の影響について、「英語力を伸ばすために、機械翻訳は良い影響をもたらすか」と聞いてみました。意外にも2) で慎重な態度を見せた学生たちもAIツールを使っていくことには肯定的なようでした。学生たちは、「ある程度そう思う（18名）」「そう思う（4名）」と答え、機械翻訳の特徴である「自分の知識では出せない単語や表現を出してくれる」「自分では思いつかない自然な訳を出してくれる」「色々な表現を提案してくれる」を挙げて、「英文作成が苦手な人でも、容易に英文を作成でき、学習に用いやすい」「比較したり、自分の英文をチェックしたりするために使うことができる」「自分の英作文の確認のために使う」とMT訳をあくまで参照対象とした英語学習を提示していました。これは、筆者自身が授業で紹介しようと考えていた理想的な使い方でした。しかし、なかには機械翻訳が良い影響をもたらさないと回答した者（2名）もいて、「機械翻訳があると頼ってしまい、自分で英文を書くことがなくなり英語力が身につかない」と答えていました。この回答に対しては、機械翻訳使用が本当に第二言語習得に有効であるのかはまだ検証されておらず、機械翻訳を使用すること自体は肯定的に捉えられても、まだしばらくは模索が続くことを示していると言えるでしょう。

総じて、今回のアンケートから、学生は既に機械翻訳ツールを授業内外で使用しており、外国語学習に浸透していること、そしてそのような学生らも、英文作成のために安易に機械翻訳に頼るのではなく、間違いなどを修正しつつあくまで参考として使うという慎重な態度を示していることが分かりました。このことから、教員が機械翻訳を使うのは言語道断だと否定しても既に時遅しで“学生達は使っている”ため、むしろ彼らと一緒に「使い方」を考えることが大事になってくるのではと思います。では、次項に授業の詳細を述べます。

2.2　機械翻訳を使用した授業について

本授業では、将来研究論文を読む際に参考となるように、英語論文の構成や頻出する特徴的な英語表現を教え、学生自身が論文を選び、その特徴を掴んで概要を読み取ることを目指しました。この授業の理論的根拠は、ジャンルとムーブ (Swales, 2004) の概念で、論文というジャンルに特徴的な構造いわゆるムーブがあるとした考え方です。ムーブを特徴づける表現を Lexical bundle (Biber, Conrad & Cortes, 2004) またはヒント表現（野口・松浦・春日, 2015）と呼びますが、学生はその分野に特徴的なヒント表現を手がかりに論文を読む方法を学びます。今回は同じテーマの日本語と英語両言語の論文を選ばせ、日本語の論文を参考に内容の理解を促しました。成績評価の対象として課したのは、選んだ英語もしくは日本語の論文の要点をまとめ要旨を作成することと、その内容を分野外の学生にも理解できるように解説を入れ、口頭で発表することでした。

言語学習への機械翻訳の使用、特にライティングへの応用は既に実践的な研究の対象となっており、その効果や課題も報告されつつあります（築地原, 2023; ラムズデン, 2022; 山田, 2022）。これまでの機械翻訳の授業内での使用手順は、山田 (2022) および 本書第 6 章に掲載されている以下の図が示す通りで、①自分で L1（和文）を作成する（この時点で適宜 pre-editing を行う）、② ①を自分で L2（英文）にする、③ ①を MT 訳（英文）にする、④ ②と③を比較、特に③を参照しながら自分で作成した英文②を修正する (post-editing)、⑤教員フィードバックやピアフィードバックを受け、④を修正する、が一般的であると言われています。

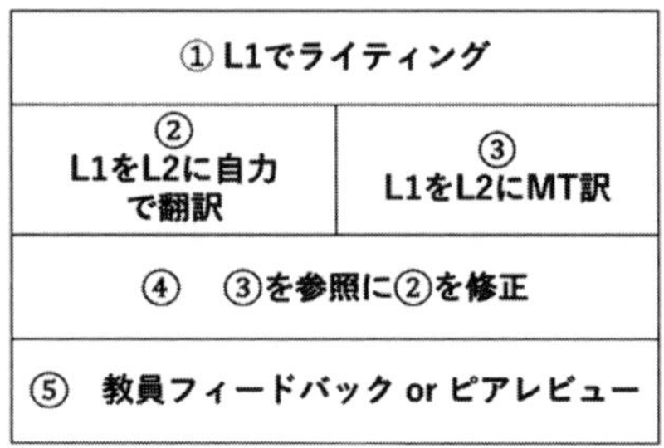

図1　機械翻訳の授業導入の典型（山田, 2022）

筆者は、学生自身よりも機械翻訳が確実にレベルの高い英文を出してくることは必須であるため、post-editing が機能するのかに疑問を持ち、この授業に機械翻訳を導入するにあたり、リサーチクエスチョン (RQ) を立てることにしました。RQ1「④の時点で学生が MT 訳から何を受け入れ、どう自分が書いた英文を修正（加筆）するのか」、また RQ2「⑤でどのようなフィードバックが効果があるのか」です。事前調査で、MT 訳を安易にコピペする学生はいないであろうと仮定しても、MT 訳を Good model として参照することでどのような「学び」があるのかを知りたいと思いました。特に、本授業で課したのは、先述の通り「学生が興味を持った、または自分が研究対象としている論文の要旨を書くこと」でしたので、内容によってはかなり専門性が高いことが予想されました。事実、受講生のなかでも比率的割合が高かった生命科学部と薬学部の学生は、彼らの専門である生命系・薬学系の論文を選んでおり、まだ基礎課程にいる 1、2 年生が、どこまで専門の論文を理解できるのか（それを英文に要約できるのか）にも疑問がありました。

授業では、まず機械翻訳導入の歴史について（MTILT やニューラル翻訳が開発された 2016 年以降、Good model の対象として外国語学習に利用されていること、機械翻訳の実力など）と、そうは言っても機械翻訳は万能ではなく間違いが多いことを例を示して説明しました。西山 (2022) や中山 (2009) を参考に、MT 訳を見て自分の英文を修正する際に着目すべき、論文における 3C（Clear: 明確、Correct: 正確、Concise: 簡潔）や、機械翻訳が間違えやすい文法事項（専門用語の一貫性が弱いことなど）を説明しました。そして、それゆえに MT 訳を利用する場合は自分で責任を持って取捨選択する必要があることも確認しました。その後、上記の手順で和文と英文を作成させ（図 1 の①②③）、MT 訳と比較する際に、テキスト比較ツール difff (https://difff.jp/) を使用し、異なる箇所を確認しながら修正させました。Difff では 2 つの文章の異なる箇所が色で示されるため（図 2 参照）、オリジナルの英文を修正しやすいのです。そして修正が施された英文を、1) 同じ分野の論文を選んだ学生同士でペアを組み、お互いにチェック、2) TA（ティーチング・アシスタント：薬学研究科に所属する博士後期課程の大学院生）、3) 英語母語話者（大学の英語教員、アカデミック・ライティングを教えて 20 年になるベテラン）のそれぞれにフィードバックをもらうことにしました。

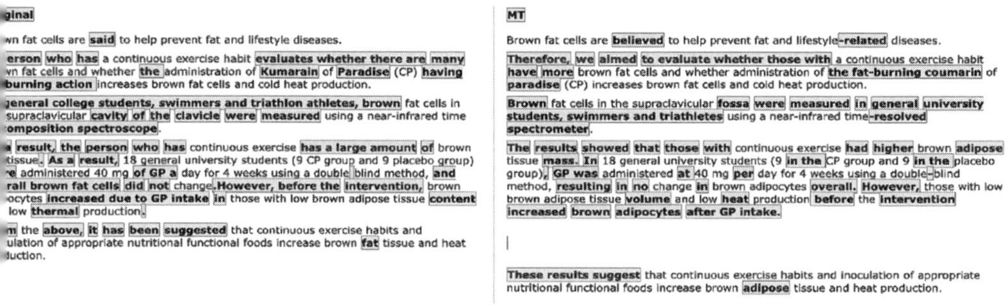

ginal

wn fat cells are said to help prevent fat and lifestyle diseases.

erson who has a continuous exercise habit evaluates whether there are many
wn fat cells and whether the administration of Kumarain of Paradise (CP) having
burning action increases brown fat cells and cold heat production.

general college students, swimmers and triathlon athletes, brown fat cells in
supraclavicular cavity of the clavicle were measured using a near-infrared time
omposition spectroscope.

result, the person who has continuous exercise has a large amount of brown
tissue. As a result, 18 general university students (9 CP group and 9 placebo group)
re administered 40 mg of GP a day for 4 weeks using a double blind method, and
rall brown fat cells did not change.However, before the intervention, brown
ocytes increased due to GP intake in those with low brown adipose tissue content
low thermal production.

m the above, it has been suggested that continuous exercise habits and
ulation of appropriate nutritional functional foods increase brown fat tissue and heat
duction.

MT

Brown fat cells are believed to help prevent fat and lifestyle-related diseases.

Therefore, we aimed to evaluate whether those with a continuous exercise habit have more brown fat cells and whether administration of the fat-burning coumarin of paradise (CP) increases brown fat cells and cold heat production.

Brown fat cells in the supraclavicular fossa were measured in general university students, swimmers and triathletes using a near-infrared time-resolved spectrometer.

The results showed that those with continuous exercise had higher brown adipose tissue mass. In 18 general university students (9 in the CP group and 9 in the placebo group), GP was administered at 40 mg per day for 4 weeks using a double-blind method, resulting in no change in brown adipocytes overall. However, those with low brown adipose tissue volume and low heat production before the intervention increased brown adipocytes after GP intake.

These results suggest that continuous exercise habits and inoculation of appropriate nutritional functional foods increase brown adipose tissue and heat production.

図 2　テキスト比較ツール difff の画面

2.3　リサーチクエスチョンと分析結果

ここでは暫定的な結果として 13 名の要旨を分析して見えてきた顕著な結果を紹介します。

RQ1：学生は、MT 訳を参照して何を受け入れ、どう自分が書いた英文を修正（加筆）するのか。

表 1 は、(1) 自分で作成した英文 (2) MT 訳 (3) MT 訳を参考に修正した英文（修正稿）のワード数と、difff を使ってそれぞれの英文に色付けされたワード数の差を調べた結果を示しています。これを見ると、面白いことに、3

つの特徴的なグループに分けられました。まず最初の 3 名 (A, B, C) は MT 訳と最終稿の差がほとんどない、つまり MT 訳をほぼ受け入れた修正稿を書いた学生群です。その逆に、表の一番下の 3 名 (J, K, L) は自分で作成した英文と修正稿がほぼ同じ、つまり MT 訳をほとんど受け入れなかった学生群でした。アンケートを見たところ、前者の 3 名は「自分の英文に自信がない」と答えた学生で、後者の 3 名は「自分の英文に自信がある」と回答していました。推測するに、前者の学生は、自分が書いた英文に自信がないために、MT 訳を正しいと判断して受け入れたのではないかと考えられます。一方、後者の 3 名は、最初の英文のワード数を見ても優に平均以上の要旨を作成しており、いわゆるとても頑張って自分で英文を作っていた学生達でした。そのうちの一人は例外的に 4 年生（L の学生）で、既に研究室に配属されて研究要旨を書いており、今回も研究室で輪読した論文を選んでいたために、自分が書いた英文にこだわったようです。

学生	ワード数			差分（ワード数）		
	原文 （学生の英文）	MT 訳	修正稿	MT 訳に対して原文の異なるワード数	MT 訳に対して修正稿の異なるワード数	原文に対して修正稿の異なるワード数
A	176	164	164	65	0	65
B	67	73	74	18	1	19
C	76	72	71	42	3	39
D	162	170	170	92	22	88
E	87	84	89	49	19	39
F	100	100	102	67	17	57
G	74	95	92	49	21	49
H	157	181	164	38	25	21
I	91	78	88	50	42	35
J	179	181	186	92	72	18
K	342	374	348	203	181	23
L	192	190	191	79	76	3
平均	141.92	146.83	144.92	70.33	39.92	38.00

表 1　学生が作成した英文、MT 訳、修正稿の文字数と差分 (単語数)[6]

それ以外の学生 (D~I) は、差はあるものの、MT 訳を見て自分のオリジナルな英文を良くしていこうと試みている形跡が見られました。しかし、それらは語彙レベルか、一文か二文を自分が書いた英文に入れ替えた限定的な修正でした。例えば、以下は、オリンピック競技に性転換した選手を受け入れるか否かを議論した論文の要旨の一部です。MT訳とその後の修正を比較すると、MT訳では男性、女性をboys, girlsと訳されているのをmale, female（ただし複数形にする必要あり）に修正し、書き出しをHere we reviewにするなどMT訳の不適切な単語や表現を論文にふさわしいものに修正しています。

（MT訳）Review how biological differences between boys and girls affect performance …
（MT訳を自分で修正）Here we review how biological differences between male and female affect performances …

最初と最後の一文をもともと自分で書いた英文に入れ替えた例が多く見られましたが、入れ替えた以外の部分はほぼMT訳を修正稿に反映しているので、全てMT訳にするのは受け入れがたいが、自分が書いた文を数行入れることでオリジナルさを出そうとしたのではないかと（もしくは全てMT訳だと筆者に叱られると思ったのかもと）思われます。

RQ2：ペア、TA、英語母語話者が行ったフィードバックのうちいずれが効果的だったか。

まず、ペア、TA、英語母語話者のそれぞれが、学生の修正稿に対して行ったフィードバックを、次のエラー項目に分けてみました。1) 名詞の単数・複数、2) 冠詞、3) 動詞の時制、4) その他の文法項目、5) 語彙、6) 表現、7) 論理的流れ、8) 内容不足、9) 日本語の直訳表現、10) 説明不足、11) 意味不明の11項目です。まず、間違いが多かった項目については、三者の指摘は異なり、TAは5)、8)、10)、英語母語話者は4)と11)でした。ペアでは内容の確認に留まり、修正につながる文法・語彙の指摘はほとんどありませんでした。詳しく見ると、英語母語話者の指摘は、4) 様々な文法間違い、特に動詞、名詞、代名詞の選択間違いや文構造レベルの間違い、11) 説明が十分でないための内容理解の難しさでした。これは、学生がMT訳を参考にしても様々な文法の間違いが残っていたことを示していますが、11) に関しては、学生自身の英文の問題というよりは、むしろ英語母語話者側が専門分野に詳しくないがために、内容の理解不足から意味が汲み取れなかったのではないかと推測できました。一方、TAは、論文の専門性に対応できたようで、5) 専門用語の不適切さや選択間違い、8) 論文にあるべき内容の不足、10) 現象や語彙の意味するところの説明不足などの指摘がありました。今回、TAの研究分野と同じ薬学系や医療系の論文を選んだ学生が多かったため、TA自身がフィードバックをしやすかったことがこの結果を導いたといえます。

また、興味深い発見としては、先のMT訳をほぼ受け入れた学生3名の英文はほとんど文法・語彙のエラーはなく、内容や情報の流れに対する指摘が多く、一方MT訳を受け入れなかった3名の英文は、文法・語彙・内容のいずれにもエラーが多かったのです。この場合、先のMT訳の3名の英文には、間違いがほとんど指摘されなかったため、MT訳からの学びがあったかというと疑問で、その逆に間違いが多かった3名は、フィードバックを受けたことでなぜ自分の書いた英文が良くなかったのか振り返るきっかけを与えられ、多くの学びを得ることができ、最終稿に活かすことができたのです。

以上の結果を考察すると、学部の学生がMT訳を参照して英文を書いた場合に、MT訳から学べることはまだ限定的と言えるのではないでしょうか。そこで安易にMT訳を受け入れないように、フィードバックが重要となるわけですが、今回のように専門的な内容である場合は、英語母語話者であっても一般的なアカデミック・ライティングだけの知識だけでは適切なコメントはできません。むしろTAのように専門知識を十分に持ち、英文の妥当性が判断できる学生のフィードバックこそ有用であると言えるでしょう。これはMackiewicz (2002) が工学系の文章をアカデミック・ライティングの知識はあってもその分野の知識のない者と、アカデミック・ライティングの知識をそれほど持ち合わせていないテクニカルライターが対応した場合とでは後者のほうがより的確なフィードバックをしたと述べていることからも理解できます。つまり、MT訳を効果的に利用するには、その学生自身が高い英語力と専門的知識を持っている必要がある、またはMT訳の正確性・妥当性を判断してもらえる適切なサポートが必要だということでしょう。機械翻訳を有効に使うために、学生自身が判断できるだけの英語力を持ち合わせていることこそ重要なため、論文の要旨などを書く場合は、大量にその分野の英語論文を読み、receptive skillを上げることがまず目標となるでしょう。MT訳を見て、直感的に違うなと感じる、その判断力を上げることがまず望まれます。

多くの学生がまだ十分な判断力がないとすれば、適切なサポートを与える必要があります。そのため、ライティングの研究分野の一つとしてこれまでも多くの学者が研究対象としてきたフィードバックのあり方そのものに焦点が置かれることになります。過去のフィードバック研究から得られた知見の一つは、あらゆる間違いを指摘するのは無駄であり、教員がどれほど間違いを指摘しても学生はそれらを次の修正には活かせないということです(Hyland, 2019など)。本来、フィードバックとは、「テキストを修正するのではなく、より良い書き手を育てるため」に行うもので、「自律的に自分のテキストを修正できる学習者を育てる」こと（Ferris, 2011; 佐渡島・太田, 2013）ですから、フィードバックを行う対象を決めることが大事でしょう。フィードバック研究の第一人者Ferris (2011)は、学習者が書いた英文の間違いを、修正可能な間違い（treatable errors：動詞の三単現のs、名詞の単複の別など）と修正不可能な間違い（untreatable errors：文脈に適切な語彙選択など）に分け、前者を彼ら自身で修正できるようにすべきだと述べています。

別の側面から述べるとすれば、ライティングは、語法・文体 (style)・ストーリーの三つの要素を持っており、語法、特に修正不可能な間違いは、機械翻訳に任せても良いのかもしれません。しかし、授業で使用させる場合には、機械翻訳に任せっぱなしにするのではなく、なぜ自分が書いたものとは異なるのか、辞書を引いて確認するなどの作業をさせることが必須です。そして文体については、例えば論文などの場合は、3Cで書く、動詞主体の英文にする (Agent+Action)、名詞節ではなく名詞句で書く（吉村, 2013）などを授業で教え、演習を通じて身につけさせるようにします。そして3つめのストーリーこそ機械翻訳に任せず、書き手である学習者自身に責任を持って作らせることが理想だと思います。特に、英語的な論理性を持ったストーリーの組み立ては、機械翻訳でなく学生に試行錯誤してほしいと思うのです。筆者が現時点で学生に伝えるべきと考えるのは、やはり機械翻訳の英文はあくまで参考対象であって、機械翻訳に頼るべきところとそうでないところを切り離す使い方です。そしてMT訳はなんだか変だぞと気づく感覚を磨く、つまり便利なものを手にしてしまったがために、もっと英語力を磨く必要性が出てきてしまったのです。それを忘れてはいけないと思います。

2.4　今後の実践

さて、次年度（本書を書いていた時点では2023年度）も機械翻訳を使う予算を大学から得られましたので、Mirai Translatorを使って行ってみたい実践があります。現在どの機械翻訳でも逆翻訳機能を持っていますが、Mirai Translatorでは同じインターフェース上に日英いずれかの逆翻訳結果が出力されるため、学生は母語(L1)である日本語を頼りに英文(L2)を作成することができ、更にできた英文がどのような日本語に訳されるか逆翻訳することで意図していた英文になっているかを確認できます。ここでは一例を紹介しましょう。

以下の英文をMirai Translatorに入れてみます。2025年大阪万博が開催されるのを機に、太陽の塔を話題にしました。いかにも学生が書きそうな英文を書いてみました。

（原文）In project-based study, we researched the Tower of the Sun in Osaka. This is an art which was built in 1970 in Osaka Expo. The tower is 70 meters tall. The Tower of the Sun was an art and it was built by the artist Taro Okamoto.

そうすると以下の和文が生成されました。

(Mirai Translator) プロジェクトベースの研究では、大阪の太陽の塔を調査しました。これは 1970 年に大阪万博で建てられた芸術です。塔の高さは 70 メートルです。太陽の塔は芸術作品で、芸術家の岡本太郎によって建てられました。

太陽の塔は「芸術」ではなく「芸術作品」ですので、英文のほうを artwork に、「太陽の塔は～」以下の冗長的な文章を「太陽の塔は、芸術家の岡本太郎によって作られた芸術作品です」となるように、The Tower of the Sun was an artwork built by the artist Taro Okamoto と一文に修正しました。

（修正後の英文）In project-based study, we researched the Tower of the Sun in Osaka. This is an artwork which was built in 1970 in Osaka Expo. The tower is 70 meters tall. The Tower of the Sun was an artwork built by the artist Taro Okamoto.

そして再度、和文を確認します。

（英文修正後の和文）プロジェクトベースの研究では、大阪の太陽の塔を調査しました。大阪万博で 1970 年に建てられた作品です。タワーの高さは 70 メートルです。太陽の塔は、芸術家の岡本太郎によって建てられた芸術作品でした。

先ほどよりは意図した和文に近づいていることが確認できます。更に、この和文を逆翻訳して英文にします。

（逆翻訳した英文）The project-based study investigated the sun tower in Osaka. It was built in 1970 at the Osaka Expo. The height of the tower is 70 meters. The Tower of the Sun was a work of art built by the artist Taro Okamoto.

そうすると、「調査する」が investigate に訳され、原文の research（動詞）よりも study と相性が良いこと、また高さを表す表現も必ずしも ~ tall だけでなく、the height of を使った表現も可能であることが分かります。MT 訳から別の表現が提案されるので、伝えたい表現に近いものを選択すれば良いのです。

このように、和文から英文、その逆翻訳された和文の3つを交互に見ながらより良い英文を作成していくことができます。この過程では、辞書やインターネットのリソースを活用して確認もできるので、それでこそ学びが得られるはずです。学生が Mirai Translator を使用してどのような学びがあり、英語で書く力が伸びるのかぜひとも検証してみたいと思っています。

逆翻訳を使用する実践では、母語を介するために、対照言語学的、対照修辞学的なアプローチもできるでしょう。柳瀬 (2022) は、機械翻訳を導入するにあたり、日本語と英語を先の3側面（語法・文体・ストーリー）から比較し、類似点と相違点を理解させる教材（授業）の必要性を述べています。この点において、これからの英語教員は、従来のアカデミック・ライティングの指導に加え、本来のプロセス・ライティングのあり方を変え、MT 訳を参照する過程も入れる、そして教員自身が日本語の指導もできる能力を備えておかなければならないかもしれません。新しい英語教員のあり方が問われていることは間違いないのです。

以上、英語授業に機械翻訳を導入した事例を紹介し、その結果の考察と筆者の雑感を述べました。あくまで一事例に過ぎず、一部の顕著な結果のみをご紹介しました。今後更に機械翻訳を活用した授業実践が増えていき、よりよい活用事例が出てくることに期待します。

3　データから見る機械翻訳は英語力を上げている（少なくとも下げていない）実証

こうして模索ながらも実証を続けている筆者らの研究グループですが、有料契約から半年を迎え、興味深い結果も得られ始めてきました。ここではその一つを紹介したいと思います (cf. Toyoshima, Yamanaka, Odagiri & Sugiyama, 2023)。

先に、機械翻訳を導入して学生による英語のアプトプットの質を高めることと、「英語教育として」学生の英語力が伸びるのかについては全く別問題だと述べました。機械翻訳を使って果たして英語力は伸びるのか？　機械翻訳を使うだけだと英語力は下がってしまうのではないか？　実際はどうなのか？　という点は、読者の皆さんも関心のあるところだと思います。実際にこうした分野はまさにこれから様々な成果が報告されると思われますが、現時点では、海外も含め、具体的に紹介できる研究を見つけることは容易ではありません。

3.1　立命館大学における実証：GTEC-Academic のプレ・ポスト比較

以下に筆者らの実践から得られたテストデータを紹介することで、機械翻訳を使っていても英語力は伸びる、少なくとも英語力を下げる要因にはなっていないようだという点について速報的に指摘できればと考えています。

	GTEC L	GTEC R	GTEC S	GTEC W	TOEIC L	TOEIC R
1 年生 (1 回目)	109.7	107.1	111.9	112.2	251.7	212.0
1 年生 (2 回目)	104.1	103.7	120.4	121.3	255.8	241.4
1 年生差	-5.6	-3.4	8.5	9.1	4.1	29.4
2 年生 (1 回目)	116.0	104.1	115.5	121.6	272.1	215.6
2 年生 (2 回目)	108.3	104.8	117.8	121.4	264.2	233.8
2 年生差	-7.7	0.7	2.3	-0.2	-8.0	18.2

表 2　立命館大学の山中クラスにおけるおよそ 1 年間の英語力のプレ・ポスト比較

表 2 に示したのは、山中クラス（1 年生 3 クラスおよそ 60 名、2 年 3 クラスおよそ 60 名）における、英語テストの結果の平均を示したものです。GTEC L というのは、GTEC-Academic の Listening を意味し、1 回目とは 2022 年 4 月に受験した結果を指し、2 回目とは 2023 年 1 月を指します。つまり、各学年のはじめと終わりに GTEC を受験してもらい、その平均点を記載しています。およそ 9 ヶ月の期間が経過してのプレ・ポスト受験です。同様に GTEC R とは GTEC-Academic の Reading、GTEC S とは GTEC-Academic の Speaking、GTEC W とは、GTEC-Academic の Writing を指しています。表の中で色をつけた箇所は、5% 水準で統計的有意差が出たと

ころ、すなわちその差は誤差の範囲ではないということを示しています。これを見ると分かるのは、1年生、2年生共に、Listeningテストのスコアが1年を通して下がってしまっていることが見て取れます。これは私たちの英語教育のやり方に問題がある可能性があり、今後改善していかなければならない点です。

一方で、1年生に関しては能力の向上も見られました。一つはGTEC-AcademicのSpeaking、もう一つはGTEC-AcademicのWritingです。2年生の同様の項目に関しては、微増、微減で、統計的な有意差は出ていないので誤差の範囲、つまり変化なしと捉えて良いと思います。

この結果の解釈が示すところなのですが、立命館大学として正式に有料の機械翻訳の契約を行い、授業でも大々的に使用を推奨したのが2022年の9月、ちょうど後半期（秋学期）がはじまる初回の授業でした。つまり、プレテストとポストテストの間のちょうど半分の時期から、公式に機械翻訳を使うことが許され、学生たちは積極的に、そして堂々と機械翻訳を使っていたことが推察されます。それにも関わらず、1年生はSpeakingやWritingのスコアが伸び、2年生は変化なし、少なくとも下がってはないことが示されました。

3.2　立命館大学における実証：TOEIC-IPスコアとの整合

立命館大学のプロジェクト発信型英語プログラムでは、もう1つ、TOEICの団体受験を必須として課しているので、表2に示したTOEICの結果も足し合わせるとさらに色々なことが見えてきます。

TOEICのLとは、TOEIC-IP (Institutional Program) のListeningを指し、オンラインで受験するものです。1年生に関しては、1回目が2022年3月中、つまり正式な授業が4月に始まるまえにプレイスメントテストとして受験をしてもらったものと、2回目が2022年の12月中に成績評価の一部として受験してもらったものです。2年生については、6月と12月に団体受験を課しており、1回目のスコアが2022年6月、2回目のスコアが2022年12月のものです。TOEIC RはTOEIC-IPのReadingの点数を指し、条件はTOEIC Lと同じになります。色のついた箇所は統計的に有意差がある、それ以外は誤差の範囲を示しています。

これを見ると、TOEIC-IP では Listening の点数差がなく、GTEC-Academic では 1 年を通して下降が見られたものの、TOEIC-IP では誤差の範囲にとどまっていることになり、テストの性格にもよりますが、必ずしも Listening 能力が落ちているとは言えないかもしれないことが分かります。一方で TOEIC-IP の Reading は有意に上がっていますので、GTEC では誤差の範囲だった Reading 能力の変化は、上昇と結論づけることができるかもしれないことになります。GTEC-Academic における Listening の下降を打ち消し、Reading の上昇を示唆する結果が得られたわけです。

TOEIC の団体受験では、2 技能 (TOEIC LR) のみを課しており、Speaking や Writing などの発信能力の伸長については分かりません。しかし GTEC-Academic の結果に TOEIC-IP の結果を重ね合わせることで、4 技能それぞれ、そして全体的な英語力が、年間を通して決して下がっているわけではないことが読み取れると思います。

3.3　機械翻訳を使っても英語力は伸びている

英語における 4 技能 (Reading, Listening, Speaking, Writing) のうち、機械翻訳が最も影響を与えるのは Writing ではないでしょうか。ただし、機械翻訳の結果を読んだり、それを頭に入れて話したりという意味で Speaking にも影響はあると思いますし、機械翻訳を使って英語から日本語に訳したものを読むという意味で、Reading にも影響があるでしょう。Listening は今後、同時通訳機能の改善が進み、英語での聞き取りが日本語の字幕で分かるようになるなど、まさにこれから普及する技術であると思われます。これらを順位づけすることは難しいものの、Writing が筆頭に上がってくることについて異論は少ないと思います。今回の結果で、1 年生の GTEC-Academic の Writing のスコアが上がっていること、Writing だけでなく、GTEC-Academic の Speaking スコア、TOEIC-IP の Reading スコアが上がっていることは、機械翻訳の正式導入という「イベント」を経たにも関わらず、山中クラスの 1 年生は、英語力を維持、もしくは伸ばしていることが窺えるわけです。2 年生については、TOEIC の Reading を除いて有意に上昇したスコアを見ることはできませんでしたが、英語力を維持、もしくは減少させてはいないことを示しています。

もちろん、こうした実証を厳密に行うためには、理想的には、同じ対象学生が、1年間全ての機械翻訳の使用を禁止された場合と、そうでない場合とで比べる必要があり、現実的には不可能なことです。また、2022年9月より正式に機械翻訳を導入したといえども、その前から個人的に機械翻訳を使っていた学生は少なからずいるでしょうし、その意味では、機械翻訳を一切使わせなかった場合の方が（もし測定可能であればの話ですが）、もっと英語スコアが上がっていたかもしれません。あるいは私たちが行っているプロジェクト発信型英語プログラムの教育成果が、GTEC-Academic の Writing や Speaking のスコアを押し上げたのであり、機械翻訳による「悪い影響」を凌駕するだけの大きな効果があったのかもしれません。これらはいずれも推測の域を出るものではなく、今後、こうした検証が重ねて行われることで、機械翻訳と英語力の伸びの正の相関が実証されていくことを切に希望します。

この結果をもってして、機械翻訳は英語力を伸ばすと軽々に結論づけるつもりはありません。しかし少なくとも、機械翻訳をたくさん使ったからといって、英語力があたかも直滑降に低下するとは決して言えないことが分かって頂けるのではないでしょうか。

おわりに

なぜ機械翻訳を使って（も）英語力が伸びるのか、そこにはどのような英語教育的な論理が働いているのか、機械翻訳特有の効果があるとしたらそれはどのようなものか……。これらの分析や検討、実践への応用については、我々もまだこれからで、広大で、かつ魅力的な研究フィールドが目の前に拡がっていることを感じ、大いにわくわくしています。機械翻訳の英語教育での使用については、現状、根強い反対論があるのも事実で、思い込みによる誤解もあるように思います。新しいものが導入される時にはよくあることかもしれません。しかしながら目の前の学習者が、それによって言われのない不利益を被り、結果的に貴重な学習の機会を失ってしまうことは、応用言語学の研究者として決して許したくはありません。このような意味で、機械翻訳と英語教育に関する世論作りも急務であると考えています。詳しくは第14 章の座談会をご覧下さい。

〈付記〉

関心のある読者とぜひ共同研究を行いたいと考えています。連絡をお待ちしています。

山中 司 (yaman@fc.ritsumei.ac.jp)
山下美朋 (mihoron@fc.ritsumei.ac.jp)

〈注〉

1 立命館大学広報課 (2022)「大学の英語授業に AI 自動翻訳サービスを試験導入 学生・院生約 5,000 人を対象に、翻訳ツールを用いて新しい英語教育の可能性を検証」より引用。https://www.ritsumei.ac.jp/profile/pressrelease_detail/?id=719 (2023 年 3 月 23 日閲覧)
2 立命館大学 (n.d.) 2022 年度「立命館大学教育開発 DX ピッチ」https://www.ritsumei.ac.jp/itl/2022DXpitch/ (2023 年 3 月 23 日閲覧)
3 立命館大学 (n.d.)「記号創発システム科学創成：実世界人工知能と次世代共生社会の学術融合研究拠点」https://www.ritsumei.ac.jp/rgiro/activity/program/fourth/projects/taniguchi.html/ (2023 年 3 月 23 日閲覧)
4 『未来社会と意味の境界――記号創発システム論／ネオ・サイバネティクス／プラグマティズム――』谷口忠大ほか編著, 山中司ほか著, 勁草書房, 2023 年発刊予定
5 本授業には、Mirai Translator 使用対象以外の学部の受講生がいたため、DeepL を使用した。
6 単語数の差が単純に修正数を表すものではないため、本分析については今後検討の余地があり、傾向を見るために使用した。

〈引用文献〉

Biber, D., Conrad, S., & Cortes, B. (2004). If you look at: Lexical bundles in university teaching and textbooks. *Applied Linguistics, 23*(5), 371–405.
Ferris, D. R. (2011). *Treatment of error in second language student writing*. Ann Arbor: University of Michigan.
Hyland, K. (2019). *Second language writing (2nd ed.)* Cambridge: Cambridge

University Press.

佐渡島沙織・太田裕子 (2013).『文章チュータリングの理念と実践――早稲田大学ライティング・センターでの取り組み』ひつじ書房.

Swales, J. (2004). *Genre analysis: English in academic and research settings*, Cambridge: Cambridge University Press.

築地原尚美（2023 年 3 月 4 日）.『自動採点ツールと機械翻訳を用いたライティング指導――ICT 英語教育の可能性――』2022 年度 JACET 関西支部大会.

Toyoshima, C., Yamanaka, T., Odagiri K. & Sugiyama, K, (2023). Exploring the effectiveness of machine translation for improving English proficiency: A case study of a Japanese university's large-scale implementation. *English Language Teaching*, Canadian Center of Science and Education, *16* (5), 1–10.

Mackiewicz, J. (2004). The effects of tutor expertise in engineering writing: A linguistic analysis of writing tutors'comments. *IEEE transactions on professional communication, 47*, 982–998.

中山裕木子 (2009).『技術系英語ライティング教本――基本・英文法・応用――』. 日本能率協会マネジメントセンター.

西山聖久 (2022).『理工系の AI 英作文術』化学同人社.

野口ジュディ・松浦克美・春田伸 (2015).『Judy 先生の英語科学論文の書き方　増補改訂版』講談社.

ラムズデン多夏子 (2022).『「with MT（機械翻訳）時代」の外国語教育』SELL (38), 1–16.

山田優（2022 年 8 月 11 日）.『外国語教育の周辺技術と今後の可能性 トピック 1: 機械翻訳』外国語教育メディア学会 (LET) 第 61 回全国研究大会.

柳瀬陽介 (2023, forthcoming).『大学教養・共通教育における機械翻訳活用型英語ライティング授業の成功のための諸要因――制度・言語能力・原理的理解・教材・フィードバックの 5 つの観点から――』

吉村富美子 (2013).『英文ライティングと引用の作法――盗用と言われないための英文指導』研究社.

第10章

教養英語と機械翻訳
——考え方と授業例——

幸重　美津子

はじめに

COVID-19が猛威を振るい人々が家に閉じ込められていた頃、通学できない学生たちの学習方法を確保すべく、教育現場におけるICT（情報通信技術）の普及に拍車がかかったことはパンデミックがもたらしたポジティブな影響の一つかも知れません。その結果、ICT支援の授業形式[1]が選択肢の幅を広げ、学習機会の多様化に貢献したことは怪我の功名でしょう。当初は学習者にとっても戸惑いのあった遠隔授業ですが、しだいに「通学の移動時間や費用が省ける」「学業とアルバイトなどとの両立が可能」「オンデマンドの資料は何度も読み返すことができるので有難かった」という学生からの声が筆者の耳にも聞こえてきました。学生がある程度自分のペースで学習を進められるこの授業形態は、現代の学生のライフスタイルに合っていたと言えるのかも知れません。しかしながら、遠隔授業においてよい成績をおさめるためには、対面授業における以上の「自律性」が必要となることは言うまでもありません。

本章ではAI翻訳を活用した教育実践例を紹介しますが、その主な目的は「現在の英語learner」を将来の「自律した英語user」へと育成するための支援です。教育現場における機械翻訳の使用に関してはまだ議論の残るところですが、昨今のデジタルネイティブの学習者に対しては、機械翻訳を禁止する方法に腐心するよりむしろ、積極的な導入方法を検討することで学習モチベーションにつながるのではないかと考えるからです。現実的には機械翻訳の使用を完璧に禁止することは不可能に近いため、仕方なく黙認しているという先生方も少なくないようです（山田ほか, 2021）。今や、どうやって禁止するかではなく、機械翻訳をどのように正しく導入するかを議論する時代なのかもしれません。

日本の多くの大学では、教養課程での英語の授業が必須となっています。筆者は2019年度から、担当する大学教養課程の英語授業に機械翻訳を導入する機会を得て試行錯誤を繰り返してきました。様々な教育現場において英語教育を担う教員の方々と、この取り組みの一端を共有できればと考えています。

本章の構成ですが、まず1では機械翻訳導入の背景について述べます。文部科学省 (2018) の求める人材、いわゆる Society 5.0[2] で求められる人材の一つは「AI リテラシーを備えた人材」です。同時に IT にあふれた現代の大学生は機械 (AI) 翻訳導入への抵抗感が少なく、受け皿自体は整っていると考えられます。2では実際の英語教育現場に目を向けてみます。2018年に文部科学省によって行われた調査[3]では、CEFR（ヨーロッパ言語共通参照枠）で A2（英検準2級相当）レベルとされる高校3年生は「書く」「話す」などの発信力では2割に満ちておらず、文部科学省の求める人材像からはほど遠いことがわかります。実社会で有為な英語ユーザーの育成には、大学英語教育において革新的なてこ入れの必要がありそうです。3では既存のリーディング教科書に機械翻訳を導入した教育実践の実例を報告します。四技能型、アクティブラーニング型、意見構築型の各リーディング教材での課題作成等に活用させたほか、試験的ではありますが、習熟度の低い学生対象の英語コミュニケーション授業におけるスピーチスクリプト作成にも機械翻訳を導入しました。英語に対する苦手意識を持つ学生にとっては、利便性のよい MT リテラシー[4]の習得が学習モチベーションを高めるのではという期待感もありました。結果として、いずれも学習者の英語学習に対する意識の変容が見られ、機械翻訳導入が学習者のモチベーション向上のために機能したことが分かりました。4では機械翻訳使用を前提として開発・出版した大学英語教科書の構成、巻頭にまとめられた基本的な機械翻訳使用法、英文読み上げソフトの併用、指導例・評価の実際について具体的に紹介します。5は以上からの考察です。大学は社会に出る前の最終の英語教育機関であり、実践的なスピード感を持った発信力を習得させる、いわば最後のチャンスです。機械翻訳の導入が学習者すべてのモチベーションを向上させるわけではないかもしれませんが、個人としての MT リテラシーの有無は、PC リテラシーと同様、社会における有効なスキルの有無を意味するのではないかと考えています。

1　機械翻訳導入の背景

文部科学省 (2018) は Society 5.0 で求められる人材として「技術革新や価値創造の源を発見創造できる人材」「技術革新と社会を繋ぐプラットフォームを創造できる人材」「AI やデータの力を最大限活用し展開できる人材」[5] を挙げています。その後加えて、高等教育機関においてはデジタル化の更なる加速を支え、DX[6] 時代の経済成長を担う科学技術分野の人材育成の推進（文部科学省中央教育審議会, 2021）が求められています[7]。このように現在、英語教育現場でもますます ICT の活用が推奨され、時代の移り変わりに即した、より先進的な取り組みを導入する必要が出てきました。また前述のように、現在の学習者は ICT に対する抵抗感を持たないデジタルネイティブであり、求められる人物像や ICT とは親和性があります。英語教育現場での ICT の活用の普及や経済・社会の移り変わりの中で、筆者は教育現場においても英語学習の目的そのものを再設定する必要があるのではないかと考えるようになりました。

2　実際の英語教育現場

実際の教育現場に目を移してみます。近年はコロナの影響で調査が思うように行われていなかったようですが、先ほどの 2018 年の調査では高校 3 年生で CEFR A2 レベル以上の生徒の四技能の内訳は「聞くこと (33.6%)、「読むこと (33.5%)」、「書くこと (19.7%)」、「話すこと (12.9%)」となっています。ここで注目すべきは「書く」や「話す」といったアクティブで発信型のスキルではA2 レベル以上の学生が2 割にも達していないということです。「話すこと」に至ってはなんと 9 割近くの生徒が A2 レベル以下ということになります。

文部科学省によって開示された新学習指導要領 (2018) によると「授業の場を英語を使った実際のコミュニケーションの場面とするため」中学校・高

等学校とも「授業は英語で行うことを基本とする」[8]としています。しかしながら英語教育実施調査概要 (2021) によると、授業中に「発話をおおむね英語で行っている」または「発話の半分以上を英語で行っている」と回答した英語担当教師の割合は、中学校、高等学校ともに減少傾向にあり、中学校で7割以上行われていた担当教師による英語使用が、高等学校においては5割程度に下がっています。

念のために英語担当教師側の要因を確認してみると、CEFR B2レベル（英検準1級）以上を取得している教師は中学校、高等学校ともに増加傾向にあり、高校英語科教師の割合は74.9%に達しています（同調査)。高等学校では大学受験の準備等のために、英語でのやり取りを続けることが現状では難しいということかも知れません。

では、英語での実践的な発信力の育成はどこで行えばいいのでしょうか。文部科学省の学校基本調査 (2020) によると、高等学校等の卒業者における大学や短大等のいわゆる高等教育機関への進学率は83.5%、大学院への進学者は1割程度ですので、大多数の学習者にとっては大学が社会に出る前の最後の英語教育機関だと言えそうです。

実際のビジネスの現場において、取引先からの英文資料を読んだり英文のプレゼン原稿を作成したりするためには実践的なスピード感が必要となることは言うまでもありません。挨拶や日常会話ではなく、自分の意見や「内容のある発信」ができる表現力が必要となるわけです。もはや「先生」に頼ることはできないのですから、社会で英語を駆使する自律した英語ユーザーとならなくてはなりません。

幸いにして現代の学習者は、ICTの利用に積極的な傾向にあります。これを利用して英語学習に機械翻訳を導入することは学習者の内発的な動機付けとなる可能性があります。また、機械翻訳の支援によって芽ばえた「自分にもできる！」という意識が、提出物にたどり着くための外発的誘因 (Gardner & Lambert, 1972) ともなり得ます。果たして機械翻訳の使用は現代の学習者の学習意欲・自律性向上の一助となるでしょうか。そこで、筆者は担当するリーディングクラスを中心に機械翻訳を導入した教育実践を行うことにしました。

3　既刊教材に機械翻訳を導入した授業実践

2019年度、初めて筆者は既存のリーディング教材を使用し、機械翻訳を活用した教育実践を行いました。初年度はそれまでの自身の授業方針に大鉈を振るう覚悟での、一つの賭けとも言える実践ではありましたが、その後いくつかの他の教材での実践を行いながら改善を試みてきましたので実施例を報告したいと思います。

実際の機械翻訳使用法の説明は後の節に譲りますが、いずれの場合にも共通するのは「適切な使い方」(宮田・藤田, 2017; 坂西・山田, 2020) を教えるところから始めるということです。まず制限言語 (controlled language: CL)[9] というものの概念を紹介します。元の和文 (source text: ST) に手直し (pre-editing) をすることで制限言語にしてから機械翻訳で英文化する、後の手直し (post-editing) をすることではじめて完成文 (target text: TT) となることを教えます。でき上った英文は逆翻訳 (backtranslation: BT) で検証してもらいます。1週目はこの手順を定着させるために、ST、CL、TT、BTの4プロセスすべての文章を提出してもらいました。

3.1　実践例 (1) 四技能型リーディング教材

対象は私立大学1年生リーディングⅠ (Writing, Oral Communicationを含む) クラスの25名です。レベルは中級 (TOEIC400~450)、教科書には *Reading Pass 2* (NAN'UN-DO) を選びました。採用理由は、5パラグラフの適度なリーディング量であること、トピックに対するdiscussion questionsがあり意見の構築に積極的であること、IT親和性のある話題 (TED Talks, Viral Marketing, etc.) が含まれていることによるものです。

指導の手順としては、通常通り教科書に沿って進みながらトピックセンテンスやパラグラフの構造、エッセイの構造の確認、サマリーの作成へと進み、最後のディスカッションでの意見をライティングのアサインメントとし、この意見の作成に機械翻訳を使用させました。この年度は筆者にとって初めての実践であったこともあり、1週目の手順を定着させる課題のあと、2週目には「元の和文 (ST) のままの翻訳結果」と「制限言語 (CL) での翻訳結果」の比較をすることでpre-editingの重要性を認識してもらいました。

3週目以降は「一括翻訳」と「1文ずつ翻訳」という入力方法による差を比較しながら機械翻訳に慣れてもらいました。それまで機械翻訳の使用を禁じられてきたであろう学生には、機械翻訳を活用してくださいという指示に戸惑いがちであったり、手順の習得を面倒に感じたりする学生もいました。しかし、MTリテラシー習得の意義や可能性を理解し、正しい機械翻訳の使用法を習得していくにしたがって、後半はかなりコンテンツのある意見を難なく提出できるようになりました。

評価方法は、各章の語彙テスト（教科書TMに収録のもの）、毎週のライティング課題、期末のプレゼンテーションで行いましたが、機械翻訳を使用したライティング課題に関しては、指示通りの提出物になっているかどうかで評価しました。リーディングのクラスにも関わらず、ライティング課題の提出率はなんと100%であったため、学生の学習モチベーションにつながったと感じられました（後述の図1参照）。教師側もMTリテラシーだけでなく、機械翻訳導入そのものに自信を持って指導することが大事だと自覚した実践でした。

3.2　実践例 (2) アクティブラーニング[10]型リーディング教材

つぎに問題解決型のアクティブラーニング教材に導入した場合の例を説明します。対象は私立大学1年生通年リーディング（中級TOEIC450~500）クラス、教科書は*Living as Global Citizens* (NAN'UN-DO) を遠隔による反転授業[11]で使用しました。この教科書はSDGsのゴールをchapterごとに学んでいくもので、5パラグラフのテクストだけでなく豊富な画像で視覚的なインプットを図る興味深いアプローチになっており、各章の最後には学生のアクションにつながる、課題の解決のための「問いかけ」があります。

遠隔反転授業ですので、毎週、当該章をFlip sideとして授業日までに予習、該当ページをスマホで撮影し、画像をLMSで提出します。授業当日は「問いかけ」に答えるべく、巻末のAction Worksheetを使って段階的に問題解決への具体的な作業ステップを自分で考案するという流れになっています。筆者はこのAction Worksheetの作成に機械翻訳を導入しました。そうすることで、学生は「問題解決そのもの」により集中できると考えたからです。授業日の提出課題は、Worksheetを撮影したものと音声ファイルです。毎週、自分の意見を録音し音声ファイルを作成する課題によって、各自が発話を意識するようになり、最初はささやくような声だった人も期末には驚くほどスピーチが上達しました。

評価は毎週の提出課題、Review Test（教科書TMに収録のもの）2回、さらに期末にはペアでポスター発表を課しました。SDGsのさまざまなトピックから一つを選んでリサーチをしたあと役割分担をして、パワーポイントやスクリプトの作成から発表時の発音の確認まで、すべて機械翻訳をフル活用させました。ポスター発表はオンデマンドの資料で全員が共有し、配布したevaluation sheetで評価・アドバイスをし合ったため、学生は互いに他の提出物の完成度に感心していました。遠隔授業でもこのようにプレゼン資料を「独力」で作成できたことは学生の自信につながり、組み合わせる教科書の選択とともに結果的に評判が非常に良かった機械翻訳導入例の一つです。

3.3　実践例 (3) 意見構築型リーディング教材

つぎの対象は私立大学2年生、リーディングクラス上級レベル (TOEIC 500~) 30名、教科書は『Exchange Views!　意見交換のための英語――リーディングからスピーチへ』（三修社）を使用しました。この教科書は、JACET教材開発研究会によって反転授業用として開発された教科書ですので、MTリテラシーを習得させるのにも適していると考え採用しました。

各ユニットの予習部分 (Flip side) にはリーディング、読解問題、動画視聴、理解度チェックなどがあり、授業はその予習内容を確認するPost-testから始まる構成になっています。一つのUnitはPart AとPart Bに分かれており2週間で進みますが、Part AはZoom授業、翌週のPart Bはオンデマンド配信というように、隔週で同時配信型とオンデマンド型を組み合わせて実施しました。Part AではPost-testのあと、controversialなトピックについての命題に対する賛否の意見に触れます。その後、グループでのブレインストーミングで自分の意見を構築していきますが、意見の交換にはZoomのブレイクアウトルームを利用しました。最後のSpeech contentでは各自フローチャートを使用して意見の論理性を視覚化させます。これはZoom授業ですが、学習履歴の確認として教科書をスマホで撮影して提出させました。

2 週目のオンデマンド授業では、機械翻訳を活用しフローチャートに沿ったスピーチスクリプトを作成してもらいます。意見構築型の教科書ですので、トピックに関するスピーチスクリプトを英語 250 語以上で作成し、逆翻訳の和文、スピーチをボイスメモで録音した音声ファイルとともに提出してもらいました。その際、機械翻訳には音声確認機能がついていますので、必ず発音を確認したあと、前後の挨拶を含めたスピーチとして提出してもらいました。つまりユニットごとの提出物は、1 週目が教科書の画像、2 週目は Target script、Backtranslation、録音ファイルの 3 点になります。

評価はすべて、12 回の Post-test と毎週の提出物で行いました。学期中は画像、Word、音声の各ファイルという多くの提出物のチェックに追われ大変な毎日でしたが、Zoom とオンデマンド授業を隔週で繰り返す、活性化した授業運営ができたと感じられました。

3.4　実践例 (4) 英語コミュニケーション教材

こちらの対象は私立大学 1 年生、かなり初級レベル (TOEIC265~295) といえる学生で、週 2 回の英語コミュニケーションの 2 クラス 36 名、教科書は *Just Talk!* (EFL Express) を選びました。毎週 1 回、授業の初めに Short Talks、また 4 週間ごとに、持参した何かを説明しながら発表する Show & Tell、期末の発表としては、ややアカデミックなスタイルを加えた 2-minute Speech というように多くの発表の機会を設けました。それらすべてのスクリプト作成に機械翻訳の活用を奨励しました。こちらはコミュニケーション授業であったため、機械翻訳の使用はマストではなく奨励するという形にしました。これまでは禁止され、家でこっそりと使用してきた機械翻訳を授業中に使用してもよいと言われて戸惑い顔の学生もいました。このクラスは文法の理解が十分でない学生が大半でしたので、機械翻訳の正しい使用法の習得は彼らにこそ英語へのモチベーション向上に役立つのではと考え導入したものです。

問題点は、機械翻訳の手順自体が彼らにとって面倒なのか、すでに我流の使い方をしているからか、必ずしもしっかりと正しい手順を踏まない学生がいたことです。対象者のレベルを考慮し、当初の Short Talks や Show & Tell では文法的な間違いを恐れずに、と指導したことが仇となった部分もあるかもしれません。正しく機械翻訳を使用したとは思えない表現の混じる発表も見られました。もちろん、会話レベルの発表では臨場感もあり、細かいミスがあってもある程度問題なく通じるものですから、ある意味それでもいいのかも知れません。筆者自身、評価は各発表におけるコミュニケーションをとろうとする「前向きな態度」を中心にして行いました。一方で、学生のレベルの差を考慮に入れても、リーディングクラスへの導入と比較して、機械翻訳の使用が素晴らしく有効であったという実感が得にくかったのも事実です。

3.5　結果

前述のように今回の既刊教材を使用した機械翻訳導入の試みは、英語学習に対するモチベーションや自律性の向上を意図したものでした。そこで、学生からのフィードバックを中心に英語学習全般に対する意識の変容に注目し、リーディングとコミュニケーションの 2 授業での質的な分析を試みました。

3.5.1　四技能型リーディング授業から

初めての試みであるこのクラスでは毎週のライティング課題の提出率が 100%という結果でしたので、前期終了後、自由記述式の質問紙調査を無記名で実施しました。「リーディング授業における、機械翻訳を使用したライティングの課題をどう思いましたか？」という質問に、25 名全員が「良かった」と答えたため、次に「何が良かったか」という質問を行いました。

その結果が図 1 です。「利便性」、すなわち「楽だった」と答える学生が大半ではないかと予想していましたが、意外にも 24%にとどまりました。むしろ「知らない語彙表現の使い方を知ることができた・忘れていた文法表現を思い出せた (24%)」など語彙文法に関するもの、「難しい内容のある発信ができた (16%)」など、合わせて 4 割の学生が「英語の学習効果」に関する点を挙げたことは驚きでした。その中で最も多く見られた回答は「表現

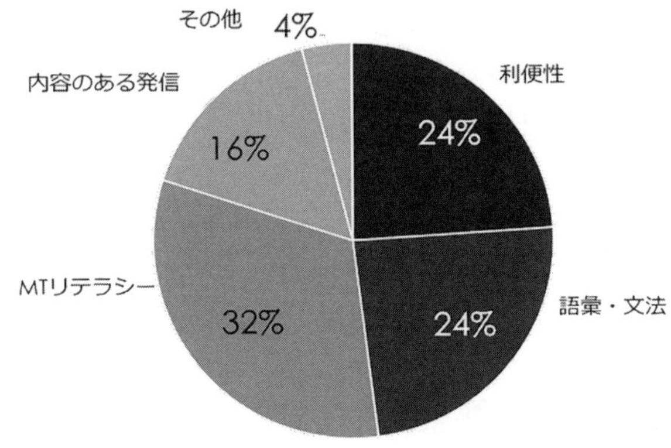

図1　ライティング課題における機械翻訳使用の利点 (n = 25)

の幅が広がり、難しい内容でも妥協せずに書く自信がついた」というものです。また edit の仕方や適切な使用法など「MT リテラシーを知ることができたこと自体が良かった (32%)」と答えたものも 3 割を超えました。課題提出率そのものの高さだけでなく、このようなアンケート結果からも、機械翻訳の導入は積極的な発信に向けての、モチベーションの向上には繋がったのではないかと感じられました。

そこで、学生の自由記述式質問項目（無記名）をもとにテキストマイニング（樋口, 2014）によって KH コーダーで共起ネットワークを作成しました (図 2)。ここでは出現パターンの似通った語、すなわち共起の程度が強い語が線で結ばれており、円の大きさは出現回数の多さを表しています。「自分・正しい・発信」という語の円が大きく、自分で正しい発信ができると考えた学生が多かったと思われます。また「伝わる・文章」「自信・文・作る」「力・付く」「単語・学べる」などが次に大きく、文章を作ることに自信を持ってきたこともうかがえます。

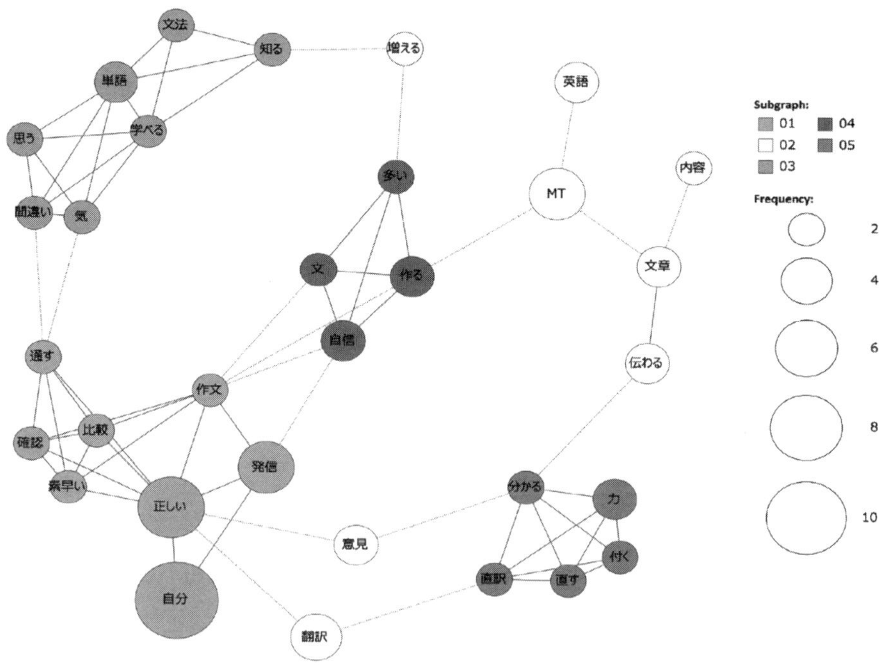

図 2　機械翻訳利用で良かったと思う点（2019 年 7 月　n = 25）

次の図 3 は翌年学期末の結果ですが、図 2 と比較して「自分・英語・表現」を結ぶ線がより太く、円もさらに大きくなり、出現回数や結びつきがより強くなっていることが読み取れます。「日本語・簡潔」「MT・主語」「知る・使い方」など、MT を軸とした言及や結びつきも太くなり、「力・内容・文章・自力・作成」などにも強い共起関係が表れています。機械翻訳の支援によって発信に自信をつけた学生らは、さらに図 3 において機械翻訳と正しく向き合ってきたことも見て取れます。

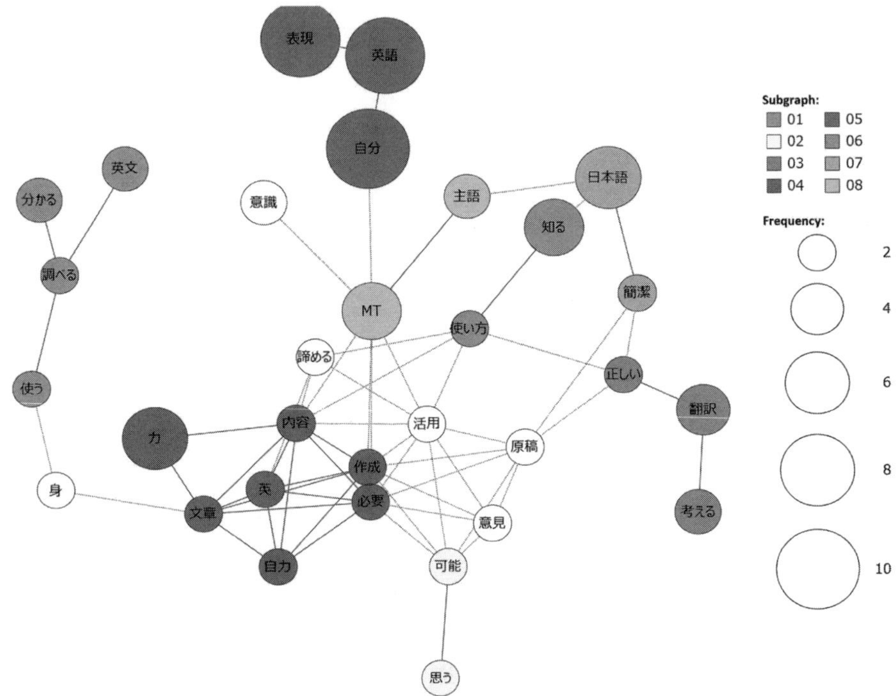

図3　機械翻訳利用で良かったと思う点（2020年1月　n＝25）

3.5.2　英語コミュニケーション授業から

科目の違い、および対象学生の習熟度の影響もあってか、他のリーディングクラスよりも機械翻訳導入の有効性が授業時には感じられにくい授業でしたが、学期末に実施した学生のアンケートからは興味深いコメントが多数見つかりました。前述のように、機械翻訳を使用させたのは Short Talks、Show & Tell、2–minute Speech の発表スクリプトの作成時です。以下、学生のコメントをそのまま記載してみます。同じ内容は省いてあります。（下線部は筆者による強調）

〈良かった点〉

＊ この言い方もあるのかと気づくことが多く、スピーチの幅が広がった

＊ スピーカーアイコンを押すことで瞬時に発音を確認できるので、発音や

イントネーションを気にかけるようになった
* 自分の知らない単語で英訳されたパターンなどは、辞書と違って表現方法を習得しやすかった
* 別の単語を使った言い換え表現も出てくるので、辞書的な部分もあって単語力が増えた
* 授業外の様々な場面でも使用したおかげで、英語に触れる機会や知識が格段に増え、自分が成長できた気がする。英語の新しい楽しみ方が増えた。
* 日本語から英語に翻訳するときの単純化した言葉の使い方が身についたので、自分の力でも英訳が作れるようになった
* 想像していたよりも正確な翻訳ができるし、長文での文のつなげ方を知ることができた
* 習ったことのある文法でも、急に思い浮かばない時に使用することで再度認識することができた
* 以前はズルしているような感覚が少しあったが実際に使ってみると、とても正確だし勉強になった

〈気づいた点〉
* 機械翻訳は便利なツールだが、完璧なわけではない
* 機械翻訳に頼るだけではなく、post-editing で間違いを見つけるためにも英語力は必要だと思う
* 句読点の有無や日本語の助詞一つ変えるだけで、英語の文全体が変わったり、違う単語に翻訳されたりして面白かった
* 翻訳結果をう呑みにせず他の媒体で再確認することも重要で、複数の翻訳媒体を駆使して良い文を作れるのだと思う
* 自分が作った英語の文が正確かどうかを確認するために機械翻訳を使うこともできる

このように、今回のリーディング授業では機械翻訳の導入が学習者の英語学習に対するモチベーションの向上のために機能したこと、また低習熟度の

学習者に対する英語コミュニケーション授業においても英語へのポジティブな取り組みに作用する可能性があることが分かりました。はっきりと英語は嫌いだと言っていた苦手意識のある学生でさえ、英語で書かれた SNS の文章に興味を持ったり、投稿してみたりと視野が広がってきた様子を見るにつけ、機械翻訳を禁止しなくて良かったと思ったものです。

4　With 機械翻訳のための大学英語教材

以上の授業実践から前向きな感触を得た筆者は、機械翻訳の研究や実践を行っている教員らとともに、With 機械翻訳とも言える大学英語教科書[12]を開発、出版しました。こちらは「ICT に親近感を持つ現代の大学生の学習モチベーションを高め、英語による発信をサポートしながら積極的なコミュニケーションを図ろうとする態度を促す」ことを目的とした教科書です。この教科書の一番大きな特徴は、巻頭に機械翻訳の適切な使用法[13]を明示していることです。

4.1　『Let’s Work with AI! AI 翻訳で英語コミュニケーション』の構成

以下に本書のトピックや各ユニットの構成を紹介していきます (図 4)。また各章の構成は以下の通りです。

Warm up: 各トピックに関する質問に答えることで問題点を認識する作業
Before You Read: Reading で登場する語彙の事前学習で読解を助けるタスク
Reading: 背景理解・トピック導入・意見構築のための「速読」インプット
Comprehension: 段落ごとの「要約」で記事全体の理解度を図るタスク
Pros and Cons: 命題に関する For/Against の意見に触れ、自分の意見を構築
Listening: 賛否の意見を聴き、意見の発信に活用できる語彙表現例を学ぶ
Brainstorming for Ideas: マインドマップ[14]を作製し、賛否の立場を決定する
Opinion Building and Speech Content: バブルからフローチャートを作成
Language of Opinions: 意見の主張によく使われる英語表現
Let’s Translate!: 巻頭の機械翻訳の使い方に従って発表原稿を作成
Group Discussion: スピーチをグループ・ディスカッションに変更も可能

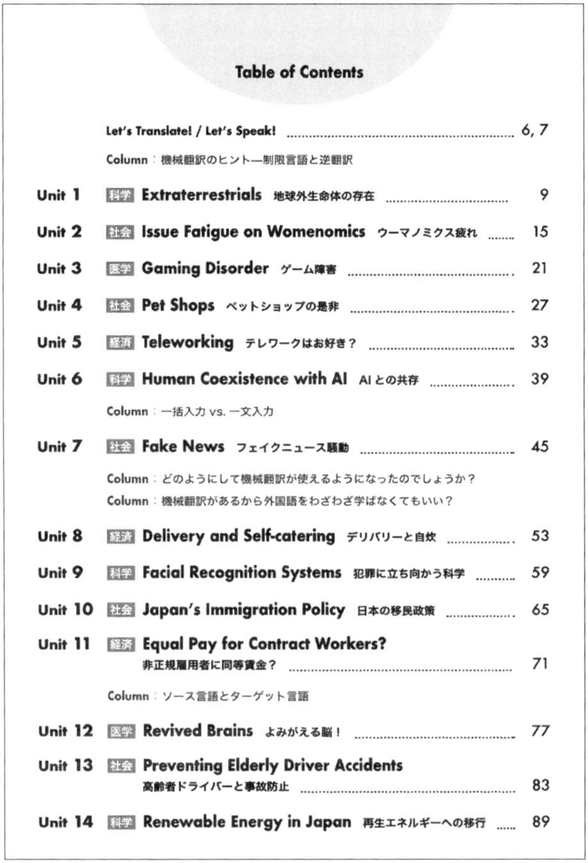

Table of Contents

図 4　Table of Contents

このように、MT リテラシーの習得を毎 Unit 繰り返しながら、学生はさまざまなトピックに対する意見を構築していくことになります。

4.2　巻頭の機械翻訳使用法

各ユニットの Let's Translate! では巻頭の〈機械翻訳の使い方〉（図 5）に戻り、各自が項目を確認しながら作業を行います。

Let's Translate!

● 機械翻訳（MT）の使い方 ●

<代表的な機械翻訳ツールの特徴>

Google 翻訳：音声入力や翻訳結果の発音確認ができ、多くの言語に対応

DeepL 翻訳：テキスト翻訳の口語的な自然さを重視する傾向

< MT の手順>

1. Pre-edit → 2. MT → 3. Post-edit → 4. Backtranslation

個別にみていきましょう。

1. Pre-edit

MT でより良い翻訳結果を得るためには，もとになる日本語の文章（source text）を手直し（pre-edit）する必要があります。以下のチェック項目を参考にして，あなたのスピーチ原稿を pre-edit しましょう。

	単文に分け，主語・述語・目的語を入れる
	接続詞や句読点を入れ，文意を明確にする
	文をなるべく簡潔にする
	単語の並びに注意して，修飾関係を明確にする
	略語，日本語特有の言い回し，あいまいな表現を避ける

このように整えられた機械翻訳用の言語を controlled language と呼びます。

2. MT

原文（source text）と，pre-edit 後の controlled language をそれぞれ「一括翻訳」して，できあがった英文（target text）の精度の差を分析してみましょう。（Google 翻訳：🎤アイコンをクリックすれば，入力は口頭でもできます）ニューラル機械翻訳は日々進歩していますので，原文のままでも上手に訳すこともあります。

3. Post-edit

target text をチェック（post-edit）します。

	主語は一貫しているか
	代名詞は正しく呼応しているか
	修飾語は正しい単語を修飾しているか
	一括と１文ずつ入力で，より良い結果を比較検討する

target text が意図した意味の文になっているかをペアで post-edit し合いましょう。

4. Backtranslation

target text をもう一度 MT を使って日本語に戻すこと（backtranslation）で，意図した英文になっているかどうかを検証しておきましょう。異なった意味になっていた部分は，最初の和文の pre-edit をやり直したり，１文のみで入力したりすることで改善できるでしょう。

6　*Let's Work with AI!*

Let's Speak!

● 自然な発音の練習 ●

スクリプトができあがったら正しい発音を習得しましょう。スクリプトを入力した状態で，Google 翻訳や DeepL 翻訳の 🔈 のアイコンをクリックすると，正しい発音を確認することができます。あるいはスクリプトを **Text to Speech** に入力し，以下の手順で正しく自然な発音の仕方を練習することもできます。

1. スクリプトを **Text to speak** に入力する
2. [SPEAK IT] をクリックして **Text to Speech** の音声をイヤホンで再生する
3. スクリプトを見ながらイヤホンで聴き，ストレスや抑揚，ポーズなどにチェックを入れる
4. チェック項目に注意しながら，発話の練習をする
5. スムーズに読めたら，**Text to Speech** の音声でシャドウイングを行う
6. 上手くできるようになったら，自分の発表をボイスメモに録音する
7. ボイスメモの録音を再生し，グループでアドバイスし合う

● 堂々とした発表や Talk 力を学ぶ ●

内容や発音と共に，口頭発表において重要なアスペクトの一つは posture や gesture など，physical なアスペクトです。**TED Talks** などにアクセスし Talk の仕方や Body Language を学び，人前で堂々と自分の意見を発表できるように練習しましょう！

7

図 5　Let's Work with AI!（幸重ほか, 2022）

4.3　英文読み上げソフトの併用

Let's Translate! でスクリプトを完成した後は、次ページの Let's Speak! で発話の練習に移ります。機械翻訳でスクリプトを作成する場合、自分の知らない英単語が使用されている場合もあります。Google 翻訳にも DeepL にもスピーカーのアイコンがありますから、それをクリックするだけで正しい発音の確認ができます。しかしながらその音声は機械的ですので、文全体のイントネーションのためには *Text to Speech*[15] や *Natural Reader*[16] のような英文読み上げソフトをダウンロードして使用することを奨励しています。スクリプトをペーストするだけで、ネイティブスピーカーに近い音声ファイルが簡単に作れ、お手本にすることができます。英語、米語など話者の出身地や性別（名前）なども選択できるうえ、発話のスピードを変えることも可能です。作成した音声ファイルを保存しておき、自分のペースで何度もパラレルリーディングやシャドウイングをして発表練習することが可能になります。

4.4　遠隔授業における指導例

この教科書の指導例は現在のところ、遠隔授業によるものしかないため、それについて具体的に紹介します。対象は私立大学 2 年生 4 クラス、上級 (TOEIC 550~) に通年科目の後期の授業で実施しました。まず、オリエンテーションは Zoom 授業で、コースの概要・教科書の構成・使用法を説明し、DeepL あるいは Google 翻訳のダウンロードを確認しました。つぎに巻頭の〈機械翻訳の手順〉を丁寧に説明した後、その日のアサインメントとして 1 つの命題を与え、それに対する賛成あるいは反対意見を論じ、手順通りに機械翻訳して提出させました。当日の提出物は (1) 日本語（200 文字以上）の ST (source text)、(2) それに対して pre-editing を行った制限言語 (CL)、(3) 機械翻訳した text、(4) post-editing を行った TT (target text)、(5) BT (backtranslation) の和文、以上 5 点です。初日にこれを提出させるのは、機械翻訳の手順がしっかり理解できているかどうか、その定着度を確認するためです。

毎週の授業ではオンデマンドの資料を配信し、以下のように、提出期限を授業当日と日曜の夜までに分けて課題を出しました。

授業日：教科書の該当ページを学習、スマホで撮った画像を LMS に提出
日曜まで：(1) スピーチスクリプト（250 words 以上）
　　　　　(2) ボイスメモでスピーチを録音した音声ファイル

スクリプトは、その章の命題に対する賛否の意見をその理由 3 点とともにフローチャートに沿った構成で理路整然と書くことが条件です。音声ファイルはもちろん前後の挨拶をつけて、臨場感を持って「発表」したものを LMS の掲示板に提出させました。これは口頭発表を全員で共有するためです。

この授業で筆者が最も留意したことは母語で ST (source text) を作成する際に、主張したいことを「妥協せず」論理的に論じること、より良い翻訳結果のために、必ず「正しい翻訳手順」を踏むこと、この 2 つの点です。折に触れこの点を強調しながら、1 章から 12 章までを扱いました。

評価に関しては、毎週の授業時の提出物で授業参加度 (24%) を、日曜ま

でのスクリプト課題でコンテンツの構成や論理性 (24%) を、録音ファイル (12%) ではスピーチとしての発話レベルを評価対象としました。さらに期末には教授資料に付属の Term-end Examination (40%) を実施しました。通年科目の後期授業ですので、実際の割合はこれの半分になります。

このようにして4クラス100名近くの学習者各自が、遠隔授業のなか自律性を持って機械翻訳を活用し、12トピックもの命題に関する賛否の意見を構築しました。それぞれ3つの理由と補足事項を添えた論理的な英文スクリプトを、ある意味「独力で作成」し、口頭発表さえ行うことができました。毎回の提出物をチェックしていると、週を追うごとにスクリプトのコンテンツが向上していくのを感じ、これまで自身の英語力の不足のために発表内容に妥協しがちであった学生が、次第に臆することなく意見を述べられるようになったという印象を筆者は強く持ちました。発表に対して作成させた評価シートからも、「数多くのトピックに対して意見を述べられたことが自信につながった」というコメントが多く見られました。

このような機械翻訳を導入した意見構築型教材の授業では、教員が一人ひとりの学生の英文スクリプトを事前に文法添削をするといった必要がないため、発表回数が教員の負担になりすぎることがありません。スピーチの発話練習も *Text to Speech* を活用することで、学習者のペースで人目を気にすることなく、いつでも何度でも練習することができます。すなわち、機械翻訳や発話ソフトの支援を得て意見の発信に自信を持つことができた学生は、自分の英語力では表現できないからと妥協することなく、本来の自分の考えを構築でき、論理的な思考力を養うことに集中できるのだと考えます。

5　考察と注意点

この「With 機械翻訳の教科書」の実践例はまだ限られています。しかしながら教員は初歩的なものも含めた英作文の添削作業から、コンテンツの作成や構成、論理性、スピーチスキルの指導などに焦点を確実に移すことができます。その結果、学生はより多くのトピックに関してより多くの意見の発信の機会を得ることができるようになることだけは確かです。

機械翻訳を導入した英語授業の今後の課題の一つは、学習者の評価方法にありそうです。今回の期末テストとして使用した Term-end Examination には、情報導入のための記事、それに対する語彙・読解問題、命題に対する賛否の意見の理解、語順並べ替え問題などのほか、自分の意見をフローチャートを利用して論理的に構築する問題が用意されています。その配点は読解や語彙・文法を問う問題 (65%)、意見の理解や論理的な構築法 (35%) です。機械翻訳は今回のような意見構築型のリーディングクラスだけでなく、さまざまなタイプの授業に導入できる可能性を持っていますので、学期終了時に何の習得度を評価するのかによって、当然、評価方法や基準を変える必要があります。

また機械翻訳が普及するにつれて、従来の英語の指導方法においても注意が必要になります。機械翻訳はカメラ入力も可能なので、リーディングの教科書を逐語訳をさせる場合は、学生が手元に用意したノートではなく英文を見ながら訳させるなどの一工夫が必要かもしれません。理工学系の分野では、特許や未発表の論文のために機械翻訳を使用する場合は情報漏洩を防ぐ見地から固有名詞を X や Y などに置き替えて変換することも、初歩的ではありますが教員・学生ともに共有しておきたいリテラシーの一部です。

ただもっとも手ごわい課題は、身近な教育現場にありそうです。機械翻訳の使用によって教員は手抜きをしているのではないか、そもそもそれは英語教育と言えるのか、といった機械翻訳に対するネガティブなイメージは、まだ根強くあるように感じることがあります。しかしながら、もはや「現代に必要な英語教育とは何か」といった定義から考え直さないといけない時期に来ているのかも知れません。ChatGPT[17] やその進化型の GPT4、さらには Bard[18] などが相次いでリリースされた今、社会はますます AI との共存を確立しコミュニケーションの場でも活用されていくでしょう。このような現実を目の当たりにすると、言語は純粋にツール以上でも以下でもない時代になるのだろうと感じます。そしていわゆるリンガフランカとしての「英語力」の威力は薄れ、言語以外の力が評価される時代に完全に置き換えられてしまう前に、少なくとも機械翻訳のリテラシーは習得させておく必要があるのではないかと筆者は考えます。

そのためには、まず教員側の MT リテラシー育成と意識改革が大事だと考えています。これは翻訳の精度に影響するからだけでなく、教員のうしろめたさが学生に影響してしまうからです。自分はなんだかズルをしているのではないか、というような罪悪感を学生に持たせないことが大事だと考えるからです。いわれのない「うしろめたさ」のせいで、学生が端折った、間違った方法でこそこそと機械翻訳を使用した場合の弊害のほうがよほど大きいと考えます。教員側は自信と高い意識を持って正しいリテラシーを教示し、学生には「有益なツールを使いこなしている」という自負を持ってもらうことが大事ではないかと思います。

おわりに

あるカンフェレンス[19]のパネルディスカッションで機械翻訳のセッションを担当した近藤 (2022) は学生に対して、機械翻訳を使って得た英語を使う際は「誇りを持って使えるか」を念頭に置くようにと発言したと聞き、筆者はその言葉にとても共感しました。MT リテラシーはその時初めて学習方法の一選択肢に留まることなく、学生の発信力・国際性を向上させ社会での即戦力へとつながる、いわば自律した言語 user へのパスポートとなり得るのではないかと考えます。

〈注〉

1　オンライン授業と対面授業を組み合わせて実施するハイブリッド授業（ハイフレックス型やブレンド型など）。
2　内閣府 Society5.0　https://www8.cao.go.jp/cstp/society5_0/index.html
3　文部科学省 (2018) による高等学校 3 年生対象英語力調査。
4　機械翻訳を適切に使用できる能力をここでは MT リテラシーと名付ける。
5　行政説明資料 2 (mext.go.jp) 6. Society 5.0 に向けた人材育成について
6　スウェーデンのエリック・ストルターマン教授が 2004 年に提唱した概念。デジタル技術で社会や生活を変革すること。Digital Transformation
7「デジタルと専門分野の掛け合わせによる 産業ＤＸをけん引する高度専門人材育成事業」
8　中学校学習指導要領第 2 章第 9 節 外国語 3
9　ある自然言語をベースに語彙、構文、意味などの面でより制限を加えながら、そ

の自然な性質をほぼ維持した構築言語のこと。(Kuhn 2014, p.123)

10 学習者の能動的な参加を取り入れた学習法。発見学習、問題解決学習等のほか、グループ・ディスカッション、グループ・ワーク等も有効。中央教育審議会 (2012). 用語集. 新たな未来を築くための大学教育の質的転換に向けて（答申）. 文部科学省.

11 「授業で学習、自宅で復習」という流れを反転させ、「自宅で予習、授業で学習」という流れの授業形態でブレンド型学習の一つ。

12 Yukishige, M., Tsutada, K., Nishiyama, M., Gally, T. (2022).『Let's Work with AI! AI 翻訳で英語コミュニケーション』三修社.

13 坂西優, 山田優 (2020). 『自動翻訳大全 終わらない英語の仕事が 5 分で片づく超英語術』三才ブックス.

14 トニー・ブザンが開発した、発想を豊かにし思考を整理する方法。中心のキーワードから連想を用いてアイデアバブルを放射状に展開する図。

15 *Text-to-Speech*: https://www.naturalreaders.com/online/

16 *Natural Reader*: https://www.naturalreaders.com/

17 2022 年 11 月末に公開された OpenAI のチャットボット。2023 年 3 月には GPT4 が公開された。ChatGPT: Optimizing Language Models for Dialogue (openai.com)

18 2023 年 3 月 22 日、Google が発表した AI を用いたチャットボット。

19 PEP Conference 2022 https://conf.pep-rg.jp/

〈引用文献〉

文部科学省中央教育審議会 (2012). 用語集（答申）; 高等学校 3 年生対象英語力調査 (2018); 新学習指導要領 (2018); 学校基本調査 (2020); 英語教育実施調査概要 (2021); デジタルと専門分野の掛け合わせによる産業 DX をけん引する高度専門人材育成事業 (2021).

内閣府 (n.d.).「Society5.0」https://www8.cao.go.jp/cstp/society5_0/index.html（2023 年 3 月 28 日閲覧）

Kuhn, T. (2014). A Survey and Classification of Controlled Natural Languages. *Computational Linguistics*, 40(1), 122–123.

Gardner, R. C., Lambert, W. E. (1972). *Attitudes and motivation in second language learning*, 119–216. Rowley, MA: Newbury House.

樋口耕一 (2014).『社会調査のための軽量テキスト分析』ナカニシヤ出版.

近藤雪江 (2022).「AI 機械翻訳を大学の英語授業に大規模導入してみた件」PEP Conference 2022（口頭発表）https://conf.pep-rg.jp/（2023 年 3 月 28 日閲覧）

宮田玲・藤田篤 (2017).「機械翻訳向けプリエディットの有効性と多様性の調査」『通訳翻訳研究への招待』18, 53–72.

坂西優・山田優 (2020). 『自動翻訳大全 終わらない英語の仕事が 5 分で片づく超英

語術』三オブックス.
山田優 (2021).「ポストエディットと持続可能な翻訳の未来」『関西大学外国語学部紀要』24, 83–105.
山田優・ラングリッツ久佳・小田登志子・守田智裕・田村颯登・平岡裕資・入江敏子 (2021).「日本の大学における教養教育英語と機械翻訳に関する予備的調査」『通訳翻訳研究への招待』23, 139–159. 日本通訳翻訳学会.

〈教科書〉

Bennet, A. E. (2015). *Reading Pass 2* Second edition. NAN'UN-DO.
Oseki, K., McManus, M. K. (2021).『*Living as Global Citizens* 地球市民として生きる——英語で学ぶ SDGs 実践入門』NAN'UN-DO.
Yukishige, M., Onabe, T., Akao, M., Nommensen, C., Nishiyama, F. (2017).『Exchange Views! 意見交換のための英語』SANSHUSHA.
Scheibner, K., Martin, D. (2005). *Just Talk!* EFL Express.
Yukishige, M., Tsutada, K., Nishiyama, M., Gally, T. (2022).『Let's Work with AI! AI 翻訳で英語コミュニケーション』SANSHUSHA.

第11章

理工系の学生と機械翻訳

——考え方と講義例——

西山　聖久

はじめに

筆者は工学部の教員として、長年にわたり理工系の英文ライティングの啓蒙活動を行ってきました。その一環として、多数の工学部学生を対象に英語論文の執筆指導を行うなか、数年前から学生が書く英文の質が目に見えて上がっていることに気がつきました。話を聞くと、その原因は学生が機械翻訳を活用していることがわかり、研究室によっては機械翻訳活用のノウハウを資料としてまとめ、シェアしているようでした。

筆者自身も機械翻訳を活用しており、大変便利であると感じています。一方で、少なからず誤訳などのトラブルが起きることもあり、現時点では機械翻訳を完全に信頼することはできないとも考えています。これに関する詳細は、拙著『理工系のAI英作文術』に機械翻訳に頼るべきことや、機械翻訳に頼らず人間が考えるべきこととしてまとめたので、興味のある方はご一読ください。

機械翻訳の登場により、英語に関連した学習や作業の負担は大幅に軽減し、他の対象にエネルギーを投入できる環境が整いつつあります。しかし、筆者は少なくとも理工系においては、これにより英語学習が必要なくなるわけではなく、機械翻訳の存在を前提とした新たな英語学習を行うべきであるという立場をとっています。つまり、機械翻訳の登場により変化するのは、英語学習における重点項目であると考えています。本章では、機械翻訳の登場により、理工系の英語学習で重視すべき項目は何かを指摘し、その実践のための提案をおこないます。

本章の構成は次の通りです。「1」では、理工系の英文ライティングに必要な、3C（Clear：明確、Correct：正しい、Concise：簡潔）という考え方を紹介します。理工系の英文では、大学入試やTOEICなどの英語検定試験の対策とは異なる考え方が求められます。その考えの中心となるのがこの3Cです。「2」では3Cの考えに基づく英文ライティングのためのツールとして、機械翻訳が有効であることを述べます。「3」では、機械翻訳が対応できない作業に焦点を当て、「4」では機械翻訳の活用の手順を示し、それを実践します。この手順の中では、機械翻訳に頼るべき部分と、人間が担当すべき部分を区別し、機械翻訳を最大限活用して3Cを実践した英文を作成します。「5」では、理工系の英語学習における一つの集大成とも言える英語論文執筆の課題と対策について述べます。「6」では、機械翻訳の活用を前提とした理工系の英作文のための講義（15回）を提案し、「おわりに」では、機械翻訳を活用した英作文の課題と今後の見通しをまとめます。

機械翻訳の登場により、英語学習や英文ライティングにおける作業の負担が大幅に軽減されることは間違いありません。それだけに今後は、本章で紹介する学習内容に重点を絞るとともに、コンテンツそのものの質を上げるなど、英語学習のさらにその先にある取り組みが重視されるようになるべきであると考えます。

1　理工系の英語に必要なこと

理工系の英語とは、例えば研究成果を発表するための論文や技術報告書、機械や装置の使用マニュアルといった理工系の産業や研究に関連した資料、その他コミュニケーションにおいて使用される英語のことです。

特に英文ライティングを中心に、理工系の英語は大学入試やTOEICなどの英語検定試験で必要とされる英語とは大きく異なります。試験においては、学習を頑張った人だけが理解し、解答できるように意図的に難解な英文が含まれます。一方、論文や技術報告書、マニュアルなどの英文は、英語が苦手な人でも理解できる内容や表現であることが理想です。例えば、難しい英語で書いてある機械のマニュアルを英語が苦手な人が読み、間違った理解に基づく操作をしたことで怪我をした、などということはあってはならないからです。

このような理由から、論文、技術報告書、マニュアルなどにおける英文では、誰もが理解できること、つまり、明確、正確、簡潔であることが求められます。理工系の英文ライティングにおいて、これは、3C（Clear：明確、Correct：正しい、Concise：簡潔）として知られています。実際、3C は、技術報告書やマニュアルなどを翻訳するテクニカルライターにより重視されています。

英語で情報を発信する場合、書き手は、その内容に責任を持って英文を作成するスキルを持つ必要があります。私の周囲の学生や研究者の中には、自力で英文を書き上げた後に、ネイティブや添削業者にチェックしてもらったことをもって完成としてしまう人が少なくありませんでした。しかし英語のプロに添削してもらっても、英文が書き手の意図した意味になっているとは限りません。英語に精通しているネイティブや添削業者でも、誤りを含む英文の意図を正しく理解し、分かりやすく書き換えることはできないからです。筆者は 10 年近く理工系の英語論文の執筆指導をしてきましたが、英語論文執筆の過程で途方に暮れて苦しんでいる学生を何人も見てきました。この原因は、根拠を持った英文ライティングができていないためだと考えています。

根拠を持った英文ライティングに必要な考え方が 3C です。3C の考え方を理解することで、自分が作成した英文に根拠を与え、ネイティブや添削業者、同僚との深い議論を通じた英文のブラッシュアップができるようになります。書いた英文に根拠があれば、文面に責任を持てるようになります。
ここでは、理工系のための英文ライティングの前提である 3C の考え方の概要を説明します。3C についての詳細は『技術系英文ライティング教本』『英語論文ライティング教本』中山, 2009, 2018 を参照してください。

3C な英文を書くためのポイントは以下の 3 つです。

(1) 誤りがない英文を書く
(2) できるだけ少ない語数にする
(3) 名詞を意識して扱う

理工系に限らず、本来、英語の機能は「相手に伝える」ということでしょう。上記の 3 つのポイントは、ある意味当たり前のことであるにもかかわらず、少なくとも私が経験した英語学習においては、あまり重視されていなかったと感じています。以下、これらの 3 つのポイントについて、それぞれ説明していきます。

1.1　3C な英文を書くために意識すべきこと

(1) 誤りがない英文を書く

英文における代表的な誤りには次の 6 つが挙げられます。

- ・文法が間違っている
- ・単語やつづりが間違っている
- ・表現が間違っている
- ・主語と述語が一致していない
- ・名詞の扱い方が間違っている
- ・カタカナ語を英語であると勘違いしている

英文を書くときはこれらの誤りを避けることを意識する必要があります。大学入試や英語検定試験においても気を付けるべきことなので、特に目新しいことはないかと思います。

(2) できるだけ少ない語数にする

日本語に引きずられると複雑で長い英文を作りがちです。そこで、極力シンプルな文型（SVO、SVC、SV、S：主語、V：動詞、O：目的語、C：補語）を使うように意識します。限られた語数の中に、より多くの情報を格納した方が読みやすいからです。特に能動態（SVO の文型）を用いることを意識することで、受動態の多用や、「It ... to ...」「It ... that ...」「There is ...」「There are ...」「If ...」「When ...」などの構文の使用を避けることができます。これらは、学校で習うことや日本語との相性が良いため多用しがちですが、文が長くなる上に誰が何をしたのかといった重要な情報（主語と動詞）が文の後半に出てくるため、読みにくい英文になってしまいます。以下、英文をできるだけ少ない語数にするポイントについて具体的な英文で確認しましょう。

◆ 能動態 (SVO) を使う：日本人の英文は日本語に引きずられて受動態になりがちです。

以下は、受動態と能動態の構文の比較です。2 つを比べると、伝えられる情報は同じであるにもかかわらず、受動態は長くなる上に、重要な情報である主語と動詞が先に出て来ないことが分かります。

- 受動態の文：O（目的語）+ be 動詞 + V（動詞）の過去分詞 + by S（主語）
- 能動態の文：S（主語）+ V（動詞）+ O（目的語）

原則として英語では能動態を使うので、受動態が多すぎる場合、読み手が「なぜわざわざ受動態ばかりを使うのか？」と疑問を持つ可能性があります。

英文の実例を見てみましょう。①の日本語では「制御されている」と受動態になっており、これを英語にする際には、「new LED phosphor is controlled」、②の「除去することができる」は「fine dust in the air can be removed」などとしたくなってしまうところです。

【例文】

① The emission wavelength of the new LED phosphor is controlled by the atomic arrangement.（新規 LED 用蛍光体の発光波長は原子配列により制御されている。）

② Fine dust in the air can be removed by using a filter.（フィルターを用いる事で、空気中の微小な粉塵を除去する事ができる。）

次の文は同じ日本語に対して能動態を意識して英訳した例です。受動態に比べ、すっきりとして読みやすくなります。

【修正文】

① The atomic arrangement【S】controls【V】the emission wavelength of the new LED phosphor【O】.

② A filter【S】removes【V】fine dust in the air【O】.

◆「It... to ...」「It ... that ...」構文は避ける：受動態と同様、「It ... to ...」「It ... that ...」構文を避けるためにも、能動態による英文を意識します。以下の例のように、前置詞句とともに用いられる場合は特に有効です。

【例文】

Thanks to the development of sensing technology in recent years, it has become possible to present pieces of information based on human situations by using data from wearable computer and other devices.
（近年のセンシング技術の発達により、ウェアラブコンピューターその他のデバイスによるデータを活用し、人の状況に基づく情報提示が可能となった。）

例文では「it has become possible to…」となっていますが、『近年のセンシング技術の発達が【S】、ウェアラブルコンピュータ等によるデータを活用し、人の状況に基づく情報提示を【O】、可能とした【V】。』という発想に切り替えて英文を作成します。

【修正文】

The development of sensing technology in recent years【S】has enabled【V】us【O】to present pieces of information based on human situations by using data from wearable computers and other devices.

◆「There is ...」「There are ...」構文は使わない:「There is ...」「There are ...」を使った英文も読みにくくなります。そこで、能動態を使った英文を意識します。例文で確認します。

【例文】

There is a possibility that the oxide nanowire formed the thin film.
（酸化物ナノワイヤによりその薄膜が形成された可能性がある。）

上の文では、「酸化物ナノワイヤが【S】、その薄膜を【O】、形成した可能性がある【V】。」という発想に切り替え、可能性を表す助動詞の may を用います。

【修正文】

The oxide nanowire【S】may have formed【V】the thin film【O】.

◆「If ...」や「When...」は避ける：これらに関しても能動態を意識します。例文で確認します。

【例文】

When a problem occurs in the manufacturing process, the devices are harmfully influenced.
（製造工程において欠陥が発生すると、デバイスへ悪影響を及ぼす。）

日本語を「製造工程における欠陥が【S】、デバイスに【O】悪影響を及ぼす【V】。」という発想に切り替えます。英文が短くなり読みやすくなります。

【修正文】

A problem occurred in the manufacturing process harmfully influences the device.

◆理由を考えて受動態を使う：英文は原則的に能動態にすべきですが、以下の 4 つの場合は受動態を使った方が良いとされています。

(A) 動作主が重要でない
(B) 動作主が分からない
(C) 動作主を隠したい
(D) 主語をそろえたい。

(A)(B)(C) は、主語を省略できるので語数を減らせる場合があります。(D)

は読みやすさを優先して受動態にするケースです。以下は「(A) 動作主が重要でない」の例です。

【例文】

能動態 :We【S】measured【V】the driver behavior【O】by using a three-dimensional motion capture system.

（運転手の動作を3次元モーションキャプチャーシステムにより測定した。）

【S】が「We」となっていますが、実験を行ったのは著者たち (we) であることは明らかなので「動作主が重要でない状態」と考えられます。また、主語を含む能動態にすると、著者たち (we) でなければ実験が成功しないという印象を与える可能性があります。実験は再現性が重要なので、上記の文は「we」を使わない受動態が適切と判断します。

【修正文】

受動態：The driver behavior was measured by using a three-dimensional motion capture system.

受動態を使う時に気をつけるべきことは、理由を説明できるようにしておくことです。また、受動態の比率は文の中では4分の1程度が適切とも言われています。理工系の英作文では、第一段階では能動態を使うことを意識し、慣れてきたら受動態を適切に使用することを意識すると良いでしょう。

(3) 名詞を意識して扱う

名詞を正確に扱うことは、3Cの英文を書く上で重要です。英文において、ある名詞に定冠詞「the」がついていたのに、次に同様の意味で出てきた名詞には不定冠詞「a」がついていた、などのミスがあると読者は混乱してしまいます。論文や報告書など、ある程度の長文でそのようなミスが続くと、内容自体が評価に値しないと判断されてしまう可能性があります。全文を通して、名詞の扱い方の一貫性には特に注意しましょう。

名詞の扱い方の種類は、数については単数形と複数形の 2 つ、冠詞については、定冠詞 (the)、不定冠詞 (a, an)、無冠詞の 3 つがあります。これら組み合わせは 6 通りですが、不定冠詞 (a, an) と複数形の組み合わせは明らかに間違いなので、この中で検討すべき組み合わせは 5 通りとなります。

◆ 名詞の扱い方は 5 通り

- 「定冠詞 (the)」+「名詞（単数）」
- 「定冠詞 (the)」+「名詞（複数）」
- 「不定冠詞 (a, an)」+「名詞（単数）
- 「無冠詞」+「名詞（単数）」
- 「無冠詞」+「名詞（単数）」
- ~~「不定冠詞 (a, an)」+「名詞（複数）」~~

※「不定冠詞 (a, an)」+「名詞（複数）」の組み合わせは誤り

正しい英文を書くためには、この 5 通りの選択肢から状況に応じて適切な名詞の扱い方を選ぶ必要があります。実は名詞の扱い方は、機械翻訳が判断できない作業の一つでもあります（3 で詳述）。

以上、理工系分野の英文に求められる 3C の説明をしてきました。次に 3C の英文を作る上での機械翻訳の有効性について解説します。

2　機械翻訳と理工系の英作文

筆者は特に理工系に関連する英文作成においては、機械翻訳を活用した方が良いと考えています。その理由の一つは、機械翻訳は理工系の英文に求められる 3C (Clear, Collect, Concise) の考え方に沿った英文を出力してくるからです。ここでは、機械翻訳が訳出する 3C な英文について、いくつか具体例を示しながら解説します。（※本章では機械翻訳として Google 翻訳を使っていますが、その他の機械翻訳もほぼ同じことが言えると考えています。また英文は訳出当時のものであり、その後変わる可能性があります。Google 翻訳は Google LCC の商標であり、本書はいかなる形でも Google によって承認されたり、Google と提携したりするものではありません。

2.1 機械翻訳による 3C な英文の出力

(1) 誤りがない文を書く：日本人が英作文で起しやすいミスの一つに、英語ではないカタカナ語を英語と勘違いして使うことが挙げられます。以下に、その典型的な例を示します。

【カタカナ語】	【誤訳】	【正解】
サラリーマン	salary man	business person, office worker
バックミラー	back mirror	rearview mirror
ノートパソコン	note PC	laptop
コンセント	consent	outlet
ビニール袋	vinyl bag	plastic bag
ガソリンスタンド	gasoline stand	gas station

これまで筆者は学生に、カタカナ英語を英訳する時は必ず正確な英語を確認するよう指導してきました。ところが現在の機械翻訳はカタカナ英語を正確な英語に瞬時に訳します。以下は機械翻訳による英訳です。機械翻訳は人間のようにカタカナ語を英語と勘違いするようなことはほぼありません。

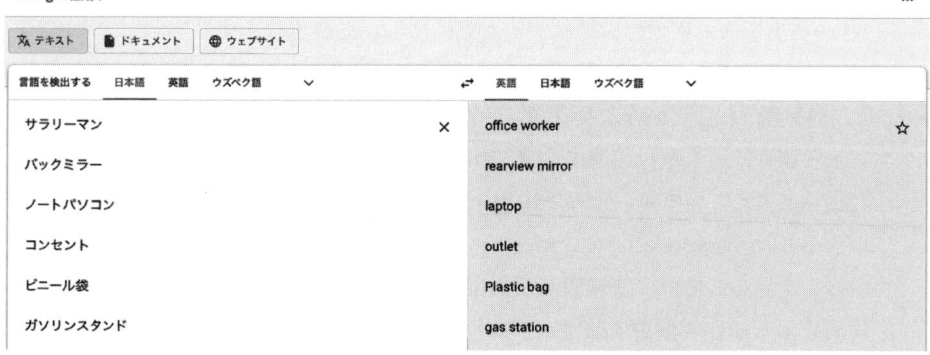

図1　機械翻訳はカタカナ英語を正確な英語に訳す

カタカナ英語以外でも、1.1 にて示した、「英文における代表的な誤り」についても、機械翻訳が人間のような間違いをすることはないでしょう。

(2) できるだけ少ない語数にする

例えば、機械翻訳は「There is ...」「There are」構文を使わず、SVOの簡潔な英文を出力します。以下の例で確認しましょう。

【例文】

There is a possibility that the oxide nanowire formed the thin film.
（酸化物ナノワイヤによりその薄膜が形成された可能性がある。）

【修正文】

The oxide nanowire【S】may have formed【V】the thin film【O】.

これは1.1において、日本語を見て、「There is a possibility …」などとしたくなることを指摘した例文です。機械翻訳はmayを使ってSVOの英文を出力することがわかります。

図2　機械翻訳は「There is ...」「There are ...」構文を使わない

3Cの英文をつくるためには、「When ...」や「If ...」構文を避けることが必要だと説明しました。機械翻訳はこれらの構文を不必要に使いません。以下は、1.1にて「When …」を使いたくなる例として示した英文です。

【例文】

When a problem occurs in the manufacturing process, the devices are harmfully influenced.
（製造工程において欠陥が発生すると、デバイスへ悪影響を及ぼす。）

機械翻訳はこの日本語に対し SVO 構文の英文を出力します。

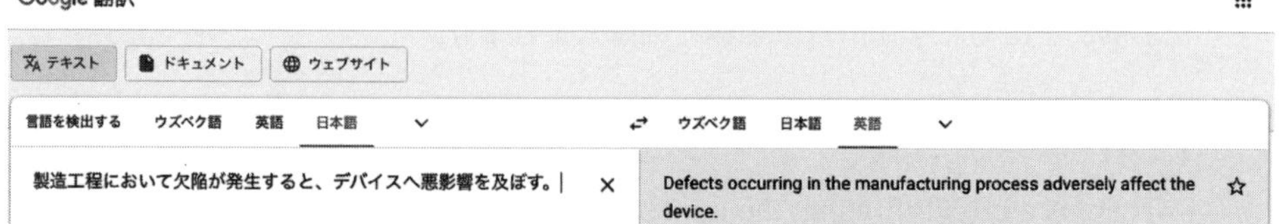

図 3　機械翻訳は「When ...」「If ...」構文を使わない

この他、英作文では能動態を意識して、「It ... to」「It ... that」構文を避けると良いと説明しました。これに関して、1.1 で示した例文で確認してみましょう。

【例文】

Thanks to the development of sensing technology in recent years, it has become possible to present pieces of information based on human situations by using data from wearable computers and other devices.
（近年のセンシング技術の発達により、ウェアラブコンピューターその他のデバイスによるデータを活用し、人の状況に基づく情報提示が可能となった。）

以下が、機械翻訳による英訳です。出力された英文は、前置詞句の「Thanks to ...」を使用せず、『近年のセンシング技術の発達が【S】、ウェアラブルコンピュータ等によるデータを活用し、人の状況に基づく情報提示を【O】、可能とした【V】。』という発想で英文を作成していることがわかります。

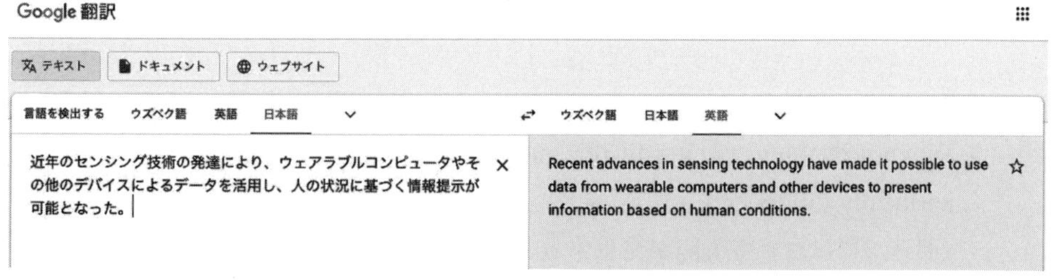

図 4　機械翻訳は「It ... to」「It ... that」構文を使わない

以上、理工系に必要な 3C の英文を、機械翻訳が瞬時に訳出する事例を紹介しました。これを踏まえると、理工系の英語学習においては機械翻訳を活用することにより学習の効率を高めることができると考えます。しかし現段階では機械翻訳ができないこともあり、完全に頼ることはできないとも考えています。この問題に関しては、機械翻訳の弱点を理解して、機械翻訳が 3C の英文に訳しやすい日本語を入力することと、書き手自らが訳出された英文を修正することが重要になります。次は、これらのポイントについて解説します。

3　機械翻訳に頼ってはいけないこと

筆者は、機械翻訳が対応できない英作文の作業として、主に以下の 4 つが挙げられると考えています。

(1) 名詞の扱い方、用語、時制の一貫性
(2) 能動態、受動態のどちらにするかの判断
(3) 長い文章の英訳（パラグラフの構成）
(4) 専門家としてのこだわり

これらについては、書き手が英語学習や実務経験を通じて理解を深め対応する必要があるでしょう。以下、各項目について説明します。

3.1　名詞の扱い方、用語、時制の一貫性

単数系や複数形、冠詞の選択といった名詞の扱い方は、英文を書く上で極めて重要なポイントです。名詞の扱い方を間違えると、読者を混乱させてしまう上、書き手の英語力に問題があると判断されてしまいます。特に論文や報告書など、ある程度の長さの英文ではミスが起きやすいので、名詞の扱い方の一貫性に注意する必要が出てきます。

適切な名詞の選択は書き手にしかできない作業です。機械翻訳は、書き手が意図する名詞の扱い方をするとは限りません。例えば、ある英文におい

て、orange（オレンジ）という単語を使うとします。そのオレンジが、一つなのか、複数なのか、液体など数えられない状態なのか、特定のオレンジを指しているのかは、本来、本人にしか分からないことです。

以下の例文で機械翻訳による名詞の扱い方について確認してみましょう。

【例文】

① 顕微鏡の性能は対物レンズにより決まる。

② 水素自動車と燃料電池車は どちらも水素を燃料とする。

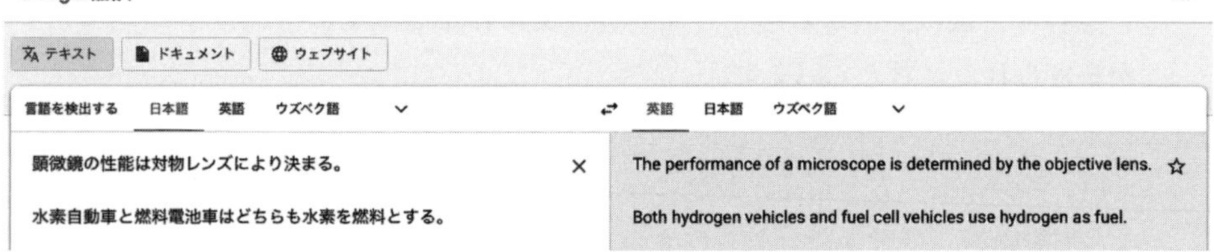

図5　機械翻訳活用における名詞の扱い方

機械翻訳による英文では、①だと「対物レンズ」が「the objective lens」、②では「自動車」が「vehicles」と訳されています。文法的には間違いではないのですが、以下のように名詞の扱い方の選択肢は他にも考えられます。もちろん、どれが正解かは機械翻訳では判断できないため、最後は書き手が判断する必要があります。

① 顕微鏡の性能は対物レンズにより決まる。

・The performance of the microscope is determined by **the** objective lens.

・The performance of the microscope is determined by **an** objective lens.

・The performance of the microscope is determined by objective lenses.

② 水素自動車と燃料電池車はどちらも水素を燃料とする。

・Both hydrogen car**s** and fuel cell car**s** use hydrogen as fuel.

・Both **a** hydrogen car and **a** fuel cell car use hydrogen as fuel.

・Both **the** hydrogen car and **the** fuel cell car use hydrogen as fuel.

名詞の扱い方には 5 通りあることは 1.1 で解説しました。機械翻訳を使用して英作文を行うとしても、作成した英文中のすべての名詞について書き手は自らの意図に合った選択をしなければなりません。このために筆者は以下のような名詞の扱い方に関するフローチャートを考案しました。

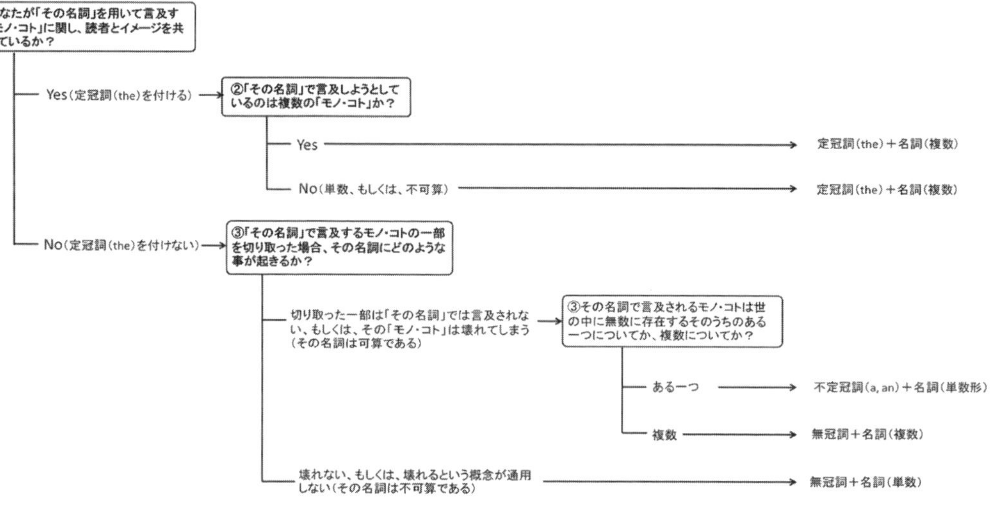

図 6　名詞の扱い方のフローチャート

まずは、書き手が名詞により表現したいことをイメージし、このフローチャートに照らし合わせれば、適切な選択肢にたどり着けるとともに、これを繰り返すうちに、正しい名詞の扱い方が身につくでしょう。

その他、機械翻訳が苦手な分野として、用語や時制の一貫性も挙げられます。例えば日本語の「車」は、「car」「vehicle」「automobile」など、異なる英語に訳される可能性があるため、どの名詞を使うかは書き手が判断する必要があります。フローチャートや、用語、時制の一貫性についての詳細は参考文献『理工系の AI 英作文術』を参照してください。

3.2　能動態、受動態の判断

理工系の英文においては、日本語に引きずられた受動態を避けることが重要です。基本的に、機械翻訳は受動態の日本語を入力すると受動態の英文を作ります。そこで、読みやすい英文を作成するために、基本的には能動態を意識した日本語を入力して能動態の英文を作成し、必要に応じて受動態に変更することを提案します。

これについて、以下の例文で解説します。

【例文】

① 新規 LED 用蛍光体の発光波長は原子配列により制御されている。

② フィルターを用いる事で、空気中の微小な粉塵を除去する事ができる。

例文をそのまま機械翻訳に入力すると、受動態の英文が出力されます。受動態が多い日本語をそのまま機械翻訳に入力すると、受動態が多い読みにくい英文になってしまいます。

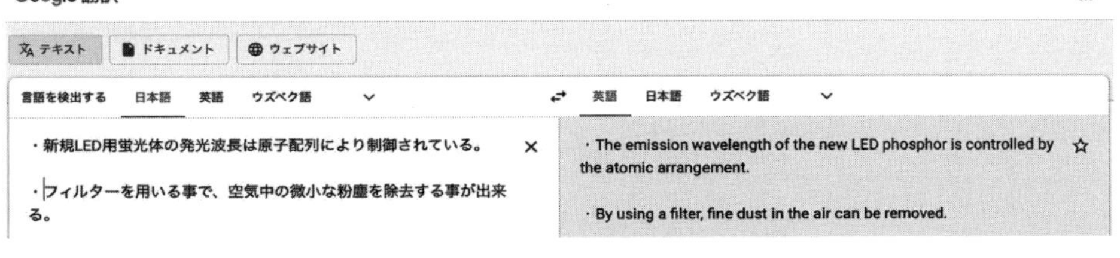

図7　機械翻訳による日本語（受動態）の英訳

以下のように能動態を意識した日本語に書き換えて入力すると、英文も能動態で出力されます。機械翻訳を用いる際は、まずは、このように能動態の英文を作成することを意識しましょう。

① 原子配列は【S】、新規 LED 用蛍光体の発光波長を【O】、制御する【V】。

② フィルターは【S】、空気中の微小な粉塵を【O】、除去する【V】。

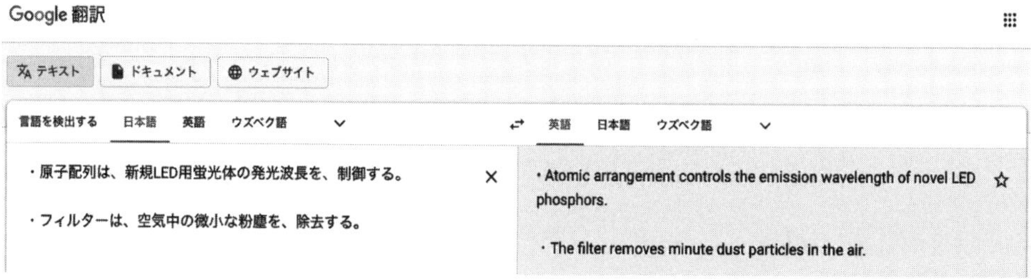

Google 翻訳
テキスト
ドキュメント
ウェブサイト
言語を検出する
日本語
英語
ウズベク語
英語
日本語
ウズベク語
・原子配列は、新規LED用蛍光体の発光波長を、制御する。
・フィルターは、空気中の微小な粉塵を、除去する。
・Atomic arrangement controls the emission wavelength of novel LED phosphors.
・The filter removes minute dust particles in the air.

図 8　機械翻訳による日本語（能動態）の英訳

ただし、1.1 にて、英文は基本的に能動態が読みやすいが、受動態が良い場合もあることを説明しました。受動態にすべきかどうかの判断は、機械翻訳にはできないので書き手が行う必要があります。これに関しては、引き続き書き手が学習を通じて理解し対応する必要があると考えられます。

3.3　長い文章の英訳

長い日本語の文章を機械翻訳に英訳すると、誤訳が発生する可能性が高くなります。これに関しては、あらかじめ短く分割した日本語を入力し、出力された英文をパラグラフの構成に合わせてつなげることで対処するとよいでしょう。

以下の例文を機械翻訳で英訳します。

【例文】

オートパイロットシステムは乗り物を制御するシステムとして知られているが、自動車のほかにも、近年はとくに飛行機や船舶に積極的に導入されはじめている。

Google 翻訳
テキスト
ドキュメント
ウェブサイト
言語を検出する
日本語
英語
ウズベク語
英語
日本語
ウズベク語
オートパイロットシステムは乗り物を制御するシステムとして知られているが，自動車のほかにも，近年はとくに飛行機や船舶に積極的に導入されはじめている．
Autopilot systems are known as systems for controlling vehicles, but in recent years they have begun to be actively introduced to aircraft and ships in addition to automobiles.

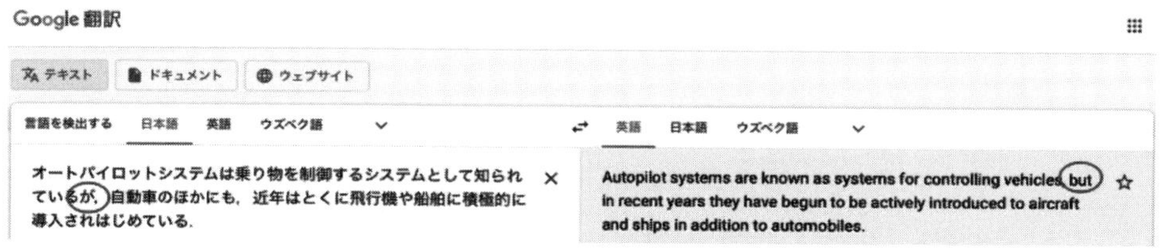

図 9　機械翻訳による長い文章の英訳

この例の場合、「知られているが」の“が”が「but」になっていますが、意味上は「and」が適切だと考えられます。しかし、ここをあえて「and」でつないでも長くて読みにくい文になってしまうため、あらかじめ入力する日本語を分割しておくのが良いでしょう。

【日本語を分割】

オートパイロットシステムは乗り物を制御するシステムとして知られている（分割）。自動車のほかにも、近年はとくに飛行機や船舶に積極的に導入されはじめている。

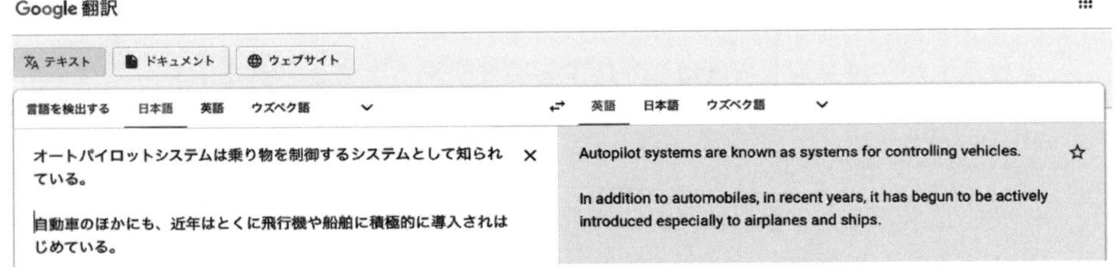

図10　長い文章の英訳は日本語を分割して入力

日本語を短くすることは、誤訳対策としても有効です。

3.4　パラグラフの構成

機械翻訳は、短く分割した日本語を入力すると、より正確な英文を出力してくれます。ただし、さらに読みやすい英文とするためには、パラグラフの構成を意識する必要があります。パラグラフとは、英語特有の概念で複数のセンテンスのまとまりを指します。一行目のトピックセンテンスで話題を提供し、続くサポーティングセンテンスで話の内容を補足します。

機械翻訳で作った短い英文をうまくつなげて、パラグラフに仕上げるのは人間の役目であり、このためには、文と文のつなぎ方を学んで理解しておく必要があります。文と文のつなぎ方に関しては、参考文献『英語論文ライティング教本——正確・明確・簡潔に書く技術——』を参照してください。

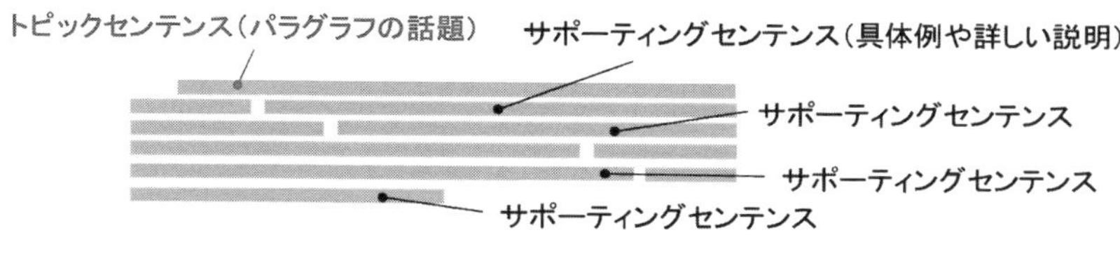

図 11　パラグラフ

3.5　専門家としてのこだわり

そもそも、英作文の目的は、書き手自身が伝えたい情報を伝えることです。翻訳された英文に見なれない表現や単語があったら、自分で考え、調べ、適切な表現を選ぶ必要があります。判断に迷う時は、最後は専門家としての自分の知識や経験を信じて決めるべきでしょう。

ここでは、機械翻訳による英文に専門家としてのこだわりを反映させる例を紹介します。カイゼンやジャストインタイムなどで有名なトヨタ生産方式には、「ニンベン」のついた「自働化」という考えがあります。人の "働き" を機械に置き換えることを意味し、単に人の作業を機械に置き換える「自動化」とは区別されています。この「自働化」を含む以下の例文を、専門家としてのこだわりを踏まえて、機械翻訳を使って英訳することを考えます。

【例文】

我々のカイゼン活動ではニンベンのついた自働化を目指すべきである。

例文を機械翻訳に入力します。

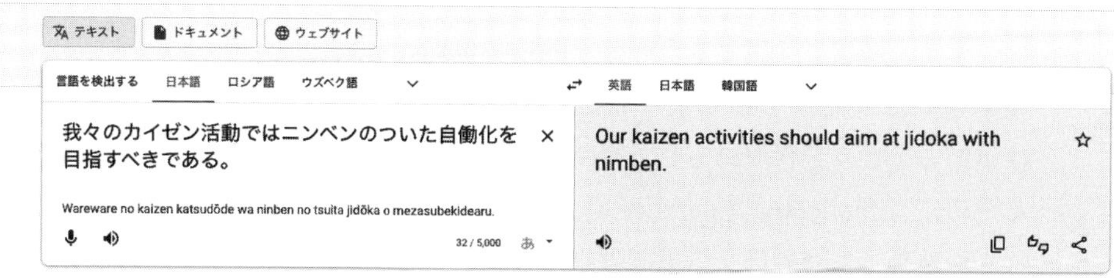

図 12　「ニンベンのついた自働化」の英訳

「自働化」が「**jidoka**」、「ニンベン」が「**nimben**」と訳されています。確かに、トヨタ生産方式の専門家であれば、「jidoka」や「nimben」といった語句を知っているかもしれません。しかし、仮にこの英文が、そうではない海外の関連会社の社員などを対象としている場合、このままでは理解されないでしょう。そこで以下のように工夫して、「自動化」を「人の作業」、「自働化」を「人の働き」と言い換えます。

【例文の言い換え】

我々のカイゼン活動では、人の“作業”を機械に置き換えるのではなく、人の“働き”を機械に置き換える事を目指すべきである。

これを機械翻訳で英訳します。

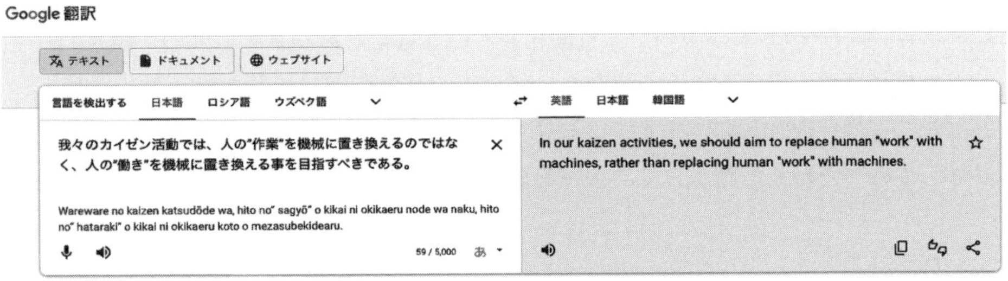

図 13　人の“働き”、人の“作業”を英訳

「人の作業」「人の働き」は、両方とも「human work」と訳されてしまいました。さらに頭を使って考えます。「人の作業」の英訳として、人間らしさを取り除くためにあえて「human」は削除し、決められた作業を淡々とこなすイメージを強調するために「monotonous operations」とします。「人の働き」は人間にしかできないことを強調するために「human」を残し、作業というよりも状況に応じた判断が必要な知的な活動であることを強調するために「intellectual operations」とします。

この結果、当初の例文の英訳は以下のようになります。

【例文】

我々のカイゼン活動ではニンベンのついた自働化を目指すべきである。

【筆者訳】

In our improvement activities, we should aim not to replace “monotonous operations” with machines, but to replace human “intellectual operations” with machines.

上記の英訳は、あくまで筆者の経験と解釈に基づきます。これらの判断を伴う英文の作成は、機械翻訳だけの力では難しいと言えるでしょう。人間が学校や仕事の現場で知識や経験を積み、それを駆使することで対応できるスキルだと言えます。

以上、機械翻訳が対応できない作業として、(1) 名詞の扱い方、用語、時制の一貫性、(2) 能動態、受動態のどちらにするかの判断、(3) 長い文章の英訳（パラグラフの構成）、(4) 専門家としてのこだわり、の 4 つの項目を紹介しました。筆者は、従来の英語学習において、これらの項目は、あまり重視されてこなかったと感じています。しかし機械翻訳の活用を前提にした場合には、4 つの項目こそが英語学習の中心になるべきだと考えます。これらに加え、婉曲な表現（慣用句、比喩表現、ことわざなど）を使う時にも注意が必要でしょう。次はその点も含め、機械翻訳を使いこなす方法について解説します。

4　機械翻訳の活用の手順

ここまでに説明した機械翻訳の利点と弱点を踏まえ、効果的に活用する手順を紹介します。

(1) 日本語の文章を短く分割する
(2)「主語」「目的語」「動詞」の構文にする（婉曲な表現、慣用・比喩表現・ことわざなどに注意）
(3) 機械翻訳に入力して英訳する
(4) 以下について検討する

・文の構成
・単語や表現（一貫性に注意）
・受動態の使用
・名詞の扱い方（一貫性に注意）

(5) 修正した英文を機械翻訳で日本語にして確認
　※うまくいかない部分は (1) に戻り再検討する

この手順に従い、実際に以下の京都大学の入試問題を例として機械翻訳を使って英訳します。

【2021 年京都大学英語入試問題より】

言うまでもなく、**転ばぬ先の杖**は大切である。しかし、たまには結果をあれこれ心配する前に一歩踏み出す勇気が必要だ。**痛い目を見る**かもしれないが、失敗を重ねることで人としての円熟味が増すこともあるだろう。あきらめずに何度も立ち上がった体験が、とんでもない困難に直面した時に、それを乗り越える大きな**武器**となるに違いない。

まず、例文で気になる箇所を確認します。一つは「転ばぬ先の杖」が、正しく英語に変換されるのかという点でしょう。確かに、「転ばぬ先の杖」には「Look before you leap.」や「An ounce of prevention is worth a pound of cure.」といった対応する諺があります。ただ、このように英訳されたとして、読み手がその英文を理解できるかという問題もあるかもしれません。また、「痛い目」は「painful eyes」に、「武器」は「weapon」などと訳されそうですが、本当にそれで良いのかも検討が必要です。これらを念頭に、上述の手順に従い機械翻訳を使って英訳しましょう。

4.1　日本語の作成と入力

(1) (2) に従い、例文を以下のように修正します。機械翻訳が正しく訳せる日本語を入力することが、3C の英文への近道になります。

例文	修正文
言うまでもなく、転ばぬ先の杖は大切である。	言うまでもなく、あなたは、事前の準備を十分に行うべきである。
しかし、たまには結果をあれこれ心配する前に一歩踏み出す勇気が必要だ。	しかし、たまには、あなたは、結果を心配せずに前に一歩踏み出す勇気を、持つべきだ。
痛い目を見るかもしれないが、失敗を重ねることで人としての円熟味が増すこともあるだろう。	そのような勇気は、失敗を、あなたにもたらすかもしれない。（分割）しかし、度重なる失敗は、あなたの人としての円熟味を、増すだろう。
あきらめずに何度も立ち上がった体験が、とんでもない困難に直面した時に、それを乗り越える大きな武器となるに違いない。	あきらめずに何度も立ち上がった体験は、あなたがとんでもない困難を乗り越えることを、容易にするに違いない。

次は (3) に従い、これらの英文を機械翻訳に入力します。

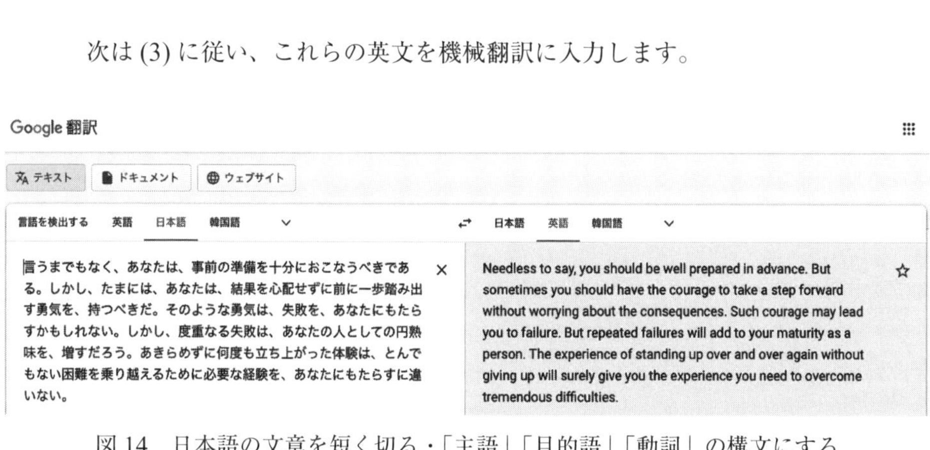

図 14　日本語の文章を短く切る・「主語」「目的語」「動詞」の構文にする

4.2　英文の検討

次は、(4) に従い、機械翻訳により出力された英文について、文の構成、単語や表現、受動態の使用、名詞の扱い方について検討します。ここでは名詞の扱い方についてのみ、3 ヶ所修正しました。訳された英文では「the courage」となっていますが、ここでは特定の「courage」に言及していないと考え無冠詞の不可算名詞とし、「the consequences」も特定して言及していないと考え「the」を取り、「failure」はその後に「failures」と続いているので、数えられると考え「a failure」としました。

【修正文】

Needless to say, you should be well prepared in advance. But sometimes you should have (**the courage** →) **courage** to take a step forward without worrying about (**the consequences** →) **consequences**. Such courage may lead you to (**failure** →) **a failure**. But repeated failures will add to your maturity as a person. The experience of standing up many times without giving up will surely make it easier for you to overcome tremendous difficulties.

4.3 英文の確認

最後に (5) に従い上記の英文を日本語にして確認します。

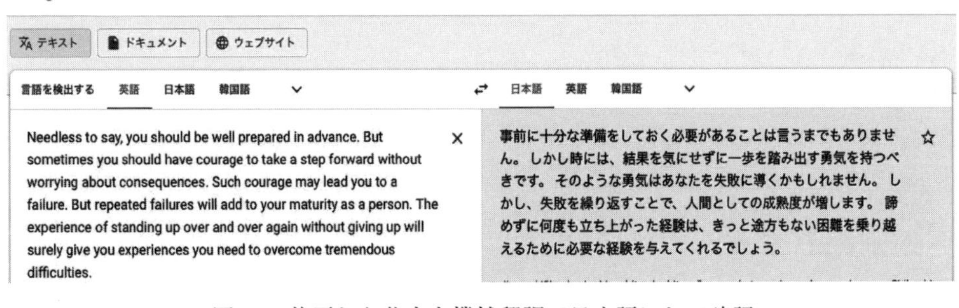

図 15　修正した英文を機械翻訳で日本語にして確認

機械翻訳が訳出した日本語は、筆者の意図に合っているので合格とします。途中でうまくいかない場合は (1) に戻り再検討すると良いでしょう。これらの手順を踏むことで、3C の英文という点ではかなり高品質の英文ができると考えます。

また、入力する日本語がうまく英語に変換されるかを見極めるために「日本語→英語→日本語」の順に機械翻訳で訳すという方法も有効です。英語から日本語に戻した時、意味や表現などでおかしな箇所があれば、元の日本語を直す必要があるでしょう。

以下は、上記の例文を「日本語→英語→日本語」の順に機械翻訳で変換した結果です。

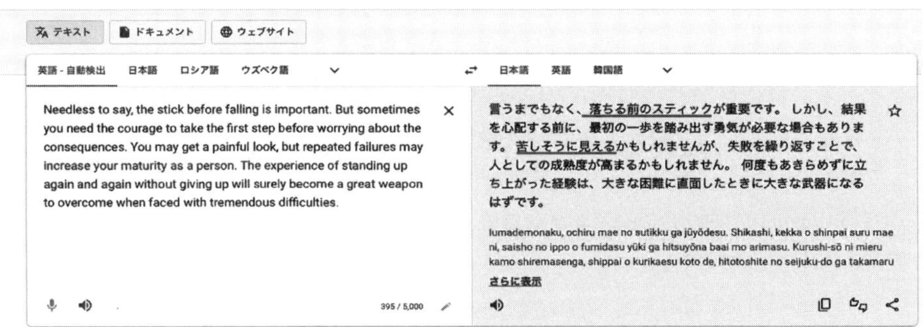

図 16　入力する日本語が適切かどうかを見極める

出力された日本語では、原文の「転ばぬ先の杖」、「痛い目を見る」に該当する部分が、それぞれ「落ちる前のスティック」、「苦しそうに見える」となっています。これらの部分は、機械翻訳を使用して英訳する前に日本語の表現に工夫が必要だと分かります。以上、機械翻訳の活用の手順を紹介してきました。

ちなみに、京都大学は、本問題の出題意図を「(中略）日本語特有の表現を英語であらわす上での工夫や応用力を確認する（京都大学 HP 令和 3 年度試験問題および出題意図等)」としており、やはり「転ばぬ先の杖」、「痛い目」、「武器」あたりの英訳が回答の際のポイントだと考えられます。先に述べた通り、これは機械翻訳を活用する上での重要なポイントでもあり、両者が重なっていることは興味深い点です。

5　英語論文執筆における課題とその対策

英語で論文を書けるようになることは、理工系の学生や研究者による英語学習の目標の一つです。この点は、グローバル化が進む中、機械翻訳が出現する前から大学でも重視されてきました。しかし、大学を中心に、これまで英語学習の方法は、英語検定試験（TOEICなど）の対策が主流であり、この方法は理工系分野で英語論文を書くことを目的とした場合には、かなり非効率だと言えるでしょう。例えば、TOEICで満点を取るには多数の英単語を覚えることが必要となりますが、そのうちの多くは理工系分野の英文ではほとんど目にしません。機械翻訳の出現により、単語を覚えることに時間と労力を費やすことの必要性はさらに低下したと感じています。

筆者は大学教員として、10年近く理工系の英語学習における3Cの重要性を主張してきたほか、英語論文執筆の指導にも取り組みました（西山ほか2015a, 2015b, 西山2019）。英語論文執筆で苦労する多くの学生を見て気がついたのは、彼らが英語論文を執筆できない原因は、そもそも論文の概要が自分の頭の中で整理されておらず、内容の方向性を教員や共同研究者とうまく共有できないからではないか、ということです。理工系の大学では、学生は研究室に所属し、指導教員の指導のもとで研究に取り組みます。ある程度の研究成果が出てくると、国際ジャーナルに英語論文を投稿しようという流れになります。しかしこの時、学生の頭の中では論文にまとめるべき内容が整理されておらず、英語以前に、その状況で執筆された論文を理解することが困難です。たとえネイティブや業者に添削してもらったとしても、そもそも内容が理解できない状況では、論文を投稿できるレベルに仕上げることは難しいでしょう。

日本の大学では、英語、日本語を問わず、論文の書き方を体系的に学ぶ機会が少ないのが現状です。論文執筆の問題は、これまで十分に議論されてこなかったと言ってもいいでしょう。以下、その解決策として、筆者が開発した日本語の論文のテンプレート、良質な英語論文の見分け方、および論文執筆の指導方法を紹介します。

5.1　論文の概要（アブストラクト）のためのテンプレート

筆者は、研究は人類が共同して問題解決に取り組むための報告書であるとの考えのもと、企業などで活用される問題解決手法（産能大学VE研究グループ・土屋裕, 1998; ダレル・マン, 2014）を活用して、論文の概要のためのテンプレートを考案しました。

◆ 論文概要のためのテンプレート

【1】（する）ためには、【2】（する）ことが必要である。しかし、この際、【3】（する）ことが問題となっている。そこで、【4】することがその解決策として検討されている。その実現のためには、【5】を明らかにすることが必要である。これに関連して、昨今は、【6】が着目されて多数の研究が行われている。しかし、【7】に関する知見は未だ十分に得られていない。そこで、本研究では、【8】と【9】の関係に着目し、【10】による【11】への影響を調査する。【10】の調整は【12】により行い、【11】の測定は【13】により行う。

テンプレートの【1】～【13】の項目について考えることで、研究の内容を明示するための必要最低限の情報を吟味できます。これらに、研究の結果、考察、結論を加えることで、一定の品質に達した論文の概要のたたき台ができるはずです。

5.2　英語論文指導の手順

ここでは英語論文指導の手順を解説します。具体的な手順の説明の前に、読みやすい論文、すなわち有益な情報を得るために時間をかけて読むに値する論文について考えてみたいと思います。筆者は、読みやすい論文は次の 4 つの条件を満たすと考えています。

(1) 概要を読んで、テンプレートの空欄を埋められる
(2) 概要と本論の内容は一致している
(3) パラグラフによる構成になっている
(4) わかりやすい英語で書かれている

論文の概要に上記テンプレートの空欄の情報が提供されていないということは、論文の研究は、そもそもどのような問題を解決するために実施されているのかが不明瞭であることを意味します。また、例えアブストラクトの内

容がテンプレートに従っていてもそれが本論の内容と一致していなければ、時間をかけても理解することは難しいでしょう。その他、前述したパラグラフや3Cを意識した英文になっていない論文も、理解に必要な時間の割に得られる有益情報は少ないと思われます。4つの条件は概要をテンプレートに照らし合わせて読んだ上で、本論のトピックセンテンスのみを拾い読むことにより、比較的簡単に確認することができます。

英語論文を執筆する際には、書き手は執筆する論文が上述したような条件を満たすように意識するべきでしょう。そこで、以下の手順で執筆を進めることを提案します。

(1) テンプレートを埋める（共著者との合意を取る）
(2) テンプレートをたたき台にして、日本語でアブストラクトを書く
(3) 英訳してアブストラクトを完成させる
(4) 概要の各英文をトピックセンテンスとして配置し、論文の構成を決める
(5) 各パラグラフのサポーティングセンテンスを書く
(6) 各パラグラフのトピックセンテンスを集め結論とする

(1)~(3)で強調しておきたいのは、テンプレートの13項目に関して、あらかじめ指導教員など共著者となる可能性のある関係者との合意をとっておくことの重要性です。これにより、執筆する論文内容の方向性の齟齬を避け、有意義な議論を展開できるようになります。(4)(5)の手順を経ることにより、論文概要と本論との整合性を確実にすることができます。他に書きたいことがある場合には、新たなパラグラフを追加します。これにより、後に内容の手直しが発生した場合には、該当するパラグラフの修正のみで対応し、他のパラグラフへの影響による混乱を防ぐことができます。(6)に関しては、下手に結論を新たに考えて書くよりも、本論の各トピックセンテンスを集めるか、概要を流用した上で、共著者とともにブラッシュアップしていくと良いでしょう。

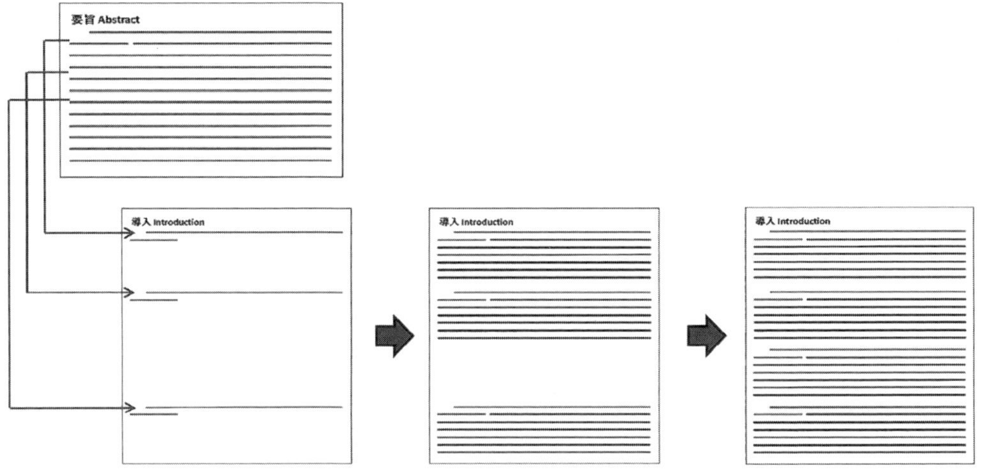

図 17　アブストラクトを各パラグラフのトピックセンテンスにする

以上の手順を経ることで、誰もが確実に論文のたたき台を完成させることができます。筆者の経験では、論文執筆に行き詰まった多くの学生であっても、この手順を実施することにより、短時間で論文投稿に至っています。明確な構成と 3C を意識した英文により書かれたたたき台であれば、それを元に指導教員や添削業者、ネイティブと論文の内容についての建設的な議論に集中ができるようになります。筆者は、機械翻訳により英文を書く負担が大幅に軽減され、論文の質の向上がより重視されていくことを期待しています。

6　理工系のための英語の授業例

上述した通り、筆者は、理工系の英語教育においては 3C と英語論文執筆の二つのポイントが重要であると考えています。機械翻訳の登場によっても、これらの重要性は変わらない一方、英文に関する責任は引き続き書き手が負っていることを強調することも必要でしょう。今後の英語教育においては機械翻訳が対応できない、名詞の扱い方、時制、受動態と能動態、書き手としてのこだわりなどがより強調されるとともに、その理解を深める内容とすることが重要であると考えられます。

6.1　理工系のための英語講義の提案

上記の内容を踏まえ、以下のような英作文を中心とした理工系のための15回の英語の講義を提案します。

講義名：理工系のための英文ライティングと機械翻訳の活用
授業形態：講義
対象：学部3年生以上の理工系学生

◆ 本講座の目的と狙い

論文などの技術報告書やマニュアル、仕様書など、理工系分野の英文には分かりやすさ、伝わりやすさが求められます。その理由は、これらの資料を読む人たちが、必ずしも英語が得意ではない可能性があるからです。読み手が意味を誤って解釈した場合、大きな事故につながることもあり得るでしょう。この点は、従来の試験勉強で求められる英語（難解な文章や単語の理解）と大きく異なります。最近は機械翻訳の精度が日々増しており、それをうまく活用するかどうかは、英語による作業の効率や成果物の質に大きく影響すると考えられます。

本講義では、理工系分野の英文ライティングにおいて重要な考え方である3C（Clear：明確、Correct：正しい、Concise：簡潔）について学習し、3Cを意識した英文を作成するために機械翻訳を活用する方法を習得します。授業では、配付資料を利用した講義と、各自が学習した内容にもとづき、実際に英文を作成する演習を行い知識の定着をはかります。

◆ 講義内容（全15回：各講義は90分を想定）

1	オリエンテーション（講義の狙いや評価方法の説明）
2	3Cの考え方
3	能動態の活用と受動態
4	名詞の扱い方：数、冠詞の考え方
5	名詞の扱い方：フローチャートの活用と実践
6	時制、助動詞、前置詞、to不定詞と動名詞

7	パラグラフの考え方と文のつなげ方
8	機械翻訳の活用
9	機械翻訳が対応できないこと
10	機械翻訳活用の手順と実践
11	英語論文の構成
12	英語論文の読み方：効果的な情報収集の方法
13	英語論文の読み方：演習
14	英語論文を書くための手順
15	総括、課題の説明

本講義により、学生が以下の能力を習得することを目標とします。

1. 3C の考え方を理解し根拠を持って英文を作成できる
2. 利点と欠点を理解した上で機械翻訳を活用し 3C な英文を作成できる
3. 英語論文の構成などについて理解し効率よく情報収集ができる
4. 学習した項目を英語論文に応用できる

◆ 教科書

・中山裕木子 (2018).『英語論文ライティング教本―正確・明確・簡潔に書く技術―』KS 語学専門書.
・西山聖久 (2022).『理工系の AI 英作文術』化学同人.
・西山聖久 (2019).『最短ルートで迷子にならない！　理工系の英語論文執筆講座』化学同人.

◆ 評価方法と基準

達成目標に対しての修得度を、レポートおよび期末課題にて評価します。3C の考え方を理解し、機械翻訳を活用して伝わる英文を意識して作成できれば合格とし、より 3C を意識した英文が作成できれば、それに応じて成績に反映させます。

おわりに

本章では、理工系の英語に必要な3C（Clear：明確、Correct：正しい、Concise：簡潔）について紹介し、3Cの英文を書くために機械翻訳は極めて有効なツールであることを述べました。また、筆者は、多くの学生が論理的な日本語論文を書けないために、英語論文執筆に苦労するのを目にしており、本章ではその対策として、筆者が考案した日本語の論文を作成するためのテンプレートを紹介しました。ここで、機械翻訳を使って英文を作成する以前に、そもそも論理的かつわかりやすい内容を日本語の段階で練ることが重要である点を、改めて強調しておきます。

機械翻訳の登場以降、英語学習の意義についての議論がなされるようになっているようです。筆者は、少なくとも理工系の分野では、機械翻訳の登場により英語学習が不要になることはないと考えます。ただし、英語学習のあり方には大きな変革が迫られることは確かでしょう。機械翻訳は英作文の作業の負担を大幅に軽減する一方で、依然として書き手の判断が求められる分野は存在しており、それらも含め、最終的な英文の責任は書き手が負うことに変わりありません。今後の英語学習においては、これらのポイントが、より重視されるべきだと考えます。

機械翻訳の登場により、特に英作文における人間の役割は、よりクリエイティブな分野にシフトしていくでしょう。本章では機械翻訳を使う際、専門用語の訳出には人間による判断が必要なことを述べました。今後、英語学習者に求められるのは、高度な専門知識に基づき、新たな概念を創り出すといった能力ではないでしょうか？ 機械翻訳その他の技術の進化により、多くの人が言語の壁を容易に乗り越え、それぞれの分野の最先端に立つことができるようになりました。自分の考えを分かりやすく説明し、ネイティブ、非ネイティブを問わず様々なバックグラウンドの英語話者と共有できる能力が必要になるでしょう。

こうした状況を踏まえ、筆者は、今後は特に英作文に関しては機械翻訳を前提とした英語教育が重要であることを強調したいと思います。今や、誰もが機械翻訳を活用して作成した3Cな英文により効率良く情報発信を行い、専門分野の知識や経験を深めることにより、仕事や研究の成果を上げることが可能となった点を指摘し本章を締めくくります。

〈引用文献・資料〉

西山聖久 (2022).『理工系の AI 英作文術』化学同人 .

中山裕木子 (2009).『技術系英文ライティング教本：基本・英文法・応用　単行本』日本能率協会マネジメントセンター.

中山裕木子 (2018).『英語論文ライティング教本——正確・明確・簡潔に書く技術——』KS 語学専門書.

京都大学 HP「令和 3 年度 試験問題および出題意図等」https://www.kyoto-u.ac.jp/ja/admissions/undergrad/past-eq/r03–eq/（2023 年 3 月 21 日閲覧）

西山聖久・レレイト・エマニュエル・曾剛・古谷礼子 (2015).「工学分野における科学技術英語ライティング教育の実施と課題」『工学教育』, Vol. 63–4, 10–15.

西山聖久・レレイト・エマニュエル・曾剛・古谷礼子 (2015).「工学分野英語 教育の為の語彙に関する考察——大学入試, TOEIC と工学分野の比較から——」『名古屋高等教育研究』, 15 号, 87–116.

西山聖久 (2019).『最短ルートで迷子にならない！　理工系の英語論文執筆講座』化学同人.

土屋裕・産能大学 VE 研究グループ (1998).『新・VE の基本 価値分析の考え方と実践プロセス』産能大学出版部.

ダレル・マン著・中川徹監訳・知的創造研究グループ訳 (2014).『体系的技術革新——新版矛盾マトリックス matrix 2010 採用（TRIZ 実践と効用）』クレプス研究所.

第12章
中学・高等学校と機械翻訳
——考え方と活動例——

守田　智裕

はじめに

これまでの章では機械翻訳の活用に関する理論と実践について紹介してきました。しかし、そのほとんどは大学生や社会人を対象とするものでした。英語教育は小・中・高等学校の現場でも行われており、大学入学前の学習者にも機械翻訳が多大な影響を与えていることが予想されます。筆者も高等学校で7年間英語を教えてきましたが、コロナ禍で自宅学習を余儀なくされ、「1人1台端末」のGIGAスクール構想が開始し、生徒が機械翻訳に接する機会が増えていることを実感しています。もしかしたら、コロナ流行までは教師に見えないようにこっそり使っていた生徒たちも堂々と使用するようになったために、機械翻訳の存在が顕在化しているのかもしれません。

筆者は、中学・高等学校の英語教育においても機械翻訳を完全に排除することができないものと考えています。もちろん教室では機械翻訳の使用を禁止することは可能でしょう。しかし自宅での学習で完全に禁止することはできませんし、授業中のタブレット端末でもこっそりと使用するのは容易なことです。以上を踏まえて、機械翻訳の存在を無視するわけでもなく、かといって英語教育が不要だと悲観するのでもなく、中高での英語授業で機械翻訳を活用することによる可能性とそこに孕んでいる危険性について冷静に考察するのが本稿の目的です。

1　中高現場での授業の実際

1.1　GIGAスクール構想とデジタルシティズンシップ

近年の中高現場では様々な変化が見られますが、その1つにICT機器の普及を挙げることができるでしょう。2019 年 12 月 GIGA スクール構想 (Global and Innovation Gateway for ALL) が提案され（文部科学省, 2020)、普通教室に高速大容量の Wi-Fi 環境が整備され、小中学校では 1 人 1 台の端末が貸与されました。高等学校では自治体によっては同様に端末を貸与していますが、タブレットを各自購入・持参させているところも少なくありません (Bring Your Own Device: BYOD)。

筆者の勤務校でも、2020 年頃から教員用タブレットが支給され、2021 年には各教室にプロジェクターとスクリーンが配備され、生徒用端末も公費で貸与されることになりました。英語授業では、生徒の音読を録音して提出させたり、1 分間スピーチの内容をタイピングで書かせたり、授業用のプリントや板書を配信したりすることが可能となりました。ICT 活用に関する教員研修も多く開催され、授業にタブレットを持参して活用する教師の数もここ数年で急激に増加しているといえます。

その一方で、ICT 機器による新たな問題も出現しつつあります。たとえば、生徒がタブレット端末を授業の目的外で使用する場面です。授業と関係のないページを閲覧するという事例も残念ながら存在します。このような問題について、坂本・芳賀・豊福・今渡・林 (2020) はデジタルシティズンシップという概念を紹介し、タブレット使用のルールを厳格化するのではなく、学習者が適切に機器を使えるようにする力を長期的につける必要性を説いています。従来の情報モラル教育では、タブレットを不正に使用した学習者がいる場合、それを注意・処罰の対象として他の生徒への見せしめとすることがありました。それにより、新しいテクノロジーの使用に消極的な生徒が出ることも懸念されます。それに対してデジタルシティズンシップ教育では、学習者が望ましくない使い方をした事例を基に、生徒全員に「望ましい使い方」を考えさせ、当人がデジタル社会の市民になるように手助けをします。

このデジタルシティズンシップという考え方は、機械翻訳の活用に通ずるところがあります。たとえば英作文の授業で教師が機械翻訳の使用を禁止したとしましょう。しかし、学習者がこっそりと機械翻訳から出力された英文を写しているのを教師が見つけた時、どのように声かけをするのが良いのでしょうか。ここで「教師が禁止したから」という理由を押し付けるのでは生徒が自律的に機械翻訳を使う力を伸ばすことは難しく、家庭学習や卒業後などの教師がいない場面において、どのような時に機械翻訳を使うべきかを判断することができなくなってしまいます。さきほどの英作文の授業場面であれば、「今日の授業では、教科書本文を読み直して使えそうな表現を活用して、自分ひとりで意見を書く練習をします。だから、機械翻訳を使わずに行いましょう。文法的に不安なところは、隣の友達や先生に尋ねて解決しましょう」のような声かけにすればどうでしょうか。自力で書くことの意義を理解し、目的を共有して学習活動に取り組むことができます。ひいては、家庭学習の際に、「今日の英語の勉強では、知っている表現を使って書きたいから機械翻訳を使わないようにして書こう」、「今回は、機械翻訳の表現をお手本にして自分の文章を直したいから機械翻訳を使おう」といった選択的な使用をできるようになるのが望ましいでしょう。

1.2　中高で機械翻訳を使うべきか？

機械翻訳の使用を容認するかどうかは、学習指導要領の目標に立ち返る必要があります。高等学校では「情報や考えなどを的確に理解したり適切に表現したり伝えあったりするコミュニケーションを図る資質・能力」(文部科学省, 2018) をつけると目標に掲げていることから、機械翻訳がこのような資質・能力を身につけるのに役立つ限りは使用しても良いと (現時点では) 判断できます。学習指導要領では課題解決に必要な配慮の意味で「支援」という用語が用いられていますが、機械翻訳もコミュニケーション活動を行う際の配慮の1つとして含めることはできるでしょう。

その一方で、中高の授業は出口に入試を据えている生徒も多いため、大学の授業論とはやや異なります。教師として、進路実現のためにも卒業時に一定の学力は保障しなければならないという責任もあります。機械翻訳を使わせ続けて学力が低下することは避けなければいけません。また、教師が望む使い方をしないで機械翻訳に頼りきりになる生徒が現れることも懸念されます。

機械翻訳を授業場面で使用するかどうかは、学校や学年で方針が決められていなければ、各教師の判断に委ねられるかもしれません。筆者は生徒の機械翻訳使用の基準として以下の 3 点を意識しています。

(1) 機械翻訳の使用が「その場しのぎ」にならないか？

機械翻訳を使うこと自体は悪ではありませんが、そこで出力された表現の意味を理解しないまま提出して思考停止に陥るのは望ましくありません。たとえば英作文で表し方がわからない表現があったときに、機械翻訳で出力された英文を調べなおしたり、そこで出された表現を覚えようとしたりする機会は与えたいものです。また、プレゼンテーション原稿を機械翻訳で作成して発表して終わるというのも「その場しのぎ」の使用に含まれます。せっかく機械翻訳を使って時間短縮したのなら、デリバリーの工夫、発音練習などに労力を割かせたいです。また、実際に人前で話して通じた部分と通じなかった部分が分かったら、どのように変更すれば相手に通じるかを考えるのも重要な学習です。(このようなプレゼンテーションにおける機械翻訳の活用方法の具体例については、本章第 3 節で詳しく述べます。)

(2)「わからない」ときに頼る別の手段を持たせられているか？

機械翻訳に頼る生徒の多くは「機械翻訳がないとわからないから」と言います。たしかに、わからないという状態は生徒にとってストレスがたまります。しかし、辞書で調べれば解決できる程度の問題も機械翻訳に頼っていると、辞書の活用能力が低下してしまいます。特に品詞感覚を身につけないまま学年が上がってしまう危険性もあります。また、和文英訳などの練習問題でわからないときにすぐに機械翻訳に入力をしてしまう生徒たちは、自分の頭で考える習慣が失われてしまうでしょう。

翻訳学 (Translation Studies) では、翻訳プロダクトと翻訳プロセスという用語が使われています。翻訳プロダクトとは産出された訳文を指し、翻訳プロセスとはそのプロダクトがどのような経緯で産出されたかという過程を示します。機械翻訳を使う生徒たちは翻訳プロダクトを容易に手に入れることができるようになりましたが、翻訳プロセスはブラックボックスのままです。生徒にとっては、翻訳プロセスを理解しなければ、自力で翻訳する力はつきません。機械翻訳で出た表現がなぜそのような訳し方になるかわからなければ、友人や教師に尋ねたり、総合文法書の記述に目を通させたりするという従来の支援が効果的です。

(3) 授業の目的に反していないか？

授業でのある要素が必要かどうかは、教師が設定した目標を達成するのに貢献するかどうかで判断できます。たとえば、授業の目的が「知らない表現でもジェスチャーや言いかえを使って相手に伝える」なのにすぐに機械翻訳で調べる生徒がいるのは好ましくありません。実際に筆者が行った高校1年生の授業では「うどんののどごしが好きだ」と言いたいのに相手に伝えられなかった生徒がいました。もちろんこの表現を機械翻訳に入力するのは簡単です。しかし、その生徒は、ジェスチャーでうどんを食べる動作を見せた後に、表情を作ってのどからおなかに手をおろしながら "I like this." と伝えていました。このように、すぐに機械翻訳で調べずに必死になって伝えようとする過程にも意義があると思います。そしてその後に機械翻訳に入力することで、表現の幅を広げることができるようになるかもしれません。(ちなみに調べたところ、「うどんののどごしがよい」は Udon noodles go down well. という言い方があるようです。)

一般的には「聞くこと」「話すこと（やり取り）」はリアルタイムで進行するので、機械翻訳に入力する時間がとりづらいという特徴があります。「話すこと（発表)」「読むこと」「書くこと」は、機械翻訳を活用する時間も取りやすいといえるでしょう。その中でもっとも大切なのは、本時（本単元）で生徒につける力のイメージです。機械翻訳を使う際の基本方針は年度初めに生徒と約束をし、それ以降の授業では目標に応じて指示を出すことが求められるでしょう。

2　現場の生徒の声

前節で述べた考え方に基づいて、筆者は高校1・2年生に機械翻訳の使用を排除しない授業を行ってきました。その生徒105名を対象に、普段の機械翻訳の使用について調査を行いました。協力者は高校1年生39名、高校

2 年生 66 名でした。英語が好きかどうか尋ねたところ、「とても好き」あるいは「好き」と答えた生徒は 34.3%、「どちらでもない」が 25.7%、「あまり好きではない」「好きではない」が 40% でした。

2.1 生徒の機械翻訳活用の実際

まず、「あなたは機械翻訳をふだんどの程度使いますか」という問いについて最も当てはまる選択肢を選ばせたところ、表 1 のような結果が得られました。

頻度の選択肢	度数（人）	%
毎日使う	2	1.9
週に 5 ～ 6 回使う	2	1.9
週に 3 ～ 4 回使う	35	33.3
週に 1 ～ 2 回使う	51	48.6
ほとんど使わない、あるいはそれ以下	15	14.3

表 1　機械翻訳を使う頻度 (n=105)

次に、よく使う機械翻訳の種類を尋ねたところ、Google 翻訳が圧倒的に多く (94%)、続いて DeepL (21.6%)、LINE 通訳 (17.6%) が並びました。Google 翻訳が多かった理由としては、Google の検索エンジンに「のどごし　英語」と入力するだけで、自動で Google 翻訳の検索結果が表示されることも挙げられます。どうやら、生徒たちは機械翻訳のサイトを選択しているというよりは、もっともアクセスしやすいものを便宜的に使っているだけのようです。

興味深かったのは、普段あなたがプレゼン原稿（80 語程度）を書くときの行動に最も近いものを選ぶという問いに対する回答です。結果を表 2 に示しました。教師の中には生徒が機械翻訳に頼り切って自分の頭で考えないのではないかと心配する人がいるかもしれませんが、むしろそのような生徒は 6 名しかいませんでした（表 2 ③)。少なくとも、入力前の日本語を調整したり（表 2 ⑦)、出力後の英語を書き換えたり（表 2 ⑤・⑥）していることがほとんどのようです。

方略の選択肢	度数(人)	%
① わからない単語や表現はgoogleなどで調べて，確認として機械翻訳を使う	1	1.0
② 自力で英語原稿を作るが、わからない表現があるときにだけ機械翻訳を用いる	44	41.9
③ 日本語原稿を作り、そのまま機械翻訳にすべてかけて終わる	6	5.7
④ 日本語原稿を作り、英語原稿を作る際にわからない単語だけを調べる	1	1.0
⑤ 日本語原稿を作り、機械翻訳にかけた後、わからない表現は削除する	6	5.7
⑥ 日本語原稿を作り、機械翻訳にかけた後、必要に応じて英語表現を書き換える	31	29.5
⑦ 日本語原稿を作り、日本語原稿の表現を調整してから機械翻訳にかけて終わる	16	15.2

表2　プレゼン原稿を書く時の方略 (n=105)

2.2　機械翻訳使用で学力は伸びるか？

次に、「機械翻訳を使ってあなたの英語力はつくと思うか？」という問いを出しました。これに対して、「とてもそう思う」が9.6%、「ややそう思う」が55.8%、「あまりそう思わない」が29.8%、「まったくそう思わない」が4.8%でした。つまり、半分以上の生徒が何かしら自分の英語学習に役に立つと考えている一方で、3割程度の生徒は機械翻訳を使うことで英語力がつくとは思えないと言っています。筆者が注目したのは下線を引いた意見ですが、学力を伸ばすのに機械翻訳を使えるかどうかは当人の使い方次第と言えるでしょう。肯定派も否定派も的を射たことを言っているので、指導者はこれらの意見を受けて、自宅学習での適切な使い方を指南することが求められます。

肯定的な意見

・知らなかった表現を知れるから。
・わからないところを調べることができて考えながら学習するので力が付くと思うけど、<u>すべてを翻訳機能で済ますと自分で考えることがなくなってしまう</u>ので、使い方次第だと思いました。
・わからないことをそのままにしておくことは良くないと思うから。
・自分の発想では浮かばないアイデアを機械翻訳が教えてくれるので、自分の<u>英語表</u>

現の幅が広がるから。
・授業で出てこない単語を知ることができるし、一度調べた単語とその意味が保存されるから、見返してより定着させることができて良いから。

否定的な意見

・自分の力じゃないから。
・翻訳機能を使っても記憶に残っていないから。
・Google とかで翻訳した後にその文法がどうできているのかとかを確認するならいいと思うけど、ほとんどの人が確認せずにそのまま書き込むと思うから。
・単語を調べるときはいいけど、いざ話そうとしたときには出てこないから。
・個人的にインプットしてからアウトプットによって定着する場合が多いので、インプットの過程を無視してしまうとただの作業になると思う。
・答えを写すのと同じだと思うから。

2.3 「うしろめたさ」の正体

最後に、「機械翻訳を使うことにうしろめたさを感じることはありますか？」という問いを立てました。この質問は、機械翻訳を使っていることを隠そうとする生徒がこれまでにいたことにより、生徒たちの中で機械翻訳を使うことが漠然と否定的にとらえられているのではないかという疑問から作成しました。

この問いに対して、6 割以上は「あまりそう思わない」あるいは「まったくそう思わない」と回答しました。理由としては「翻訳機を使ってわからないことがなくなるなら全然いいと思う」「(機械翻訳は) わからないことなどを知るための手段なので、逆に使うことは当たり前だと思う」のように、機械翻訳の効用を挙げていました。これらの回答も、機械翻訳が発達していない時代に学生生活を過ごした筆者からすれば時代が変わったと思えるような答えです。With MT 時代に生きる生徒たちにとっては機械翻訳がこれほど身近な存在かと驚かされます。

一方で、(うしろめたさを感じると)「とてもそう思う」「ややそう思う」

と答えた人は38.1%でした。理由としては「(機械) 翻訳を使って課題などを終わらせても意味がないんじゃないかと思うから」のように、努力すれば自力でできることもつい機械に頼っていることを認めたものがありました。他にも、「あまり使わないようにいわれているから」という答えもありました。これには、学校や塾などが漠然と機械翻訳を遠ざけてきたことが原因として挙げられるでしょう。最後に、「翻訳アプリはズルしていると感じる」のように、漠然としたうしろめたさを感じている人もいました。

機械翻訳を使う生徒たちはこのように様々な感情を抱きながら使用をしているようです。教師としては、正しい活用方法を示しながらも、地道な学習を続ける必要性も説いていくことが求められます。

3　英語授業での機械翻訳を活用した活動例

本節では、英語授業で機械翻訳を活用した実践例をいくつか紹介します。機械翻訳を用いた学習はつい個人作業になることが多いのですが、外国語科の目標として掲げられている他者とのコミュニケーションにつながる活動を並べました。

3.1　プレゼンテーション原稿作成 (Speaking)

プレゼンテーション活動において原稿作成の段階で機械翻訳を活用させることができます。教科書本文で語彙を全員で共有できる場合は必要ないのですが、各自が選択したトピックで文章を作成する場合には支援の1つとして良いでしょう。ただし、生徒が楽をするためというのではなく、原稿作成に必要な時間を別のことに使うという視点で機械翻訳を活用したいものです。たとえば、英作文に時間を多くとる生徒にとっては、機械翻訳で効率的に原稿を作成すれば、浮いた時間を使って発表構成を工夫したり、さらに必要な情報を調べたり、練習の時間を多く取って原稿を覚えたりすることができるようになります。

発音指導については自動音声化機能で音読のモデルを各自が入手することもできます。筆者は「音読さん[1]」というサイトを生徒に紹介し、モデル音声を各自がダウンロードできることを伝えています。これによって従来

AETに質問したり辞書をひいたりして発音を確認していた手間も省くことができます。その代わり、「どの語を強調したいか」「どこで間を取るか」といったデリバリーの工夫に注意させるとよいでしょう。

また、機械翻訳が出した英文が生徒にとって難しすぎるということも懸念されます。これについて筆者が取り入れている活動が口頭添削 (oral revision) です。これは、生徒の原稿添削を紙面で行うのではなく、読み上げさせた英文を聞いて行うものです。これによって、生徒自身が発音できない単語を特定でき、教師も耳で聞いてわからない表現を指摘して改善方法を共に考えます。口頭添削を生徒同士で行うこともできます。ペアで片方の生徒が原稿を相手に伝わるように音読し、もう片方が聞きながら、わからないと感じたところで相手に伝えます。読み上げ側の生徒は、相手に指摘された英文に下線を引き、音読が終わったら改善方法を1人で（あるいはペアで）考えます。口頭添削は「ダウングレード」（第7章3節参照）の1つの手法としても有効です。口頭添削の良さは、機械翻訳の正確性を判定できない中高生にとって、「相手に伝わるかどうか」というわかりやすい基準を設定できることです。

3.2　ポストエディットを通じた読解指導 (Reading)

読解の授業方式で「和訳先渡し授業」（金谷, 2004）というものがあります。従来は本文和訳を単元の終わりで与えることが多かったのですが、言語活動に時間を割くために、軽い内容理解の活動を終えたら和訳を与えるという考え方です。この授業方式を応用して、教科書本文をすべて機械翻訳で英日翻訳させ、出力された日本語のテクストを学習者に与えて以下の指示をします。「この文章は教科書本文を機械翻訳にかけて出したもので一切直していません。みなさんには教科書本文と比べながら読み、この日本語文を訂正・改善して、相手に伝わりやすい文章にしてもらいます。」

この活動は英語を英語で読むという最近の主流の活動とは真逆のものです。しかし、生徒たちにはこの作業が新鮮だったようで、普段は気にかけない部分にも注目し始めます。内容的に誤解されてしまう部分に気づけるかというのが授業者の目的でしたが、思わぬ副産物もありました。あるグループでは「この部分は『は』じゃなくて『が』の方が良いと思うんだけれど、どうかな」という発言によって、全員が日本語文法について考えはじめました。もちろん英語教育の本来の目的は英語でコミュニケーションをする力を育むことです。しかし、生徒自身が脳内で使っている言語は日本語であることがほとんどです。この場面で日本語の文法的要素に注目できたことで、生徒たちのプリエディットやポストエディットの力にも寄与する可能性があります。

ただし、原文を一切無視して日本語文のみを見て議論するグループも出てくるかもしれません。そのようなグループを見たら、教師は原文に立ち返らせるための声かけをして、あくまでも英語の読解活動であることを強調するとよいでしょう。

3.3　歌の翻訳活動 (Translating)

本実践は翻訳活動 (translating activities) に分類されます。まず、今日の外国語教育における本活動の位置づけを明らかにします。現行の学習指導要領は言語活動を 4 技能 5 領域（「聞くこと」「話すこと（発表）」「話すこと（やり取り）」「読むこと」「書くこと」）に分類していますが、翻訳活動はこれらに該当するものがありません。学習指導要領が参考にした CEFR (Common European Framework of Reference for Languages) は多言語が共存する社会において、直接コミュニケーションを取ることができない当事者の間に入ってコミュニケーションを成立させる「仲介 (mediation)」という領域を設定しています (Council of Europe, 2001)。CEFR において翻訳活動はこの仲介活動の一つに分類されますが、日本の英語教育では学習指導要領の活動例にあげられていません。

しかし、近年は訳の効用を見直す動きもあります。Cook (2010) は訳を否定する学問的根拠が不十分であることを指摘し、国内外では訳の教育的効用を実証する研究が行われてきました（染谷, 2010; 石原, 2009; Laviosa, 2014）。その中でも Gnutzmann (2009) は翻訳活動によって言語意識 (language awareness) を上げることができると指摘し、タスクの例として、外来語を母語へ訳す活動、ことわざの翻訳についての話し合い、言葉遊びの翻訳の評価などを挙げています。

Thus, translation activities invite discussion about linguistic correctness, semantic equivalence, situational and stylistic adequacy, and also about cultural adequateness. (Gnutzmann, 2009:55)
したがって翻訳活動は言語的な正確さや意味的等価、場面・文体の適切さ、そして文化の適切さに関する議論を呼び起こす。

日本では「ことばへの気づき」(大津・窪薗, 2008) という考え方が有名で、「言葉を客体化し、その性質に気づくこと」を指します。ここで紹介する活動は歌の日英翻訳を行うことで、英語と日本語の音の特徴を理解し、メロディの制約がある中で起点言語の歌の世界観を工夫して英語で表すことを狙いとしています。使用した歌はアニメ『鬼滅の刃』の主題歌として話題になった「紅蓮華」のサビである以下の一節でした。

強く／なれる／理由を知った／僕を／連れて／進め

(LiSA・草野, 2019)

授業者は最初にこの歌詞を板書し、英語が音節言語であるのに対して日本語が拍 (モーラ) 言語であることを説明しました。次に、日本語では主語が省略されることが多いことを確認して、「強くなる」「理由を知る」「僕を連れる」「進む」それぞれの動作主が何かという発問をしました。まず個人で考えさせた後に生徒を 4 人グループに分け、20 分以内にグループで英語版歌詞を完成させるように伝えました。その際に、機械翻訳は必要に応じて使ってもよいと伝えましたが、(1) 歌詞のメッセージを伝えること、(2) メロディに合わせて訳すこと、という 2 つの基準で評価が行われることを強調しました。グループワーク後、Google Forms を用いて投票を行い、優秀作品を決めました。以下、特徴的な 3 作品を紹介します。

原文	Group 1	Group 2	Group 3
強く	You gave me	I found that	I found that
なれる	a reason why	I have to	the reason why
理由を知った	I have to be so strong	protect your existence	I can be strong
僕を	Take a step	Change me	Carry my
連れて	at a time	Get me strong	sadness on
進め	with patience	Here we go!	wooden box

表 3　英語版「紅蓮華」作品（日本語の原文に対応して改行）

Group 1 はポストエディットを用いたチームで、グループワーク冒頭で機械翻訳に入力をしました。しかし、日本語の歌詞通りではメロディが余ってしまうため情報を付け加える必要が生まれ、「誰が理由を教えてくれたのか」という視点から、「主人公の妹のおかげで主人公は強くなれたのではないか」との意見から You gave me a reason という表現を作成しました。また、「我慢をしながら」という情報を付け加えてメロディに合わせることに成功しました。

Group 2 はプリエディットを用いたチームで、まずは日本語版の歌詞を精読して、自分たちの解釈をすり合わせる作業から始めました。そして、原文を「守らなければいけないと思った」「弱い自分を変えて」という表現に改変し、この表現を機械翻訳の力を借りて英訳をしてこの歌詞にたどり着きました。

Group 3 の英訳は生徒間の投票では最も人気の高かった作品です。このグループは機械翻訳に入れた結果を見て、前半の 3 行はほぼ手を加えずにそのまま採用しています。しかし後半の 3 行については「こだわりたい」と言って、自分たちの解釈を伝えながら、辞書や機械翻訳の力を借りてこの表現になりました。また、当人たちは韻を踏ませようとして、strong / on / box などの /o/ の音を多く用いています。

この活動は機械翻訳を使わずに行うこともできます。ただし、字義通りの訳を作る作業に時間を取られると、音を合わせる工夫をしたり、当人たちの解釈を共有したりする時間が削られてしまう可能性もあります。機械翻訳を活用することで、上述の「ことばへの気づき」が起きやすい状況を作り、英語が苦手な生徒も議論に参加できるようになります。ちなみにこの活動でも「自分たちは機械翻訳をあえて使わない」というグループもあります。このように、授業者の意図と学習者の必要性をすり合わせながら、機械翻訳が効果的に力を発揮する環境を作り上げることが求められます。

3.4　例文作成・ロマンチック選手権 (Grammar)

次に中学校の授業での取り組みと、それを参考にして筆者が実践した「ロマンチック選手権」という活動について紹介します。筆者が参観した授業は中学 3 年生を対象に仮定法過去を扱う時間でした。本文では仮定法過去を用いた文を練習し、最後に If I were rich, ... で始まる文を各々が作るという活動をしていました。

この授業では、生徒たちが Chromebook を 1 台ずつ持っており、生徒たちはクラス全員が共同編集者として招待された Spreadsheet にアクセスします。Spreadsheet には、ほかの生徒の解答を全員が閲覧・編集することができる共同編集機能があります。文を思いつかない生徒は、早く完成した生徒の作品を見ながら、「じゃあ自分はこれを書こう」というようにほかの生徒の作品を参考にすることができます。一見するとカンニングのようで、生徒が自分で考える習慣がなくなってしまうのではないかとも思えますが、他人の作文を見ながらモデルとなる例文を複数目にすることができるという良さもあります。また、他人の作品を参考にすることで生まれるオリジナリティも見られ、他人の作った例文で自分の言いたい単語に置き換えて 2 文目、3 文目を次々と書く生徒もいます。担当教師は同じファイルを教師用端末で開き、今回焦点となっている仮定法の文法の誤りに関してのみ、間違えている生徒に近づいて声かけを行います。

筆者の近くにいた生徒が「『カジノに行く』ってどういうんだろう」とつぶやき、自ら Google 翻訳を立ち上げて「カジノに行く」と入力をしました。画面上に表示された go to casino を見つけて、If I were rich, I would go to casino. という文を作る場面もありました。

これも授業目的次第では「自分の知っている表現のみで書かせる」という

指導も可能です。ただ、参観した授業では「自分の言いたいことを習った文法で表す」という目的だったので、授業中にGoogle翻訳を立ち上げている生徒は他にもいました。この授業者にとっては、制限された表現で書きたくないことを書かせるよりも、仮定法を使って自己表現させることの優先順位が高かったわけです。

この活動の自由度を上げた「ロマンチック選手権」という活動があります。「仮定法を使って、できるだけロマンチックな文を作ろう」という活動で、モデル例文として If I were the shuttlecock, I would be happy to be smashed by you. を提示し、「私」と「あなた」を身近なものに喩えて相手に気持ちを伝える文を全員で考えます。筆者が授業をした生徒たちの例はユニークで、If I were a pitcher, the catcher would be you.（野球部員）や、If I were the influenza virus, I would infect you.（前週に学級閉鎖になったクラス）など、面白いものが並びました。人気投票で一番だったのが、If I were lip cream, I would be applied on your lips. でした。この例文にはクラス全員が大笑いしていましたが、全員で楽しく仮定法を使用する経験を積むことができました。これも機械翻訳を使うことも可能かもしれませんが、例文全体を機械翻訳で作ってしまうと授業目的から外れてしまいます。If I were [　　　], I would [　　　　　]. という文型を練習させるという意図であれば、調べたい表現を動詞句で入力させる（文では入力しない）などの配慮が必要かもしれません。

3.5　自主課題（探究学習）における機械翻訳の活用

最後に、筆者のクラスで生徒に課している自主課題について紹介します。この課題は、生徒が各自設定したテーマで探究活動を行い、言語・文化的な観点でレポートをまとめて提出させるというものです。簡単に言えば、「英語版の自由研究」ということもできます。最初は戸惑っていた生徒も、従来の先輩たちの作品を見ると「だったら自分はこんなことをやってみたい」と案を出し始め、学年末まで継続して提出し続ける生徒も相当数います。トピックとしては、好きなゲームのキャラクターの説明を英作文したり、好きな洋楽の歌詞を日本語訳したりするものが多かったです。ここでも機械翻訳の使用は禁止しませんでしたが、代わりに、「機械翻訳を使えば、大抵のものは訳すことができてしまう。でもその中で自分が気になった部分や間違いだと思った部分については調べて説明をしたり、自分だったらこう訳すというものを書いたりすると、その人にしか書けない面白いレポートになります」と伝えました。

ある生徒は、自分が好きな漫才師の4分ネタを英語に訳す活動を選びました。まずは日本語テクストを一切プリエディットせずに機械翻訳にかけ、出力された英文を読みました。その中で、自分で誤訳だと気づいた箇所は辞書を引いて調べながら自力で訳出を行いました。ほかにも、ボケやツッコミとしての意味が消えてしまっている箇所を見て、機械翻訳の訳出の問題点や改善案を説明しました。力作だったことと、ポストエディットの観点が面白かったことからこのレポートは授業で全員に紹介し、筆者からも数か所発問を加えて別のポストエディットの可能性がないかを議論させることができました。この生徒は、英語学力だけで言えば4分のネタをすべて訳し切ることは大変な苦労が必要だったと思われます。しかし、機械翻訳を用いて、4分のネタをいったん訳出し、観察しながら自分が気になった個所のみをこだわって分析をすることができるようになりました。本自主課題の目的は、「生徒たちが自分の興味あるテーマで課題を設定して、英語を学び続ける姿勢を育てること」でした。機械翻訳なしでこの課題に取り組む生徒ももちろんいますが、このように自分の興味ある英語学習を機械翻訳によって切り開くことができたのは喜ばしいことだと思っています。

おわりに

本稿では、機械翻訳をICTの道具の一つと位置づけ、学習目的に応じて学習者が選択・活用できる力をつける必要性を述べてきました。活動例は未だ試行段階のものが並びましたが、本稿では繰り返して、授業者の意図・目的次第では機械翻訳の使用は正当化されるということを論じました。柳瀬(2022)は「機械翻訳の利用については、全面的な賛成（＝英語教育不要論）や反対（＝機械翻訳利用の全面的否定）は非現実的である。英語教育関係者は一律的・抽象的にではなく、個別的・具体的に考えるべきである」と述べており、これは筆者が本稿を書きだすスタート地点となったことばです。本稿が紹介した5つの実践事例がその具体事例となれば幸いです。

筆者がICT教育を考えるときに思い出すのは、とある講演会で聞いた以下のことばです。「ICTを新幹線に喩えてみましょう。もしも東京～品川間しか行けない新幹線であれば、だれも乗ろうとはしなかったはずです。しかし、この新幹線によって東京～大阪間が行けるとなれば、多くの人が乗ろうと考えるでしょう。」これを機械翻訳に当てはめるなら、生徒たちが機械翻訳を使って従来と同じような学習をするだけであれば、生徒が楽をするだけの道具に成り下がるかもしれません。しかし、機械翻訳によって自分だけではできなかったことができるようになり、自分の世界を広げる手段となる経験を積めば、自分の英語力育成のために活用する方法を考えようとするのではないでしょうか。

世界でこれだけ機械翻訳が使われるようになったのに中高現場だけが無風状態になるとは到底考えられません。数年の間に教育世界の形が変わってしまったと感じる実践者も多いことでしょう。筆者は、今後の中高現場において、機械翻訳を活用しつつも言語教育としてゆずれない部分は守るべきだと考えます。その一つは「他者」の存在を知ることです。「他者」という言葉は学習指導要領でも用いられていますが（文部科学省, 2018)、哲学では長年にわたり議論されてきた話題です。柄谷 (1992) は「私自身の“確実性”をうしなわせる」存在として他者を規定しています。換言すれば、自分にとって当たり前と思えることが確実ではない人間です。たとえば、生活習慣の異なる人や考え方が異なる相手はもちろん、普段は仲の良い友人の中にももちろん他者性はあります。高校現場では「論理・表現」という科目が設定され、これまで以上に論理的に話す・書く能力の育成が求められます。外国語教育が一語一義で語彙や構文の暗記に留まるのであれば、機械翻訳の登場によってその意義は大きく失われることでしょう。しかし、外国語学習を通して、学習者自身の言語・論理・価値観を超えた相手とのコミュニケーションを行う機会が保障され、「他者」とのかかわり方を学び続ける限りはその意義は失われません。機械翻訳の導入が英語教育における「人間らしさ」を再考する契機となったのは逆説的に感じられますが、筆者自身も一実践者として、現代の英語教育がゆずれないものは何かを考え続けたいと思います。

〈注〉

1 https://ondoku3.com/en/

〈引用文献〉

石原知英 (2009).「翻訳過程における学習者の「葛藤」の記述―― G. Byron "When we two parted" を題材にして――」『日本通訳翻訳研究』9, 235–252.

大津由紀雄・窪薗晴夫 (2008).『ことばの力を育む』. 慶応義塾大学. 東京.

柄谷行人 (1992).『探究 I』. 講談社学術文庫. 東京.

金谷憲 (2004).『高校英語教育を変える和訳先渡し授業の試み』. 三省堂. 東京.

坂本旬・芳賀高洋・豊福晋平・今度珠美・林一真 (2020).『デジタル・シティズンシップ：コンピュータ1人1台時代の善き使い手をめざす学び』. 大月書店. 東京.

染谷泰正 (2010).「大学における翻訳教育の位置づけとその目標」『関西大学外国語学部紀要第』3, 73–102. 関西大学.

文部科学省 (2018).『高等学校学習指導要領（平成30年告示）』. 東山書房. 東京.

文部科学省（2020年12月19日）.「GIGAスクール構想の実現パッケージ～令和の時代のスタンダードな学校へ～」. https://www.mext.go.jp/content/20200219–mxt_jogai02–000003278_401.pdf.

柳瀬陽介 (2022).「機械翻訳が問い直す知性・言語・言語教育――サイボーグ・言語ゲーム・複言語主義――」『外国語教育メディア学会関東支部研究紀要』7, 1–18. https://doi.org/10.24781/letkj.7.0_1.

Cook, G. (2010). *Translation in Language Teaching: An Argument for Reassessment*. Oxford University Press.

Gnutzmann, C. (2009). Translation as language awareness: Overburdening or enriching the foreign language classroom?. In A. Witte, T. Harden and A. Harden (Eds.), *Translation in Second Language Learning and Teaching*, 53–77. International Academic Publishers. Peter Lang.

Laviosa, S. (2014). *Translation and Language Education: Pedagogic Approaches Explored*. Routledge: New York.

LiSA・草野華余子 (2019).『紅蓮華』. SACRA MUSIC.

第 4 部
日本の英語教育の先にあるもの

キーワード：　企業での機械翻訳使用
MT リテラシー
教員の役割の変化
新たな価値観

第 13 章
社会人向け機械翻訳リテラシー教育の事例研究

平岡　裕資

はじめに

本章では、企業の会社員を対象として、機械翻訳を使用する際に必要なリテラシーの教育について考察するとともに、筆者が実施した研修の事例を紹介します。最初に、機械翻訳のリテラシーを教育する必要性について論じた後、事例の詳細を説明します。

1　業務における機械翻訳の使用

企業のグローバル化により、海外企業や海外支部とのコミュニケーションに英語が必要となる場面は依然として増加傾向にあります。この傾向自体は最近のものではなくここ十数年でよく耳にするものですが、新型コロナウイルス感染症の拡大によって、その傾向が強まった側面もあるようです。八楽株式会社 (2022) が、業務において外国語を利用する機会があると回答した 20～60 代の男女 300 名を対象に実施したアンケート調査では、およそ全体の 4 割が「新型コロナウイルス感染症の拡大前に比べて、(日本語以外の) 外国語のニーズが高まっている」と回答しています。特にオンライン会議やチャットなどのコミュニケーションがコロナ禍によって増加しています (ibid)。グローバル時代の存続をかけて、これまで政府（文部科学省）は英語教育の改革を進めてきました。2020 年に小学校で外国語（英語）が必修化されたことや、より「コミュニケーション」に重点を置いた指導方針はその改革の一部です。また、政府だけでなく、企業でも同様の取り組みが見られます。2010 年に楽天モバイル株式会社が社内公用語を英語にしたニュースは世間の注目を集めました。同様に英語でコミュニケーションを行えるグローバル人材の育成に注力している企業は数多くあります (IIBC, 2019)。

しかし、社員に対する英語教育は決して容易ではなく、前述のような取り組みが充分であるとは言えません。理由としては、複数の要因が考えられますが、そもそもの習得に必要な学習量が関係しています。言語習得には膨大な労力と時間が必要です。英語の母語話者が日本語を学ぶにはおよそ 2,200 時間の学習が必要と言われており (Foreign Service Institute, n.d.)、言語間距離を考慮すると日本語母語話者が英語を学ぶ場合も同程度の学習時間が必要であると推測できます（坂西・山田, 2020）。また、日本語母語話者が CEFR の B2 レベルに達するには高校を卒業してからさらに 3,000~5,000 時間の学習が必要であると推定する研究もあります（坂田・福田 2018）。会社員は学生に比べてより具体化された学習の動機（英語ができなければ業務もできない）があるものの、働きながら十分な学習時間を確保するのは至難の業であると言っていいでしょう。

このような状況（英語を使う必要はあるが英語力を伸ばしにくい状況）において、機械翻訳は会社員の心強い味方になっています。たとえ英語がまったくできない人でも、日本語の文章を用意すれば、瞬時に英語に翻訳してくれます。「目の前の仕事を終わらせなければならない」という具体的かつ緊急性の高い目的がある社員にとって、日々コツコツと英語を学習するよりも、自分の伝えたいことや知りたいことをかなりの高精度で即座に訳してくれる機械翻訳を選ぶのは至極当然です。いまや、機械翻訳は社員にとって非常に強力で役に立つツールです。実際、八楽株式会社 (2022) のアンケート調査によると、回答者の 7 割が「日常的に業務に機械翻訳を使用している」と回答しています。また、機械翻訳を開発・販売している大手企業・株式会社ロゼッタのコーポレートサイト[1]を見ると、医薬・化学・食品分野では 8 割以上、その他の業界でも半数以上の企業が同社の機械翻訳システムを導入していることがわかります。他社システムの導入件数と合わせると、さらに多くの割合になるでしょう。今後も機械翻訳の導入数は増加していくことが見込まれ、「英語業務は機械翻訳ありき」という状況がより自然になっていくと予想できます。

2　MT リテラシーの必要性

上記の予想が正しいとすると、今後業務で求められる英語力は、従来のように社員自身で完結する能力だけではなく、「いかに機械翻訳を適切に使用できるか」も能力の一部として求められるのではないでしょうか。インターネット環境が無い場合やレスポンスの即時性が求められる場面などでは機械翻訳はあまり役に立たないこともあるかもしれませんが、多くの場合機械翻訳は利用できます。機械翻訳の実力が大多数の日本人の英語力を上回っている状況[2]において、機械翻訳を使用せずに一から読み書きをすることはもはや非効率であると言えます。

しかし、機械翻訳はただ使えば良いというわけではなく、適切に使用するには機械翻訳のリテラシー（以降、MT リテラシー）[3] を身につける必要があります。Bowker (2020) の定義によると、**MT リテラシーはデジタルリテラシー (Martin, 2006) の一部であり、機械翻訳の使用に関する意識・態度・能力 (awareness, attitude and ability)** です。Bowker (2020) が特定の層（アカデミア）をターゲットとしている一方で、MT ユーザーガイド (AAMT, 2022) ではすべての使用者を対象読者としています。このユーザーガイドでは、「MT（機械翻訳）を正しく利用する知識」を MT リテラシーと定義づけ、機械翻訳技術の知識、翻訳品質の知識、翻訳制作プロセスの知識、機械翻訳の使用に関わる法的知識を MT リテラシーの構成要素として挙げています。これらの知識を身につけておくことは、「外国語でのコミュニケーションでの失敗（例えば、機械翻訳の誤訳に起因する訴訟、不測の事態、命の危険、人間関係悪化、差別、勘違いなど）」を避けることにつながります (ibid)。また、MT リテラシーには、知識の習得だけでなくポストエディットやプリエディットなどの実践的技能が含まれることもあります (Kenny, 2022)。これらの定義から、本章では、知識と技能のどちらも含む、より広義な概念として「MT リテラシー」を扱います。

さて、先に述べたように、機械翻訳を業務に使用する際は MT リテラシーを身につけておくことが推奨されます。しかし、現状では、MT リテラシーの教育は一般に認知されていないことから、（少なくとも日本においては）前例やデータが無く教育の効果は不明です。そのため、筆者は企業と協力し、

MTリテラシーの社内研修を実施し、データを収集・分析しました。以降の節では、その実施内容の詳細について記します。

3　研修の内容と形式

研修は2022年11月から2023年2月までの約4カ月間にわたって実施しました。この期間内に隔週1回の頻度で1時間程度の講義を全5回実施しました。講義はすべてオンライン上で行い、ウェブ会議ツールにはZoomのウェビナー機能を使用しました。講義は事前に作成したGoogleスライドや資料を用いて画面共有機能を使用しながら説明する形式をとりました。講義の目的は「英語の業務[4]に機械翻訳を適切に使用できるようになること」と設定し、使用方法や使用時の注意事項に関するものを包括的に取り上げました。主にプリエディットとポストエディットの概要と方法論を学ぶほか、機械翻訳を使用する際に知っておくべきことや（機械翻訳の仕組みや言語学的知見）、今後取るべき英語の学習方針なども扱いました。プリエディットとポストエディットの回では、ワークショップとして参加者が機械翻訳を用いて作業をする時間を設けました。以下では、各回の内容について詳しく説明します。なお、今回の研修はリーディングとライティングに焦点を当てています。

イントロダクション

初回時は研修の概要、研究の倫理申請手続き、プリテストとアンケートを前半で実施し、後半に講義を行いました。研修の概要では全体のスケジュールや、講義の内容、達成目標などを説明しました。後半の講義では現在の機械翻訳の精度、業務で機械翻訳を使うことのメリット、セキュリティと著作権などについて説明しました。

第1回　言語の基本構造・機械翻訳の仕組み

前半は言語の基本構造について、後半は機械翻訳の仕組みと限界について説明しました。前半の言語の基本構造では、文を構成する命題とモダリティとは何なのか、具体例を示しながら解説しました。また、機械翻訳の訳文を参照しつつ、機械翻訳は命題よりもモダリティの翻訳が得意であることを例を交えながら説明しました。

後半の機械翻訳の仕組みと限界についての講義では、機械翻訳技術の根本的な考え方となる共起という概念や、機械学習の仕組み、機械学習に必要な対訳データなどを扱いました。また、仕組みに起因する訳文の特徴についても紹介しました。また、理解の促進とモチベーション維持を目的として、前半と後半に理解度クイズを実施しました（Zoom のクイズ機能を使用)。講義終了後には、内容の理解度や有益度、その他の質問・要望についてのミニアンケートも実施しました（Zoom のアンケート機能を使用。理解度クイズとミニアンケートは以降の回でも実施)。

第 2 回　機械翻訳を使った情報収集

前半は、機械翻訳が出力する訳文の特徴について、後半は機械翻訳を使った情報収集（リーディング）について解説しました。最初の 10 分間には、前回のミニアンケートの質問・要望に回答する時間を設けました（機械翻訳の仕組みや誤訳の傾向についての質問があった)。前半の機械翻訳が出力する訳文の特徴では、複数の企業の機械翻訳システムと分野特化型のシステムを紹介し、機械翻訳が一般的に起こす 5 つの誤訳について例を交えて解説しました。

後半では、業務で情報収集をするために英文を読むことを想定して、機械翻訳を用いたリーディングの手順を紹介しました。手順は大きく分けて 3 つの工程（どこに必要な情報があるのか「アタリ」をつける、最低条件を守りながら機械翻訳に英文を入力する、機械翻訳の日本語訳をチェックする）に分けられます。機械翻訳に入力する際の最低条件には、文の途中に不要な改行を入れない、文末にピリオドを入れる、複数文をまとめて入力する、があります。最後の機械翻訳文のチェックでは、訳抜けと固有名詞・数字の間違いを重点的に確認することを推奨しました。比較的確認するのが難しい訳抜けでは、長文を接続詞または副詞節の前で分割することで見のがしを防止しつつ確認も容易になる手法を教示しました。

第3回　機械翻訳を使った情報発信①

第3回と第4回は機械翻訳を使った情報発信をテーマとして、第3回は出力された機械翻訳文をチェックするポストエディットに焦点を当てました。前半は、ポストエディットの概要について、後半はワークショップを行いました。前回の質問・要望には、複数ある機械翻訳システムの選び方についての質問があり、翻訳言語や文書タイプなど、機械翻訳の精度を左右する要素に基づいて、得意とされるシステムを使用することを推奨しました。前半では、ポストエディットの定義、機械翻訳文のチェックすべきポイント、ポストエディット支援ツールの使い方について解説しました。後半のワークショップでは、事前に用意したポストエディットの練習問題を使用して参加者にポストエディットを実践してもらいました（練習問題について詳しくは、「5 データの収集」を参照）。

第4回　機械翻訳を使った情報発信②

第4回では機械翻訳に入力する前の日本語を編集するプリエディットを扱いました。前半は、プリエディットの概要について解説し、後半はワークショップを行いました。前半では、プリエディットの定義やメリット、プリエディットで解消すべき日本語の5つの曖昧性について例を挙げながら解説しました。日本語の5つの曖昧性には、文法レベル（係り受け、うなぎ文など）、語句レベル（慣用句、ことわざなど）、文脈レベル（主語、目的語など）、解釈レベル（文脈依存の言葉など）、その他（固有名詞、漢数字など）があります（詳しくは付録Aを参照）。後半では、プリエディットの練習問題を実施しました。練習問題は機械翻訳を使用しながら試行錯誤的に行うパターン（バイリンガルプリエディット）と、機械翻訳を使用せずにプリエディットのルールに従って行うパターン（モノリンガルプリエディット）の2パターンを作成しました（詳しくは「5 データの収集」を参照）。

第5回　ことばとは・機械翻訳と英語学習

第5回では、今後の英語学習のあり方を主なテーマとして扱いました。前半は、言葉の質と意味について、後半は今後の英語学習の方針について解説しました。言葉の質と意味に関する講義では、これから目指すべき英語の質（ネイティブらしい英語ではなく、誰にとってもわかりやすい英語）、機械翻訳が訳せない言葉の意味（複雑なモダリティの意味は訳すことができない）などを扱いました。後半の今後の英語学習の方針では、アウトプット仮説 (Swain, 2005) や機械翻訳の使用による副次的な英語力の向上（坂西・山田, 2020）、今後の学習では理論的に言葉の仕組みを説明できる能力の育成も重要となることなどを説明しました。

総括

総括の回では、これまで学んだ内容をクイズ形式で復習する時間を設けました。クイズは各回別に合計で 5 問を出題しました。後半では、ポストテストとアンケートの時間を取りました。

4　研修の対象

4.1　対象の企業

筆者が協力を依頼したのは自動車シートの大手メーカーです。本事例では同社の開発部門の社員を対象としました。同部門の業務では、海外の取引先と英語で会議をする場面や、英語の資料を作成する場面が増えており、社員の「英語力」の向上が喫緊の課題となっていました。この課題に対して、当部門では、社員向けに英語学習の研修を定期的に実施しているほか、機械翻訳を広く導入して社員の業務を支援しています。導入しているツールは『ヤラクゼン』であり、これは多種多様な機械翻訳システムを使用できる、シンプルなユーザーインターフェースが特徴の翻訳支援ツールです。現在、同社はユーザー数が 200 名のプランを契約しており[5]、社員は機械翻訳を業務で頻繁に使用しています。

4.2　参加者の特徴

講義の参加者は同社の開発部門の社員を対象に募集しました。参加は必須ではなく、希望する者のみ参加できる形をとりました。募集の結果、20 人程度が集まりました。研修を実施する前に、普段研修を行っている担当者にヒアリングをした結果、参加者は普段は開発業務で多忙であり英語学習に割ける時間はあまりないこと、ある程度の MT リテラシーは持っていると予想できる（機械翻訳の特徴や使用方法をまとめた書籍『自動翻訳大全』を同社内で多数購入・推奨している）ことなどがわかりました。以下ではアンケートの結果からわかった参加者の特徴を示します。

- 英語の習熟度：TOEIC スコアの平均は 450.8 点（有効回答数は 18、標準偏差値は 98.5）。これは、IIBC が公表する対応表[6]をもとにすると、CEFR の A2 ～ B1 に相当し、これは文部科学省が高等学校卒業段階で想定する習熟度と同等か少し上のレベルである[7]。
- 英語を使う業務（翻訳業務を含む）の頻度：ほとんどの参加者が日常的に行うと回答した（「ほぼ毎日する」「週に数回」「月に数回」が 9 割以上）。
- 機械翻訳の仕組みの理解度：「あまり知らない」「全く知らない」がおよそ半数以上を占め、「ある程度知っている」は 2 割と少数だったことから、機械翻訳の仕組みはあまり認知されていないことがわかる。
- テクニカルライティングの経験の有無[8]：プリエディットを適切に行うにはテクニカルライティングの技能が必要である（宮田・藤田, 2017）ことから、技能の有無がプリエディットの出来、結果的には翻訳の出来に影響を与えることが予想される。アンケートの結果、全体の 9 割がテクニカルライティングの経験が無いと回答したため、プリエディットにも不慣れであることが予想される。

上記のヒアリングとアンケートの結果を踏まえ、参加者全員を 1 つの群とした際の特徴を要約すると以下の通りになります。

- 英語の習熟度は CEFR A2 ～ B1 程度（高等学校卒業のレベルかそれ以上）
- 翻訳業務や英語を使う業務が日常的に発生している
- 機械翻訳の仕組みに対する理解度は低い
- テクニカルライティングの経験が無いため、プリエディットには不慣れ

であると予想される

5　データの収集

本プロジェクトでは以下を調査の焦点として、参加者に関するデータの収集・分析を行いました。

- 社員による機械翻訳使用の現状：参加者が普段どのように機械翻訳を使用しているかを調査する。主に機械翻訳を使用した上での翻訳の出来と使用上の意識や態度などの観点から分析を行う。
- 研修の学習効果と影響：本研修により参加者にどのような変化があったのかを調査する。これにも、翻訳の出来と意識・態度の 2 つの指標を使用する。
- 研修への反応：参加者の研修に対する感想や要望を収集する。

データは、翻訳テスト、アンケート、ミニアンケート・理解度クイズ、練習問題などの形式で収集しました。以下では、各形式の収集方法について説明します。

5.1　翻訳テスト

翻訳の出来を測るため、研修実施前後でテストを実施しました。テストは日本語の文章を英語に訳す問題を出題しました。日本語の文章は、業務で頻繁に書くような一般的な電子メール文（予定の確認と議事録の共有）です。メール文はそのまま機械翻訳に入力すると誤訳が発生するように、日本語の曖昧性を含むような文章に設定しました[9]。この誤訳を解消するには、機械翻訳を使用せずに自分の力で英訳をする、もしくはプリエディット・ポストエディットを実施して機械翻訳の誤訳を解消するしかありません。より普段と同じ環境で作業をしてもらうため、指定の機械翻訳システム（Google 翻訳）のほか、その他のツールや資料などの使用も許可しました。

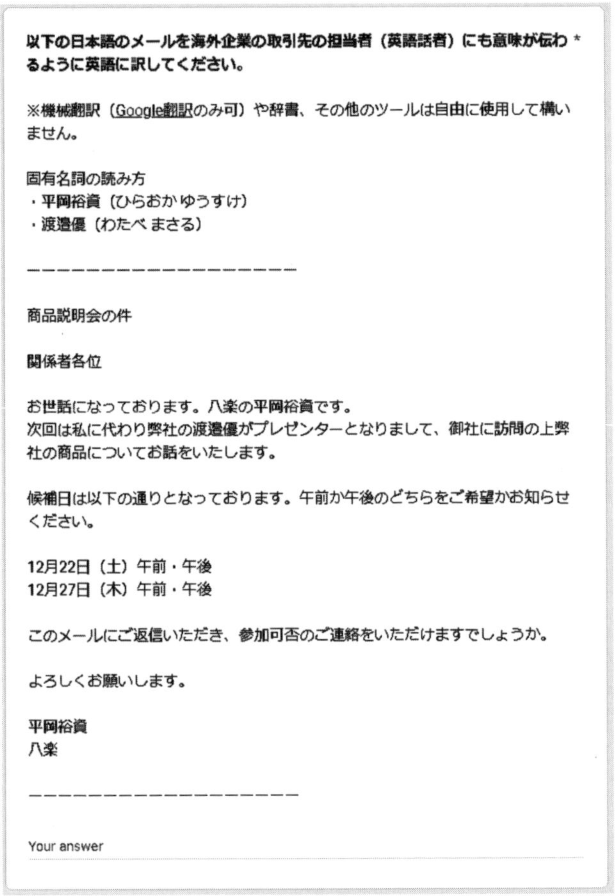

以下の日本語のメールを海外企業の取引先の担当者（英語話者）にも意味が伝わるように英語に訳してください。 *

※機械翻訳（Google翻訳のみ可）や辞書、その他のツールは自由に使用して構いません。

固有名詞の読み方
・平岡裕資（ひらおか ゆうすけ）
・渡邉優（わたべ まさる）

ーーーーーーーーーーーーーーーーーーー

商品説明会の件

関係者各位

お世話になっております。八楽の平岡裕資です。
次回は私に代わり弊社の渡邉優がプレゼンターとなりまして、御社に訪問の上弊社の商品についてお話をいたします。

候補日は以下の通りとなっております。午前か午後のどちらをご希望かお知らせください。

12月22日（土）午前・午後
12月27日（木）午前・午後

このメールにご返信いただき、参加可否のご連絡をいただけますでしょうか。

よろしくお願いします。

平岡裕資
八楽

ーーーーーーーーーーーーーーーーーーー

Your answer

図 1　翻訳テストの解答画面 (Google Forms)

5.2　アンケート

翻訳テストと同時にアンケートの回答を依頼しました。質問項目には、テストで参照したものや機械翻訳の使用方法、普段の機械翻訳の使用頻度やポストエディット・プリエディットの実施頻度、これまでの経験（英語試験のスコアやテクニカルライティングの経験）、苦手意識の変化についての質問、講義の感想などが含まれます。回答はすべて Google フォームを使用して収集しました。

5.3　ミニアンケートと理解度クイズ

各回の主観的な理解度を測るため、毎講義後に簡単なアンケートを実施しました。内容が前半と後半で異なる回（第 1 回、2 回、5 回）は、前半と後半のそれぞれの理解度についても質問項目を設けました。理解度クイズでは客観的な理解度を測るために講義の内容に沿った問題を出題しました。問題は択一式で、参加者は講義内容について正しいもの・間違ったものを選びます。問題は、内容の大枠さえ理解していれば正答できるレベルの難易度に設定し、Zoom のクイズ機能を使用して講義内に出題しました。以下に第 3 回「ポストエディットのやり方」で出題したクイズを例示します。

ポストエディットに関して正しいものはどれですか？

A. 命題のみに集中すればよいので、モダリティの誤りは全く修正すべきではない

B. ポストエディットは高い英語力が求められるので、英語力が低い人がチェックできることは無い

C. プリエディットを実施したうえで行い、主に命題（正確性）に関する誤りに焦点を当てる

答え：C

3.4　ポストエディットとプリエディットの練習問題

第 3 回の「機械翻訳を使った情報発信①」と第 4 回の「機械翻訳を使った情報発信②」では、後半にワークショップとして練習問題を提示しました。ポストエディットの練習問題は、全部で 4 問を出題しました。講義では数字と固有名詞のみを確認するように推奨したため、この 2 点が誤った機械翻訳文を修正する内容になっています。作業時は、数字や固有名詞をハイライトする機能があるヤラクゼンの使用を推奨しました。

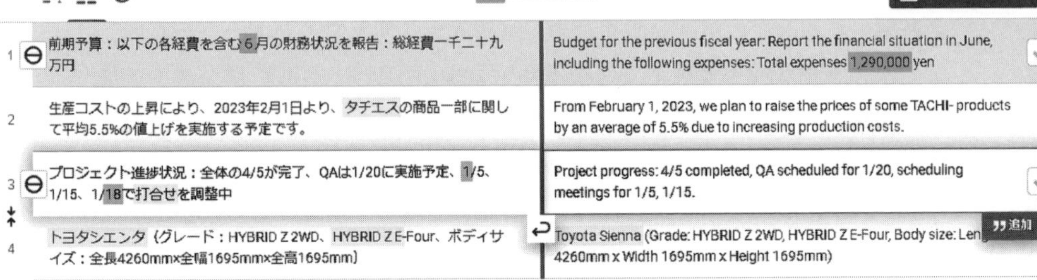

図 2　ヤラクゼンの作業画面

プリエディットの練習問題は、機械翻訳を使用しながら日本語のプリエディットを行うもの（バイリンガルプリエディット。機械翻訳の訳文を参照しながら試行錯誤的にプリエディットをする）と機械翻訳を使用せずに講義で学んだルールをもとにプリエディットを行うもの（モノリンガルプリエディット）の 2 種類を用意しました。それぞれ 7 問で計 14 問を出題し、プリエディットで回避すべき日本語の曖昧性（付録 A のチェックリストを参照）をすべて網羅するように設定しました。また、日本語一文のみをプリエディットする状況は実際にはあまりないため、プリエディット対象の日本語文だけでなく、文脈を補完する情報も併せて表示しました。参加者には講義で紹介した日本語の曖昧性を簡潔にまとめた「日本語の曖昧性リスト」を配布し、回答時にはその資料を参照することを許可しました。回答時間は 7 問につき 10 分（14 問で 20 分）と設定していましたが、およそ半数の参加者が 10 分経った時点で未完了だったため、ほとんどの参加者が完了するまで時間を延長しました（結果的に 14 問で合計 30 分ほどかかった）。実際に使用した問題文は付録 B と C を参照。

6　分析結果 ①　機械翻訳使用の現状

以降では、データの分析結果を調査の焦点に沿った形で示します。

6.1　翻訳の出来

ここでは研修実施前の翻訳テストで測定した参加者の翻訳の出来について

結果を示します。翻訳の出来は「あらかじめ設定された機械翻訳の誤訳をどれくらい解消できたのか」という指標（以下、誤訳解消率）をもとに測りました。誤訳解消率は解消した誤訳数を全体の誤訳数で割った値です。例えば、5 箇所ある誤訳の内 3 箇所を解消できた場合、誤訳解消率は 0.6 となります。翻訳テストを実施した結果、全参加者の平均の誤訳解消率は 0.574（有効回答数は 23、標準偏差は 0.278）となりました。つまり、参加者は平均して 6 割ほどの誤訳を自身で解消できたことになります。また、原文日本語内に設定した誤訳の内、解消率が低かったのは固有名詞の誤りでした（解消できた参加者は全体で 4 割ほど）。

6.2　使用時の意識や態度

次に参加者の使用時の意識や態度を明らかにするために、普段の機械翻訳の使用頻度およびポストエディット・プリエディットの実施頻度、翻訳テストでのポストエディット・プリエディットの実施の有無を調査しました。その結果、普段の機械翻訳の使用頻度においては、およそ 7 割が機械翻訳を日常的に使用していることがわかりました（「ほぼ毎日使用する」「週に数回」の回答が 7 割）。また、9 割以上の参加者がポストエディットを普段から実施している一方で、プリエディットを実施している参加者は 6 割ほどでした。この傾向は翻訳テストでも同様で、ほとんどの参加者はポストエディットは実施したものの、プリエディットを実施した参加者は 6 割程度でした。

7　分析結果 ②　研修の学習効果

7.1　翻訳の出来における変化

次に、研修の学習効果を測るため、研修実施前後の誤訳解消率を比較します。表 1 は実施前後の誤訳解消率の平均値です。実施前の平均値 0.574 に対して実施後の平均誤訳解消率は 0.558 であったことから、全体においては誤訳解消率の向上は見られませんでした。テストで設定した誤訳の種類では、固有名詞が実施前テストで解消率が低かった一方で実施後では解消率が向上しました（解消できた参加者数が 4 割から 6 割に上昇）。また、うなぎ文に起因する誤訳は他の誤訳と比較して解消率が低い傾向にありました。

	実施前	実施後
有効回答数	23	23
中央値	0.6	0.67
平均値	0.574	0.558
標準偏差値	0.278	0.331

表 1　誤訳解消率の記述統計

図 3 は実施前後の誤訳解消率の差を個人内で比較した上で、参加者を「向上した」「変化なし」「低下した」に三分類した円グラフです[10]。解消率が向上した（より多くの誤訳を解消できるようになった）参加者は全体の 4 割程度（8 名）でした。一方、低下した（誤訳を解消できなくなった）参加者は 2～3 割ほど（5 名）で、変化がみられなかった参加者の数は全体の 2 ～ 3 割ほど（6 名）という結果になりました。また、「向上した」群と「低下した」群の特徴を比較したところ、「向上した」群は実施前のテストでの解消率が低く、「低下した」群は解消率が高かったことがわかりました（それぞれ、解消率の平均値は 0.35 と 0.84）。実施前の誤訳解消率（元々のパフォーマンス）と実施前後の解消率の差（パフォーマンスの変化）を無相関検定にかけた結果からも、強い負の相関があることがわかりました（$r=-0.754$, $p<.001$）。つまり、元々はテストの出来が良かった参加者ほど研修実施後に出来が悪くなり、元々悪かった参加者ほど出来が良くなる傾向にあったということです。このことから、翻訳の出来においては、機械翻訳を上手く使いこなせていなかった参加者の方が研修の恩恵は大きかったと言えます。

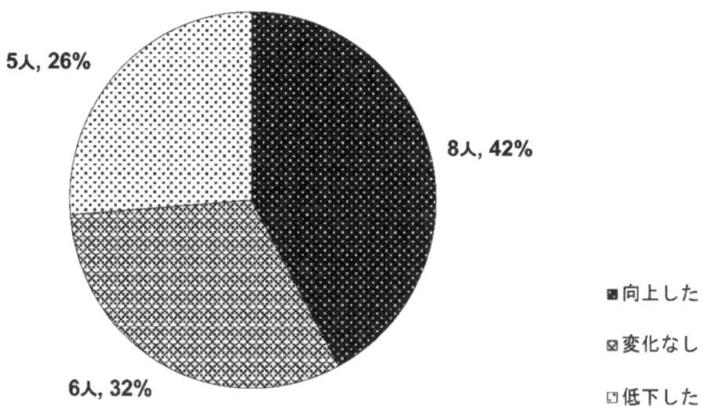

図3　誤訳解消率の変化

7.2　使用時の意識や態度における変化

次に、研修実施前後における使用時の意識や態度に変化があったのかを見ます。まず、テスト回答時の機械翻訳の使用についての結果を表2に示します。機械翻訳の使用およびポストエディットの実施については、実施前後で大きな変化は見られず、どちらも9割以上の参加者が「はい（実施した）」と回答しました。一方で、プリエディットを「実施した」と回答した数は57%から85%に増加しました。

	「はい」の回答率	
	受講前	受講後
有効回答数	23	23
機械翻訳を使用したか	91%	100%
ポストエディットしたか	91%	95%
プリエディットしたか	**57%**	**85%**

表2　テスト回答時の機械翻訳の使用

また、ポストエディットを実施しなかった参加者に理由を聞いたところ、研修実施前では「必要性を感じなかった」という回答があった[11]一方で、研修実施後では同様の回答は見られませんでした。このことから、研修によって（実際に実施できてはいないかもしれないが）必要性は認識されたことがうかがえます。プリエディットについては、複数の理由がありましたが、共通してプリエディットの必要性や具体的な実施方法がわからないことに関するものでした。研修実施後では、「必要がない」という理由はなかったため、その必要性は認識されたようですが、具体的な実施方法がわからないという回答は依然として残りました。

次に、普段の機械翻訳の使用頻度とポストエディット・プリエディットの実施頻度に変化があったかを見ます。まず機械翻訳の使用頻度ですが、研修実施後の方が「ほぼ毎日使用する」の回答数が21.7%から40%に増加しています。講義で機械翻訳のクセや使い方を重点的に学んだため、その有用性の認知や心理的ハードルを解消できたのかもしれません。ポストエディットとプリエディットの実施頻度の変化については、ポストエディットで大きな変化は見られなかったものの、研修実施後は「どちらともいえない」の回答数がゼロになりました。一方、プリエディットは「よくする」「時々する」の割合が7割から9割に増加し、「どちらともいえない」と「全くしない」の回答数はゼロになりました。また、プリエディットの実施頻度の変化を個別に見たところ、頻度が向上した参加者は全体の半数（9名）でした（図4）。これらの結果から、研修によってプリエディットがある程度習慣化されたことがわかります。

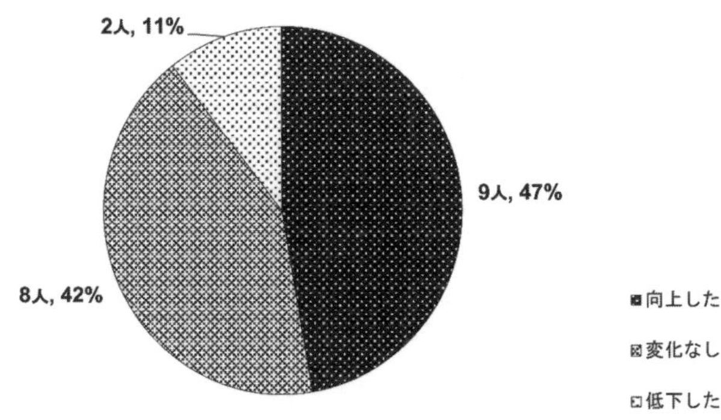

図4　プリエディットの実施頻度の変化

また、英語や翻訳に対する苦手意識の変化についても調査をしました（図5）。アンケートでは、「本講義を受けて、英語や翻訳への苦手意識が減ったり、英語を使うハードルが下がったと思いますか？」と質問し、回答は「そう思う」「ややそう思う」「どちらともいえない」「あまりそう思わない」「まったくそう思わない」の 5 つを設定しました。その結果、「そう思う」「ややそう思う」が 8 割（16 名）を占めました。これは主観的な指標ではあるものの、本研修によって参加者の苦手意識を和らげる効果があったと言えます。特に、機械翻訳の適切な使用方法（第 2 回～4 回）や目指すべき英語の質（第 5 回）を学んだことが苦手意識の変化に繋がったのかもしれません。

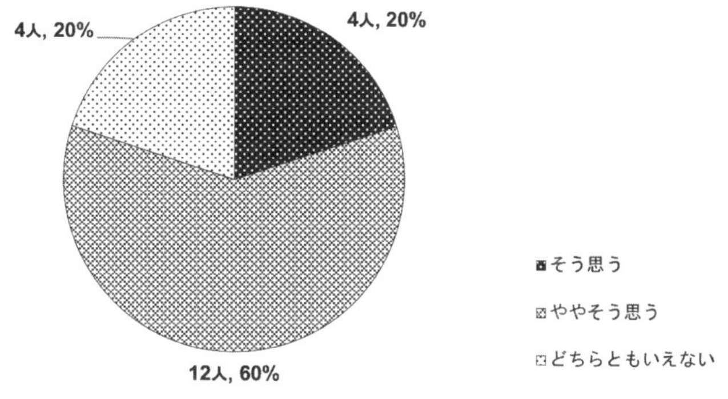

図 5　苦手意識の変化

7.3　ポストエディット・プリエディットの出来

第 3 回と 4 回の講義で実施した練習問題の正答率をもとに参加者のポストエディット・プリエディットの出来を測りました。表 3 は各練習問題の正答数を示しています。

	ポストエディット			プリエディット	
	全体	数字	固有名詞	機械翻訳あり	機械翻訳なし
有効回答数	17	17	17	22	20
問題数	4	2	2	7	7
中央値	3	2	1	4.5	5
平均値	2.632	1.765	1.176	4.273	5.1
標準偏差	1.212	0.562	0.809	1.486	0.968

表 3　練習問題の正答数

ポストエディットの練習問題では、合計で解消すべき 4 つの誤訳を提示しました。誤訳の種類は第 3 回の講義内容をもとに、数字と固有名詞の誤訳に限定しました。誤訳解消数の平均値はおよそ 2.6 であり、これは参加者が平均で 4 問中 2.6 問を正答したという意味になります。また、誤訳解消数が 0 の人数は全体の 1 割（2 名）でした。設定した誤訳は数字と固有名詞という英語力があまり無くても比較的修正しやすいものであり、かつヤラクゼンのハイライト機能を使用できたにもかかわらず、すべての誤訳を解消できた（全問正答した）参加者はわずか 5 人（全体の 3 割）でした。また、数字と固有名詞のどちらが解消されやすかったかを比較したところ、固有名詞の方が正答数が低いように見えたものの、正答数の平均値に統計的有意差はありませんでした（ウィルコクスンの符号付き順位検定、p=0.067、効果量は 0.621）。

プリエディットの練習問題では、機械翻訳を使用する場合（バイリンガルプリエディット）と機械翻訳を使用しない場合（モノリンガルプリエディット）の 2 パターンを実施しました。設定した誤訳数（問題数）はそれぞれのパターンで 7 つでした。全体の平均値はそれぞれ 4.273 と 5.1、つまり参加者は平均して 7 問中 4～5 問を正答したことなります。バイリンガルプリエディット（機械翻訳あり）とモノリンガルプリエディット（機械翻訳なし）を比較すると、機械翻訳なしの方が正答率は高く見えるものの、統計的な有意差は見られませんでした（ウィルコクスンの符号付順位和検定、p=0.093、効果量は 0.576）。また、各問題の種類（日本語の曖昧性の種類）における傾向についても分析を行った結果、うなぎ文や複合名詞を避けるプリエディットでは正答率が高い一方、主語・目的語の補完、固有名詞の英語表記、記号を避けるなどは正答率が低い傾向が見られました。また、オノマトペ・慣用句を避ける、固有名詞の英語表記、記号を避けるは機械翻訳ありとなしの環境によって正答率が変動しています。オノマトペ・慣用句と記号はモノリンガルプリエディットの方がやりやすい一方、固有名詞は機械翻訳の訳文を参照できる方がプリエディットしやすいようです。

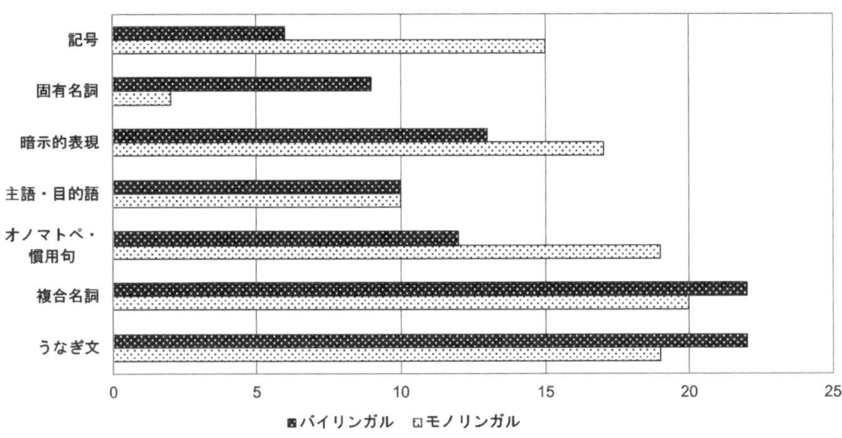

図 6　日本語の曖昧性の種類における正答率の傾向

8　分析結果 ③　講義への反応

8.1　講義内容の理解度

各回の講義内容を参加者がどれくらい理解できたかを調査するため、ミニアンケートとクイズを実施しました。図 7 にミニアンケートの結果を示します。すべての回で「よく理解できた」「だいたい理解できた」の回答がほとんどを占める結果となったため、全体的に講義内容は理解されたといえます。「どちらともいえない」の回答数が多かったのは第 1 回の「言語の基本構造・機械翻訳の仕組み」と第 3 回の「機械翻訳を使った情報発信①（ポストエディット）」でした。「機械翻訳を使った情報発信①（ポストエディット）」では、講義のフローに問題が生じた（作業ファイルの受け渡しが出来なかったことから講義が一時中断された）ことがミニアンケートの結果に影響していると考えられます。

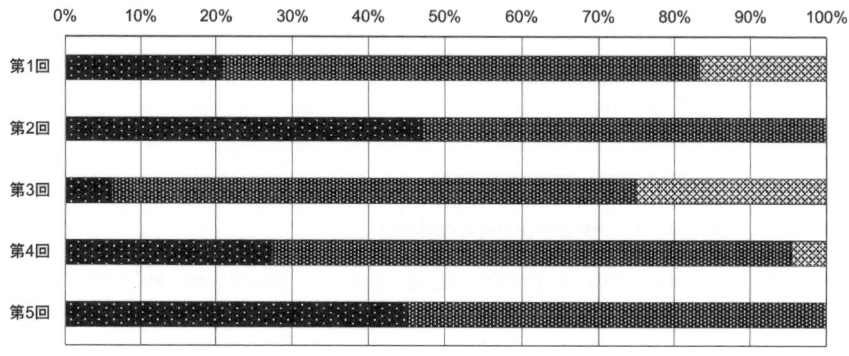

図 7　各回の理解度

次に各回のクイズの正答率を表 4 に示します。「総括」では、すべての講義の内容を網羅したクイズを出題しました。総括の正答率が 90% 以上であることからも、全体的に講義の内容を理解できていると言えます。また、ミニアンケートの結果では第 1 回の理解度が低いことがわかりましたが、同様にクイズの正答率も低い結果となりました。一方で、第 3 回は、正答率が高い結果となりましたが、これは、先に述べたワークショップのフローで生じた問題がクイズでは反映されていないためであると思われます。

	有効回答数	正答数	設問数	正答率
第1回	24	1.75	3	**58%**
第2回	23	2.7	3	90%
第3回	19	1.84	2	92%
第4回	23	0.87	1	87%
第5回	18	1.83	2	92%
総括	19	4.68	5	94%

表 4　各回のクイズの正答率

8.2　講義の感想

研修実施後のアンケートでは講義の感想について聞きました。図 8 は役に立ったと思う回の回答結果です（複数回答可）。第 4 回「機械翻訳を使った情報発信②（プリエディット）」が最多であることは、分析結果②で述べた結果（これまでプリエディットの知識や習慣が無かったこと、研修によってプリエディットが習慣化されたこと）と関連しています。また、研修の良い・悪いと思った点を自由記述で回答をしてもらった結果、形式については例やクイズがあったことが良い点であった一方、資料の共有やデモの時間が少ない点が悪い点として挙げられました。内容に関する意見では、これまで知らなかった有益な情報を知ることができた一方で、十分に理解できなかった内容が一部あったという声もありました。また、より実践的な内容を求める声や言語学的知見もさらに学びたいという回答も見られました。

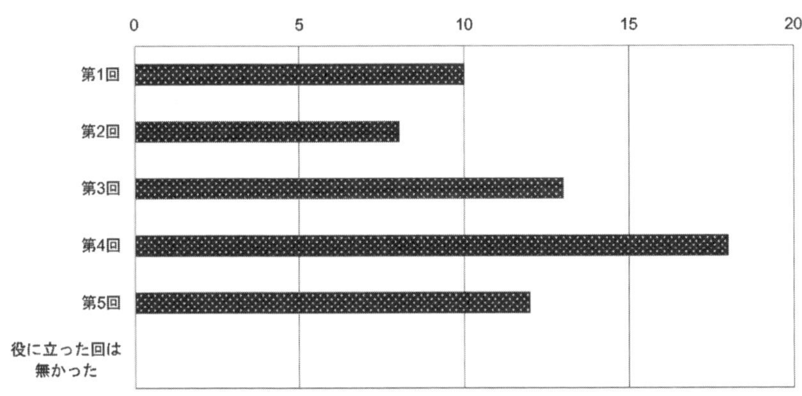

図 8　役に立った回

9　分析結果の要約

分析結果①～③を要約すると以下の通りになります。

機械翻訳使用の現状

- 機械翻訳の誤訳は半分ほど解消できているが、半分は誤訳されたままでありポストエディット・プリエディットが不十分である

- 日常的に機械翻訳を使用しており、ポストエディットは頻繁に行う一方で、プリエディットはポストエディットほど頻繁に行っていない

研修の学習効果

- 全体の 4 割の参加者が機械翻訳の誤訳を解消できるようになった一方で、3 割は反対に解消できなくなり、残りの 3 割は変化がなかった
- 元々翻訳テストの出来が良かった参加者ほど出来が悪くなり、元々悪かった参加者ほど出来が良くなる傾向にあった（機械翻訳を使いこなせていなかった者の方が研修の恩恵は大きい）
- 機械翻訳使用時のプリエディットが習慣づけられた一方で、技能（プリエディットする力）は十分なレベルに達していない
- 英語を使うことや翻訳をする苦手意識が減った

研修への反応

- 参加者は講義の内容を十分に理解できたが、言語構造（命題・モダリティ）と機械翻訳の仕組みに関する内容は難しいと感じた
- 参加者はプリエディットやポストエディットに関する講義が最も役に立ったと感じた

おわりに

本章では、社会人を対象とした MT リテラシー教育の必要性について考察し、メーカー企業の社員を対象に実施した研修の事例を紹介しました。また、事例で収集したデータから、社員の機械翻訳使用の現状や、研修による学習効果などの分析結果を示しました。機械翻訳使用の現状に関する調査では、機械翻訳の誤訳が十分に解消されていないことやポストエディットと比較してプリエディットの実施頻度が低いことがわかりました。学習効果については、機械翻訳の誤訳を解消する能力自体よりも、機械翻訳使用時の意識や態度において変化が見られました。これは、研修の内容が理論学習に偏っており、実践面での学習が不足していたことが一つの要因として挙げられます。しかし、逆説的に言えば、理論を学んだだけでも 4 割の参加者が機械

翻訳の誤訳を解消できるようになったため、実践的な学習を増やすことでさらなる学習効果が期待できる、とも言えます。また、今回は研修の回数と時間が限定的であったことから、比例して学習効果も限定された可能性があり、学習量を増やすことでさらなる変化が表れるかもしれません。

ところで、昨今では ChatGTP という対話形式の AI が話題になっています。なぜ話題になっているかというと、AI に対して細かい指示を「人間の言語で」できるようになったからです。つまり、プログラミング言語をまったく書けなくても、AI を使ってあらゆることを自由にできるようになりました。翻訳においても、AI に的確な指示さえできれば、従来よりも質の高い訳文を出力してくれます。例えば、「明日のミーティングは参加できますか？」をそのまま英訳してもらうと “Can you attend tomorrow’s meeting?” と出力されますが、「相手は取引先の社長なので丁寧な表現でお願いします」と追加で指示を出すと、よりフォーマルな言い回しで “Would it be possible for you to attend tomorrow’s meeting?” と訳してくれます。ここで重要な点は、指示の適切さが翻訳の質（つまり英語力）に直結するようになったことです。このことから、理論学習の重要性がより高まったと言えるかもしれません。実践の部分は AI に任せればいいわけです。重要なのは適切な指示ができるかどうかであり、何を指示すべきか、どのように指示すべきかを判断するには言語や翻訳の知識が十分に無ければなりません。先の例では、「英語でも相手によって丁寧さを変えるべき」や、「“can you ～？” よりも “would it be possible for you to ～?” の方が丁寧である」という知識が必要になります。今後の教育においては、このような理論面の学習を重点的に行う必要があるかもしれません。

付録 A　日本語の曖昧性を回避するチェックリスト

1. 文法
    - 係り受けを明確に
    - うなぎ文を補完する
    - 複合名詞を展開する

2. 語句やイディオム
    - 慣用句を避ける
    - ことわざを避ける
    - オノマトペを避ける

3. 文脈や文と文の関係
    - 「誰の」「どの」を明確に
    - 目的語を補完する
    - 主語を補完する

4. 文や表現の解釈
    - 暗示的表現を明示的に
    - 文脈依存の言葉を具体化・文脈を追加する
    - 文化的表現を考慮する

5. その他
    - 固有名詞を英語表記に
    - 特殊な記号は避ける
    - 漢数字はアラビア数字に
    - 漢字を使う

付録 B　ポストエディットの練習問題（下線部は訂正すべき誤訳の箇所を示す）

番号	原文	機械翻訳文（ポストエディットの対象文）
1	前期予算：以下の各経費を含む６月の財務状況を報告：総経費一千二十九万円	Budget for the previous fiscal year: Report the financial situation in June, including the following expenses: Total expenses <u>1,290,000</u> yen
2	生産コストの上昇により、2023年2月1日より、タチエスの商品一部に関して平均5.5%の値上げを実施する予定です。	From February 1, 2023, we plan to raise the prices of some <u>TACHI-</u> products by an average of 5.5% due to increasing production costs.
3	プロジェクト進捗状況：全体の4/5が完了、QAは1/20に実施予定、1/5、1/15、<u>1/18</u>で打合せを調整中	Project progress: 4/5 completed, QA scheduled for 1/20, scheduling meetings for 1/5, 1/15.
4	トヨタシエンタ（グレード：HYBRID Z 2WD、HYBRID Z E-Four、ボディサイズ：全長4260mm×全幅1695mm×全高1695mm）	Toyota <u>Sienna</u> (Grade: HYBRID Z 2WD, HYBRID Z E-Four, Body size: Length 4260mm x Width 1695mm x Height 1695mm)

付録 C　プリエディットの練習問題（下線部はプリエディットすべき箇所を示す）

番号	文脈の情報	原文（プリエディットの対象文）
1	プロジェクトの担当者を伝える	既存のプロジェクトは佐藤さんが担当します。<u>新プロジェクトは鈴木さんです。</u>
2	クライアント先への報告が完了したことを伝える	<u>得意先報告済み</u>
3	オフィスに人がいないことを伝える	オフィスは<u>ガラガラ</u>の状態です。
4	複数人でクライアント先に訪問する予定があり、自社を代表して事前に挨拶する	お目にかかれるのを楽しみにしています。
5	依頼を断る	<u>恐れ入りますが、そのご依頼は難しいかもしれません。</u>
6	自社の商品について説明する	<u>マニュアルスライド</u>(NCM20)は業界最軽量です。
7	参加者の都合が合う日程を伝える	次回の会合の日程調整：1/26が<u>○</u>、1/29と1/30が<u>×</u>

各問題に該当する日本語の曖昧性は以下の通り。

1. うなぎ文　2. 複合名詞　3. オノマトペ　4. 主語の省略　5. 暗示的表現
6. 固有名詞　7. 記号

〈付記〉

本章で紹介した研究プロジェクトは、2022 年 11 月～2023 年 3 月に立教大学異文化コミュニケーション学部・研究科の山田優研究室と八楽株式会社の共同で実施された。

〈注〉

1　https://www.rozetta.jp/#case

2　機械翻訳が出力する英文は TOEIC Listening & Reading 960 点のビジネスマンと同等であるとされている（みらい翻訳, 2019）が、895 点以上の取得者は全体の 5% にも満たない (IIBC, 2021)。

3　MT リテラシーと類似する概念として、山田 (2022b) による機械翻訳の外国語教育への応用 (Machine Translation in Language Teaching: MTILT) が挙げられる。MTILT では、言語教育を中心として、英語教育における機械翻訳の位置づけ、機械翻訳使用による学習者への影響などをテーマとして扱う。MT リテラシーという概念自体には英語教育は内包されていないが、MT リテラシーを学ぶことは MTILT の教授法の一部として重要な要素である。

4　英語の業務には、英語のメールを書いたり、英語で書かれた情報を収集したりする場面を想定している。

5　下記のウェブサイトの情報をもとにしている。https://www.yarakuzen.com/case-study/tachi-s

6　IIBC の対応表は以下を参照。https://www.iibc-global.org/toeic/official_data/toeic_cefr.html

7　文部科学省は高等学校卒業段階で CEFR の A2 レベル相当以上を達成した中高生の数を半数以上にすることを目標としている。

8　テクニカルライティングの定義は「ある一定の執筆ルール（例：主語を明示する）に基づくことでわかりやすいような日本語を書くこと」として、アンケートにも明記した。

9　機械翻訳は Google 翻訳（2022 年 11 月、2023 年 2 月時点のもの）を使用した。

10　翻訳テストで設定した誤訳数は最少で 5 箇所であったため、解消率が 0.2 より大きく変化した場合にのみ「変化あり（向上または低下）」とした。

11　「必要なかった」と回答した参加者 2 名の解消率は 1.0（誤訳をすべて解消した状態）ではなかったため、実際にはポストエディットをする必要はあった。

〈引用文献〉

AAMT (2022).『MT ユーザーガイド（2023 年 3 月 31 日）』最終閲覧日 2023 年 3 月 31 日，https://www.aamt.info/wpcontent/uploads/2022/09/MT_userguide_v1–1.pdf

Bowker, L. (2020). Machine translation literacy instruction for international business students and business English instructors. *Journal of Business & Finance Librarianship, 25*(1–2), 25–43. https://doi.org/10.1080/08963568.2020.1794739

Foreign Service Institute. (n.d.). *Foreign Service Institute Course Catalog 2015–2016*. Washington, DC: Foreign Service Institute.

IIBC (2019).『英語活用実態調査 企業・団体ビジネスパーソン 2019（2023 年 3 月 31 日）』最終閲覧日 2023 年 3 月 31 日，https://www.iibc-global.org/hubfs/library/default/ toeic/official_data/lr/katsuyo_2019/pdf/katsuyo_2019_corpo.pdf

Kenny, D. (2022). Introduction. In D. Kenny (Ed.), *Machine translation for everyone: Empowering users in the age of artificial intelligence*, (v–viii). Language Science Press. https://zenodo.org/record/6653406/files/342–Kenny-2022.pdf?download=1

坂田浩・福田スティーブ (2018).「日本人の英語学習時間について：これまでの学習時間とこれから求められる学習時間」『国際センター紀要・年報』11–27. https://acaddb.com/articles/articles/25247681

坂西優・山田優 (2020).『自動翻訳大全』三才ブックス.

Swain, M. (2005). The Output Hypothesis: Theory and Research. In *Handbook of Research in Second Language Teaching and Learning*, 471–483. New York: Routledge.

山田優 (2022) .「機械翻訳を英語教育に活用するために～TILT から MTILT へ～」2022 年度第 1 回 JACET 関西支部会，2022 年 6 月 18 日.

八楽株式会社 (2022).『コロナ禍における自動翻訳の実態調査リリース～新型コロナウイルス感染症の拡大前に比べて約 4 割が自動翻訳を使う機会が増えていると回答～（2023 年 3 月 31 日）』最終閲覧日 2023 年 3 月 31 日，https://prtimes.jp/main/html/rd/p/000000032.000004034.html

第 14 章
機械翻訳時代の英語教育はどこへ向かうのか（座談会）

機械翻訳を使えば誰でも簡単に英語が得られるようになりました。それでは英語を教える教員の役割とは一体何なのでしょうか？　何のために英語の授業を行うべきなのでしょうか？「英語力」とは何を指すのでしょうか？これからは何を教えるのが重要なのでしょうか？　自然言語を操る技術の発達によって日本の英語教育の現場はこういった根源的な問いに直面することになりました。

この章では、2023 年 3 月に本書の執筆者が集いこれらの問いに対して自由に意見を述べ合った座談会の様子を紹介します。筆者のプロフィールは本書の巻末に掲載されています。

****

○ 教員は学びのファシリテーター

小田：機械翻訳が発達すると英語教員の役割が変わってくると思うんですが、みなさんの考えはどうでしょうか。

山中：変わるべき部分と変わらなくてもいい部分に分けて考えるといいかもしれません。ツールがこの先の未来どう変わっても、人が何かを表現し、人とコミュニケーションする能力を育成する役割は変わらないと思うからです。その上で、機械翻訳のような新しいツールを使ってそれぞれの学生に合った学びをファシリテートするような役割が求められるようになるのではないでしょうか。

山田：確かに、変わらない部分と変わるべき部分を見極めるのは重要だと思います。例えば選択科目である第 2 外国語としてのフランス語を教える教員は、機械翻訳が出てきても教員の役割はあまり変わらないように思います。教養英語は実用を目的としているので、教員はある程度変わっていかないといけないと思います。

西山：最近は先生がいなくても YouTube や Udemy（ユーデミー）[1] のような自主学習教材を使って自分で学ぶことができるようになったので、英語に限らずどの科目でも教員はファシリテーター的な役割が求められるようになるんじゃないでしょうか。授業のために大学にわざわざ来て学ぶのなら、有意義な集まりになるように計画して学習者のモチベーションが上がるようにファシリテートするのが教員の役割だと思います。

幸重：機械翻訳は今後さらに普及していくでしょうから、言語は単なるツールとみなされるようになるのではないかと思います。例えば、詳しい英文法などは言語学を学ぶ人には重要かもしれませんが、それ以外の人にとっては機械翻訳を使ったアクティブラーニング的な活動でアウトプットとして何が出せるのかのほうが重要で、そういうアウトプットの場所への門を開いてあげる役割が教員には求められると思います。これは「英語力」とは何を指すかという問題とも大きく関わってくると思います。

山下：私は英語を使って何ができるのかを教員がもっと学生や生徒に示す必要があると思っています。私が所属している大学の理系の学生は国際発表をしたりするチャンスがあるはずなのに、学生自身が世界に目が向いていなくて英語を勉強しなかったりします。そこでサンフランシスコ界隈の日本人起業家による「起業家座談会」[2] を企画して学生に参加させました。すると「海外の研究室で勉強したり、海外で就職したりする道もあるのだと気づいた。英語は大事だと思った」と学生が言いだしました。

小田：なるほど、学習のモチベーションを得るきっかけを与えるのは確かに教員の重要な役割ですね。人との出会いもそうですが、YouTube にいくら素晴らしい教材があっても、普通の学習者の場合は誰かの働きかけがないとそういったものに出会いにくいので、学習に結びつきにくいと思います。

ラングリッツ：同感です。

南部：確かに今は何でも手に入る時代で、自分が見てもすごく面白い YouTube ビデオもたくさんあります。でも、それぞれの学生に必要なものを選んであげるのは教員の役割だと思います。例えば、客室乗務員になった卒業生から、業務で使う決まり文句の英語はすらすら言えるけれどもお客さんと small talk ができないのでどうしたらよいか、という相談を受けたことがあります。そういうピンポイントの情報は探してもすぐには見つからなかったりするので、教員がいろいろな情報をストックしておいて役に立つ情報を紹介してあげるといいと思います。

小田：学部生と歳が近い大学院生の田村さんと平岡さんは、英語の教員にどうしてほしいと思いますか？

田村：学部生のころを思い出すと、何のために学習するのかわからない英語の授業も多かったように思います。授業で扱う内容が将来どんなふうに役に立つのか、大きいビジョンを示すといいかもしれません。その方が学生は勉強する気になると思います。

小田：耳が痛い話ですね。必修英語科目の場合、授業をすること自体が目的化してしまっているのかもしれません。

平岡：さっき話に出た教員のファシリテーター的な役割は大事だと思います。具体的な知識は自分で学ぶから、質問があったら答えてくれるとか、次に何をしたらいいのかアドバイスしてくれるとか。先生たちがそういう姿勢でいてくれるとうれしいです。ただし、学生全員にこの方針が有効だとは思わないので、誰に対してどういう目的で教育するのかを明らかにしたうえで、それぞれの教員の役割を考えるといいように思います。

山田：とにかく、英語ノンネイティブスピーカーの私たちが機械翻訳を手に入れてグローバルに羽ばたけるオプションを手に入れたのだから、それを前提としたファシリテーターであるべきじゃないかと思います。その部分は変わるべきだと思います。一方、基本的な文法の授業がまだ必要なことも確かなので、そういった部分は変わらなくてもいいのではないでしょうか。

○ 英語も「教養化」するかどうかは疑問

山中：さっきフランス語の話が出たので少し発言させて下さい。英語は実に中途半端なんです。かつてほどの勢力や人気を失いつつあるフランス語やドイツ語の教員は、ある意味で賢く割り切っていて、本気で生き残りをかけた生存戦略を見事にやっています。つまり、グローバルでのコミュニケーションの言語は英語に譲る代わりに、徹底して教養としての外国語にシフトし、例えばドイツ語ができたらゲーテが読める、フランス語ができたらカミュが読めるというふうに、ニッチではあっても確実に存在するニーズをアピールしています。

それに比べて英語は、多くの大学で必修科目となっている「甘え」もあって、コミュニケーションのツールとしても生き残りたい、教養としても生き残りたいといった具合ではっきりしません。機械翻訳によって息の根を止められそうになった途端に慌ててその意義を考えさせられているような状況に陥っています。英語も捨てるところは捨てて、何がレゾンデートル（存在理由）なのか明確にすべきじゃないでしょうか。ファシリテーターの役割にしても優秀な学生がやればいいと言われかねません。「やっぱり先生はすごい」と思わせる教員の価値をどこに残すことができるのか真剣に考える時期に来たのではないでしょうか。それは高度な言語学的な知識かもしれないし、雑談も含めた人間力のようなものかもしれないし、色々な可能性があると思います。

小田：機械翻訳が発達すると、英語の授業もフランス語やドイツ語のように教養を目的とした内容にシフトしていくのではないかという議論はずいぶんあります。みなさんはどう思いますか？

山田：英語はリンガフランカとしての役割があるから、文化教養面を重視しなくてもいい側面はあるんじゃないでしょうか。英語圏の文化を教える教員はもちろんいてもいいと思いますが、英語の教員が提供する内容の一つにすぎないと思います。

西山：全世界の人が協力して行う学術研究は、やっぱり英語で行うのが自然な流れだと思います。新しい技術が発展すると新しい言葉が出てきますよね。例えば machine learning（機械学習）とか。そして、それを日本語なり中国語なりに訳していくことになると思います。だからやっぱり英語が中心となる事には変わりがないんじゃないでしょうか。

小田：そうか、西山先生は工学が専門でしたね。つまり英語は工学や自然科学といった理系分野の研究においてはリンガフランカとしての地位が確立しているので、機械翻訳が発達してもラテン語のような立場にはならないということですね。

西山：そう思います。同じような例ですが、私はウズベキスタンにいるんですが、ウズベキスタンの人はいろいろな分野を学ぶためにロシア語を勉強するんですよ。ウズベク語だけだと勉強できる内容が限られてしまうので。出世のためにはロシア語が必要だと考える人が多いわけです。そういった役割が英語にはあると思います。

○ コミュニケーションのための文化的知識

小田：でも、国際交流イベントで私の学生の様子を見ていると、日本語独特の行間を読んでもらうような習慣というかハイコンテクストのコミュニケーションに慣れているせいか、英語で必要なローコンテクストのコミュニケーションが全然できないんですよ。そもそも話しかけられるまで何も言わない学生が多いですし（涙）。何でもいいからまず発言させることに苦労しています。だから英語教員はコミュニケーションの仕方を教える必要があると感じています。きっと私の学生に高性能の機械翻訳を持たせても会話は弾まないんじゃないかと想像しています。

山田：似た話があります。「やさしい日本語」でもそういう面が重要になっています。日本語が母語でない人と話す時は「行く？」じゃなくて「あなたは私たちとカラオケに行きますか？」とちゃんと言うべきなんですが、日本語母語話者の人は日本語が母語でない人にもハイコンテクストで話してしまう傾向があります。それで通じないものだから、英語で話したりするんですが、相変わらずハイコンテクストのままだからやっぱり通じなかったりします。「やさしい日本語プロデューサー」の吉開章さんが日本語母語話者でない人に対しては「ハサミの法則」に基づいてはっきり（ハ）、さいごまで（サ）、みじかく（ミ）日本語を話しましょうと提唱しています。こういった意味での文化的知識を教えることは重要かもしれません。ちなみに「ハサミの日本語」を機械翻訳にかけたらいい英語の訳出を得やすくなるのかどうか研究している英語の先生もいます。

小田：本当だ、似てますね！　確かに「ハサミの日本語」ができる人は、英語でのコミュニケーションも上手なんじゃないかと思います。

○ 機械翻訳が出す英語を学習者は「自分のものにする」べきか

小田：他に教員の役割として「機械翻訳が出した英語を学習者が自分のものにするために支援すること」が挙げられます。教養英語を担当する私にとっては重要な内容なんですが……。

田村：「英語を自分のものにする」ってどういう意味ですか？　言語を習得するという意味ですか？

小田：そう思いますけど……。「機械翻訳が出した英語を機械翻訳がなくても自分が使えるようにする」という意味じゃないでしょうか。

山田：それって、カレーライスを作るのに、市販のルーがなくてもカレーライスが作れるようにすべきかっていう話ですか？　でも日本人のほとんどはカレーライスを作る時にルーを使ってますよね。

西山：包丁を使って料理するなら包丁を自分で作れなければダメだというの

なら、石器時代の人のように石を割って包丁を作らなければいけなくなりますよね。便利なものはどんどん使って何ができるのかを考えてきたのが人類の発展の歴史だと思うんですが。

小田：西山先生は工学の先生だからそう思うのかもしれませんよ。成果物の英語論文がうまく完成すればいいわけですよね？　でも、教養英語の教員にとっては成果物ができていればいいというわけじゃないんです。

西山：いや、それでも自分が書いた英語に責任を持つ必要はあります。自動運転の話と似ているんじゃないでしょうか。自動運転の技術はかなりいいところまで進化していますが、なかなか世に出せないのは事故が起こった時に誰が責任を取れるのかがネックになっているからですよね。英語の文章も似たようなものだと思います。例えば、論文におかしなことが書いてあった場合、「間違った英文に訳したのは機械翻訳だから私の責任じゃない」は通用しなさそうですよね。

小田：じゃあ理工系の英語論文指導をしている西山先生もやはり機械翻訳を利用して書いた英語を理解するための支援は必要だと思っているということですか？

西山：それは強くそう思います。

山下：私は機械翻訳時代だからこそ、自分で責任を持てるように、少なくとも理解面での英語力は今まで以上に必要になると感じています。

小田：今まで以上に英語力が必要になるんですか？　機械翻訳があれば英語を勉強しなくてもいいと考えている学生さんたちががっかりするかもしれませんね（笑）。

○ 自分が用いる英語に責任を持たせるためには

小田：じゃあ、教員の重要な役割の一つは「自分が用いる英語に対しては自分が責任を取らなければならない」ということを強く実感できる場を設けること、と言ってもいいと思いますか？

西山：全く、おっしゃる通りだと思います。

山田：たぶんそれだと思います。

小田：私はそのためになるべく多くの学生に国際交流の場を提供するようにしています。どんなに習熟度が低い学生でも、変な事を言って笑われたくはないし、自分のことをちゃんとわかってほしいと思っているので、自分でそれなりに意味を理解している英語しか使わないはずだと考えています。機械翻訳が出した意味もわからない英語を使ったりしないんじゃないでしょうか。国際学術発表のような高度な内容でなくても、Zoom を利用した交流会のようなちょっとした場を広く学生に提供できたらいいんじゃないかと思っています。一番ダメなのは、学生が書いた英語を見るのが先生だけというパターンではないでしょうか。変な英語だったらバツをもらえばいい、と考える学生が一定数いるので。

○ 機械翻訳も IT リテラシーの一つ

山中：ちょっと待ってください。機械翻訳の使用について、支援をどうこう議論する前の段階でもっと必要な論点があると思います。第 9 章にも書きましたが、大学英語教育の現状としては、まだまだ「機械翻訳を使うことはズルだ」、「罪悪感を持つべきだ」という風潮があって、教員によっては「機械翻訳を絶対に使うな」と発言する人もいます。これも、ただ楽をするために使う学生の使い方と一緒くたにされてしまっているから不幸な話なのですが、まずは機械翻訳に対するマイナスのイメージを払しょくする必要があります。機械翻訳の正しい使い方を周知した上で、ネガティブをポジティブに変えていくような、新しい価値観を確立しそれを啓蒙していく必要があります。本書の重要な意義の一つはそこにあるように思います。私が勤務する大学で英語学習のために機械翻訳の使用を公に認めて世間に発表したのもそういう狙いがありました[3]。

幸重：本当にそう思います。私は機械翻訳リテラシーも IT リテラシーの一つだと考えています。パソコンを使うことは立派な行為だと認められているのに、機械翻訳を使うことはまだ良くないと思われるのがとても不思議です。さらに言うと、さきほど話題に出た「機械翻訳がなくても自分でできる英語力」が大事というのは一見正しいように聞こえるものの、現実的ではないかもしれません。社会にはすでに機械翻訳が普及しているので、機械翻訳を駆使できる能力を身に着けて社会に出ていくほうが学習者にとっては有益なのではないでしょうか。言語学専攻ではない人たちに対して「何も使用しなくても英語ができる能力」を求める必要があるのかどうかもよくわかりません。誤解が無いように補足すると、クリック一つで出した意味も理解できない訳出を使用させるのではなく、正しい手順を踏んで出した訳出を使わせることが大事で、この手順を英語が分かっている英語教員が教えるべきだと思います。そうすればかなり英語運用能力のある社会人、自立した英語ユーザーを育成することができると思うんです。

小田：なるほど、日本が直面している英語面での国際競争力の遅れを一気に挽回できそうな気がしてきました（笑）。

平岡：「何も使用しなくても英語ができる能力」が今の英語教育で目標とされていると感じる一方、今の話を聞いて、自分が今進めている社会人向けの機械翻訳を活用した英語学習が大学英語教育に対しても役に立ちそうだと改めて感じました。

ラングリッツ：でも、学生が単に楽をしたいために機械翻訳を使用している現実もあります。

小田：それは認めざるを得ないですよね。英語学習の目標がなく、単位のためだけに英語学習を行うと、そういうことになってしまいがちなのかもしれません。

ラングリッツ：そうならないように、教員が学生の好奇心を刺激して英語学習のモチベーションを上げることが大事だと思います。留学準備を行う授業を担当しているんですが、私自身が留学した時の体験談を話すと学生がとても喜ぶんです。だから教科書の内容よりも余談のほうが長かったりします。でもそういう話のほうが学生はよく覚えていたりします。だから、機械翻訳があろうがなかろうが、教員にしかできない事、つまり学生に直接語りかけることがやっぱり大事だと思います。

○ 機械翻訳が苦手な部分をテストで鍛える

小田：私は教養英語の授業で学生に機械翻訳を使ってもいいと言っていますが、学期末のテストは今までと同じような持ち込み不可のペーパーテストを行っています。だから授業全体としては以前とあまり変わっていません。みなさんはいわゆる学期末のテストについて何か意見がありますか？

西山：テストの内容について提案があります。機械翻訳時代には機械翻訳が苦手な部分をテストで問うといいと思います。機械翻訳が苦手な事の一つが名詞の扱いです。複数にすべき意味なのか単数にすべき意味なのか、あるいは不定冠詞の a を付けるべき意味なのか定冠詞の the を付けるべき意味なのかは、話者本人にしかわからないので機械翻訳ではうまく出せないからです。あとはパラグラフの構成の仕方も重要です。機械翻訳はパラグラフを作ってはくれないですから。能動態と受動態の使い分けも注意が必要です。日本語は受身表現が多いですが、英語に直訳すべきでないことが多いです。ところが機械翻訳は受動態の日本語を入力すると受動態の英語を出してしまいがちです。ここらへんが人間が暗記すべき英語学習の最後の砦だと思うので、ペーパーテストで鍛えるといいかもしれません。

平岡：名詞に関連して面白いことがありました。ChatGPT に機械翻訳にかけるための日本語のプリエディットをさせたら、日本の企業に勤める会社員と同じぐらいのレベルの作業ができました。ただし、ChatGPT があまり上手にできなかったこともあって、例えば固有名詞を上手く認識できなかったり、主語を正しく補完できなかったりしました。

小田：プリエディットを AI にやらせたんですか？　すごい発想ですね。

西山：やっぱり文章の中で名詞の扱いの一貫性を保つことは機械翻訳にはまだ難しいんじゃないでしょうか。どういう状態の名詞を念頭においているのか、たとえばリンゴが1個あるのか複数あるのかといった事は話者本人にしかわからないと思います。だからここは人間が英語力を発揮できるように学ぶべきでしょう。ただ、ChatGPTをうまく使うと確かに、機械翻訳の弱点を補えるような気はしています。

○ 成績評価をどのように行うか

小田：学会などで「学生に機械翻訳の使用を認めた場合、どうやって成績評価を行っているのか」という質問をたびたび受けます。私は今のところ、機械翻訳を使用して作った英語スピーチの原稿は提出の有無だけをチェックして評価の対象にはしていません。英語スピーチだけ評価しています。みなさんはどうしていますか？　機械翻訳を使用した成果物を成績評価の対象にしてもいいと思いますか？

ラングリッツ：場合によりけりではないでしょうか。たとえば、プリエディットやポストエディットといった手順を踏まずにクリック一つで出した英語を評価の対象とすることには賛成しかねます。

幸重：私の場合は機械翻訳を使うように指示したテキストを執筆して使用しているので、もちろん機械翻訳を使った結果を前提として成績を付けています。その際、学生が「指示された機械翻訳使用の手順」をちゃんと守っているかどうかを確認するために、手順ごとの提出物がきちんと提出されているかどうかチェックして評価します。ですから学期の最初のうちはソーステキスト、プリエディットの結果、機械翻訳による訳出、ポストエディットの結果、逆翻訳の結果を全て提出させています。そのうえで、機械翻訳を用いて作ったスクリプトをスピーチにした音声ファイルも提出させています。

山田：私も似たような考え方を持っています。機械翻訳を使わせて、それをちゃんと評価できるような課題を出せばいいんじゃないでしょうか。

例えば教養英語を担当した際に、機械翻訳のエラーを直したものを提出させるということをしました。

山中：私の勤務校では機械翻訳を使って作ったものを学生に出してもらっています。私たちの英語教育では、哲学的にはプラグマティズムに振り切っていて、この世のありとあらゆるものを用いて、その都度の最適なコミュニケーションができれば良いと考えています。ですから、学生が自身のアウトプットの質を高めるために、機械翻訳が役に立つと思えばどんどん使って構わないという考え方をしています。先ほど指摘があったように、確かに必要なプロセスを踏まずに右から左に機械翻訳を使っている学生もいるとは思います。もし仮にそうだったとしても、自力で英語を書かせた場合と比較して、5 年後〜10 年後にどちらが英語力を身に着けているかはまだ誰にもわかりません。機械翻訳を使うことで、これまでよりも圧倒的に多くの英文に接し、そうした量が、いずれ質を高めることも決して否定できないわけですから。

多くの教員が些細なことにこだわったり、教員の威厳が発揮できなくなったりすることを恐れ、変化に対し保守的になり過ぎていると思います。機械翻訳がゲームチェンジャーになっている可能性があるんです。ルールどころか、ゲームが違っているかもしれないことを、私たちはもっと真剣に考えるべきだと思います。機械翻訳の登場によって英語教育に激震が走っている今、何を評価の対象とするのか根本的に問い直してもよいのではないでしょうか。

○ 母語である日本語とメタ言語的な能力が重要

小田：機械翻訳時代においては、翻訳エンジンに入力する日本語の能力が重要になるとしばしば指摘されています。そして 2022 年の末に ChatGPT が登場して AI に対して与えるプロンプトの技術が問われるようになってきました。プロンプトとしての英語が the hottest new programing language（最も注目されるプログラミング言語）になったと発言する専門家もいるそうです (Harwell, 2023)。日本語話者はChatGPT や翻訳エンジンに日本語で入力しますよね。また、パラグラフを作ったりする力はやはり人間の力が必要だという話がさきほど出ました。だから、AI に指示を出すための日本語の能力やメタ言語能力が今後重要になってくると思うんですが。

山田：そう、プロンプトエンジニアリングがキーワードになりますよ。自分は翻訳学を研究しているせいもあって、英語・日本語といった言語別の授業ではなく「言語総合」的な授業があるべきだとかねてから考えてきました。AI の開発において explainable AI（説明可能な AI）が求められているのと同じように、翻訳においてもどうしてその訳がふさわしいのか説明できる必要があります。たとえば翻訳論にはスコポス理論というものがあって、翻訳を行う際はその目的に応じて訳文を変えます。つまり目的を設定しないと訳文が決まらないわけです。こういうスコポス理論的な考え方が英語教育にも応用できると考えています。そして ChatGPT が出てきて「この翻訳は商談での利用を目的としています」というように、ふさわしい訳出を得るための説明をプロンプトの一部として組み込むことができるようになりました。ChatGPT に「この日本語をビジネス会話向けと日常会話向けに分けて英訳してください」と指示して複数の訳出を得ることもできます。これはとても大きな変化です。

田村：私も英語の授業であっても英語オンリーではなく、母語の日本語も扱っていく必要があると思います。自分は大学生の時に TILT (Translation in Language Teaching) に魅力を感じて、今は MTILT (Machine Translation in Language Teaching) の研究に取り組んでいます。MTILT の基本はプロンプトエンジニアリングの話と似ています。機械翻訳にいい英語を訳出させるためには英語と日本語の違いを意識して機械翻訳が訳しやすい日本語を入力する必要があります。

山下：私も同様に考えていて、英語の教員は日本語の文法についても多少説明できるようにならなくてはいけないと思うので、なかなか厳しい時代になってきていると感じます。また、日本語だけでなく内容によってはさまざまな専門的知識を持った人の力を借りてみんなで協力し合って英語を指導することになるのではないでしょうか。

山田：関連した話があります。2023 年度の慶応大学の英語入試問題が話題になったのをご存知ですか？　日本語の文章を読んでその内容について英語で書かれた問いに答えるという出題形式がありました[4]。この日本語の文章の内容がかなり難しくて、細かい部分まで読み解かないと、英語の問いに答えられないようになっているんです。この出題形式に込められたメッセージは「英語力とは何か」という問いと深くつながっていると感じます。高度なレベルで日本語が求められているということじゃないでしょうか。

○ 機械翻訳時代にたくさんの単語を覚えることは重要か

西山：機械翻訳時代の英語力について言いたいことがあります。今の英語教育ってボキャブラリー重視ですよね？

小田：もちろんですよ。だって学生の英語力はボキャブラリーの大きさにだいたい比例してるんですから。

西山：確かにそういう一面はあるかと思います。ただ、機械翻訳時代には単語の数は重要じゃなくなるような気がしているんです。『DUO3.0』っていう有名な英単語の教材がありますが、この教材では少ない数の例文の中にできるだけ多くの単語を詰め込んでいます。ご存知の通り、DUO 以外にも効率よく単語を覚えるための教材がたくさん売ってます。でももう、日本語の単語を英語に置き換える作業は機械翻訳がかなり上手にやってくれるじゃないですか？　だから、英語を学ぶために覚えないといけない単語の数は少なくして、自分の専門分野に必要な単語だけ覚えるようにしようっていう英語学習の考え方が出てくると思うんです。そう考えると、逆に、単語を覚える負担は最小限に、つまり、少ない単語を含む例文のみで英語の基礎を学べることを売りにしたような教材がそのうち出てくると思うんです。

山田：単純な単語の数じゃなくて、例えば単語の違いを整理できるようなメタ言語的な知識のほうが大切になってくるように思います。例えば、postpone（延期する）は put off とも言い換えられるがよりフォーマルな言い方である、といったような例があります。

山中：私は「理解する力」のようなものが深く問われるようになると思います。単に正しい答えを出すだけなら、それは優秀な学生でも、AI でも、そして教員でもできますが、そのことと、「(それを) よく知っている」と相手に思わせることは決して同じことではありません。なぜなら、よく知っていると思わせるためには、その語彙に関係する知識を、縦横無尽に知っている必要があるからです。これは単なる辞書的な知識とも異なるもので、新しい形でのスキルや能力が注目されるようになるかもしれません。

○ TOEIC はどうなる？

小田：今 (2023 年 3 月）の日本って、残念ですが英語力イコール TOEIC の点数みたいな風潮が広がってしまっているじゃないですか。TOEIC ってどうなると思いますか？

西山：先日ある日本を代表するメーカーで機械翻訳の使い方についての講演を行ったところ、TOEIC はもういいんじゃないかっていうような雰囲気になっていましたよ。もちろん英語を勉強する必要はあるんだけど、TOEIC で何点取れたら昇進できるとかできないとかいう話はもう時代に合わないのかなと思います。

小田：本当ですか？　私の家族が勤務する会社では課長や部長に昇進するには決められた TOEIC の点数をクリアしなきゃいけないことになっています (苦笑)。それに、大学でも TOEIC の点数で英語教育を評価するような風潮があります。言語を操る AI の登場でこういう雰囲気に疑問が投げかけられることをぜひ期待したいんですが。

南部：TOEIC が広まっているといっても「聞ける、読める」の受容能力だけを評価する TOEIC L&R (Listening & Reading) のほうだけですよね。「話せて書ける」能力をある程度測定できる TOEIC S&W (Speaking & Writing) も、TOEIC が企業等の評価軸として生き残るのだとしたら、さらに普及するといいと思います。

山田：最低の目安として例えば TOEIC500 点を目標に設定したりするのはまあいいと思います。でも、700 点より 800 点のほうが立派だというような話はだんだん意味がなくなるのではないでしょうか。

山中：TOEIC、TOEFL、IELTS といったテストはもちろん残るし、留学する人や国連職員のような国際的な交渉に関わる人にはこういったテストの点数がこれからも必要でしょう。でも、一般の人がこのような英語テストを受ける必要がどこまであるのか疑問です。重要なことは、目の前の国際学会での発表を乗り切ったり、グローバルな業務で交渉や会議をやりこなしたりすることなのですから、機械翻訳を使ってそれをうまくやってのければそれ以上に何が必要なのでしょう。だから、議論する必要があると思います。

幸重：プレイスメントテストを行ったり、英語力の伸びを測ったりするために何らかのテストはこれからも必要でしょう。それは TOEIC かもしれないし CASEC[5] かもしれないし他のテストかもしれません。ただし、そういったテストの点数で昇進できるかどうかが決まるという話にはちょっと笑ってしまいました (笑)。

○ 機械翻訳は英語の習得そのものに寄与するか？

小田：たとえ「英語力」の定義が多少変わってくるとしても、英語教育の主な目的は学習者の素の英語力向上を目指すことには変わりがないと思うんですが、機械翻訳の使用は英語の習得に寄与すると思いますか？

山下：機械翻訳使用が言語習得に効果をもたらすかどうかは未だ不明です。機械翻訳を用いて英語が身につくのか、例えば機械翻訳を通して出会った新しい語彙を定着させて使えるようになるのだろうか、など疑問が山積しています。これまでは、言語は使うことで他者からのフィードバックを受けて修正しつつ身についていくというSwain、Krashen、Longなどによる第二言語習得論が主流でしたが、それとは全く異なる新しい理論を打ち立てていく必要が出てきているのかもしれません。

山中：先行きは明るいと思っています。第9章で速報的に紹介した通り、私が勤務する大学では2022年9月から正式に英語教育に機械翻訳を導入したところ、学生のTOEICスコアが伸びていました。それにライティングもGTEC[6]スコアが伸びていました。この結果を単純に機械翻訳使用と結び付けて捉えることはできないかもしれませんが、少なくとも機械翻訳を使用させたら学生の英語力が下がったということは決してありませんでした。だから、私自身は学生の機械翻訳使用について楽観的に考えていて、とにかく積極的に使わせて、自力ではとてもできないような一歩も二歩も背伸びしたコミュニケーションを経験させることで、後から英語力が身についてくるのではないかと思っています。

小田：えっ、そんな結果が出たんですか？　機械翻訳を使わせると学生の英語力が下がると考えている人はたくさんいるはずですから、一石を投じることになりますね。多くの人に英語学習のための機械翻訳使用について前向きにとらえてもらうきっかけになるかもしれません。

〈付記〉

この懇談会の内容の書き起こしは小田登志子が担当した。

〈注〉

1　株式会社ベネッセコーポレーションによるオンライン学習プラットフォーム。https://www.udemy.com/（2023年3月13日閲覧）

2　立命館大学（2023年3月7日）「米国で起業家トークを開催――38人の学生が日本人起業家から生き方を学ぶ」https://www.ritsumei.ac.jp/news/detail/?id=3071（2023年3月15日閲覧）

3　立命館大学広報課（2022年10月3日）「大学の英語授業にAI自動翻訳サービス

を試験導入 学生・院生約 5,000 人を対象に、翻訳ツールを用いて新しい英語教育の可能性を検証」https://www.ritsumei.ac.jp/profile/pressrelease_detail/?id=719（2023 年 3 月 13 日閲覧）

4 2023 年 2 月 16 日付 Business Journal「慶應大、英語の入試問題が異例の大幅変更で物議…帰国子女対策、東大落ち学生狙い？」等を参照。https://biz-journal.jp/2023/02/post_333604.html（2023 年 3 月 14 日閲覧）

5 JIEM（株式会社教育測定研究所）によるコンピュータを利用して行う英語 2 技能検定試験（読む、聞く）。個人の能力に合わせて問題が変化するアダプティブ（適応型）形式が採用されている。https://casec.evidus.com/（2023 年 3 月 13 日閲覧）

6 株式会社ベネッセコーポレーションによるコンピュータを利用した英語 4 技能検定試験（聞く、読む、書く、話す）。https://www.benesse.co.jp/gtec/

〈引用文献〉

鈴木陽一 (2000).『DUO3.1』アイシーピー.

Harwell, D. (2023, February 25). Tech's hottest new job: AI whisperer. No coding required. *The Washington Post*.

あとがき

本書を手に取っているみなさんの多くは、教育機関で英語を教えている方々でしょうか。あるいは、機械翻訳（以下、MT）と英語に関わる仕事をされている方々かもしれません。あるいはまた、学生として、MTや英語教育に関して興味を持っている方々かもしれません。いまや、英語教育に関わる多くの人々がMTに大きな関心を寄せています。

MTはAIの一環で、両者は切り離すことはできません。しかしAIの歴史はまだ浅く、1960年代から研究はされていたものの、思うような成果は出ませんでした。ところが2016年頃にやっとブレイク・スルーの時代を迎えます。そんな中、2020年の冬、新型コロナウィルスが猛威を振るい、従来の社会活動は大変な制約を受けるようになりました。そこで教育やビジネスをはじめとするあらゆる場面でリモートワークやオンライン授業、オンライン会議が導入されるようになりました。そのころはまだ、大学の現場でも、MTに対しても「どうすればよいのかわからないので容認している」、「抵抗を感じる」といった声が教育現場から聞かれました。

しかし、2022年ごろには、AIやMTへの関心が更に高まり、肯定的な意見も聞かれるようになりました。「MTを英語の授業でうまく使いこなしたい」、「AIについてもっと知りたい」といったコメントも寄せられるようになっています。そして、それまで見られなかった「MT」に関する学会発表や投稿論文が散見されるようになりました。他のプロジェクトや大学での取り組みも始まっています。

本書が刊行されるころには、またAIやMTを取り巻く事情も変わっていることでしょう。今後大学をはじめとする教育機関へのMTの導入も益々増えることでしょう。MTの精度は日進月歩です。多少、日本語が不完全であっても、文脈を読み取り適切な英訳をしてくれるようになってきています。それでもなお、「プリエディット」「ポストエディット」をすることにより、学習者は、「自分でMＴを活用し、思うような英訳ができた」と嬉しさを感じるでしょう。教員もまた、学習者が「楽しく」学んでくれることを望んでいます。「プリエディット」「ポストエディット」をする中で、教員が学習者の助けをすることによって、MT 依存ではない、教員と学習者の共同作業が実現します。その成果として、プレゼンテーションやライティング等のアクティビティが成立するのです。

本書『英語教育と機械翻訳――新時代の考え方と実践――』は、主に日本通訳翻訳学会の研究プロジェクト「機械翻訳と外国語教育について考える」の活動成果をまとめたものです。本書の執筆に参加したプロジェクト・メンバーのみなさんに、この場を借りて感謝したいと思います。メンバー以外で、オンライン・ミーティングに参加してくださり、執筆をお引き受けくださった西山聖久先生、山下美朋先生、山中司先生、幸重美津子先生にも深く感謝申しあげます。最後になりますが、企画を受け入れてくださった株式会社金星堂の関係者の皆様にも心よりお礼申し上げます。

本書が、MT と英語教育のガイドブックとして、一石を投じられれば幸いです。

2023 年 3 月 31 日
日本通訳翻訳学会
研究プロジェクト「機械翻訳と外国語教育について考える」代表
ラングリッツ 久佳

監修者あとがき

シンギュラリティとは人工知能 (AI) が人類の知能を超える転換点、または、それにより人間の生活に大きな変化が起こるという考え方です。未来学者レイ・カーツワイル氏は、過去の科学技術の発展速度に基づいて、それが2045年には来ると予測しました。その真偽や解釈の違いはさておき、本書は、AIによって生み出された機械翻訳 (MT) や大規模言語モデル (LLM) の出現が引き起こした、いわば英語教育のシンギュラリティを目の当たりにしている私たちの等身大の試行錯誤の記録であります。

2019年にJAITS（日本通訳翻訳学会）で「機械翻訳と外国語教育について考える」というプロジェクトを立ち上げ、その区切りとして本書をまとめました。当時と今では、英語教育の現場の風景が大きく変わったように思います。しかしながら、LLMの進化速度にさらに拍車がかかる2023年において、英語教育現場の人間の対応とテクノロジーとの溝はさらに広がってしまってはいないかと、筆者は危惧しています。本書をこのタイミングで出版した私たちの意図は、この変革期を共に生きる現役の英語教員に読んでもらいたいと考えたからにほかなりません。人間にとって言語を用いるとはどういう意味なのか。この問いを、テクノロジーと協働・共存する英語教育現場で考えてほしいのです。

私自身の専門分野は、翻訳研究です。そして翻訳業界は、英語教育の分野よりも早い段階から機械翻訳などのテクノロジーの影響を受けてきました。多くの場合、テクノロジーは、翻訳者にとっての脅威や悪と見做されてきました。翻訳者という職を奪われてしまうとか、機械翻訳を使って翻訳を行うと訳文の品質が低下するとかいう議論が繰り広げられてきました。これに似た状況を、今の英語教育に見ている気がします。こういった議論は非常に重要であると思いますし、研究者であるからには、その問題の答えを客観的かつ科学的に検証することが自分の役割だとも考えています。他方で、このような議論を翻訳実務者や英語教員たちとしていて感じるのは、多くの方々が、自らの立場を重視するポジショントークを展開しすぎていないだろうかという点です。無論、誰にでも立場というものがあり、それを度外視するというのは不可能に近い話ですので、それが悪いことであるとは思いません。それぞれの人の立場を考慮した議論というのも、それはそれで重要です。しかし、上述したような、いわば英語教育のシンギュラリティともいえる大変革期の真っ只中にいる私たちが、これからの英語の未来を真剣に考えようと思うのであれば、一旦、自らの立場を横において、テクノロジーと向き合う必要があるのではないでしょうか。そう考えるきっかけに、本書がなることを望んでやみません。

山田　優

2023年4月吉日　大阪の自宅にて

索　引

執筆者紹介

【監修・執筆者】

山田 優 (YAMADA Masaru)［担当：第 1 章、第 2 章］

立教大学異文化コミュニケーション学部／研究科教授

専門分野：翻訳学

主な研究業績：『自動翻訳大全：終わらない英語の仕事が 5 分で片づく超英語術』（共著、三才ブックス、2020 年）、Linear vs. non-linear translation in parallel text reading, *Ampersand* 26, 1–9, 2023（共著）、*Metalanguages for Dissecting Translation Processes*, Routledge, 2022（共編著）

【編集・執筆者】

小田 登志子 (ODA Toshiko)［担当：第 3 章、第 7 章、第 8 章］

東京経済大学全学共通教育センター准教授

専門分野：言語学

主な研究業績：『みんなで楽しむ一般教養のための言語学入門 1 ──無限の文を生み出すルール』（単著、青山社、2019 年）、Indirect comparisons as a last resort by Interpretive Economy. *Japanese and Korean Linguistics* 28, 1-14, 2021（単著）、Regrets and surprises: A unifying account of Japanese *noni*, *Journal of Cognitive Science* 23(3), 323–374, 2022（共著）

【執筆者（五十音順）】

田村 颯登 (TAMURA Hayato)［担当：第 6 章、第 2 部付録］

関西大学大学院外国語教育学研究科博士課程前期課程修了

専門分野：翻訳学、外国語教育（英語教育における機械翻訳活用）

主な研究業績：「外国語教育現場における機械翻訳の使用に関する実態調査：先行研究レビュー」*MITIS Journal* 2(1), 55–66, 2021（共著）

南部 匡彦 (NAMBU Tadahiko)［担当：第 5 章］

四国大学全学共通教育センター准教授

専門分野：外国語教育

主な研究業績：『Develop Four Skills through English News ニュース英語で 4 技能を鍛える──インプットからアウトプットへ──』（共著、三修社、2020 年）

西山　聖久 (NISHIYAMA Kiyohisa) ［担当：第 11 章］
タシケント工科大学副学長・教授
専門分野：工学
主な研究業績：『最短ルートで迷子にならない！　理工系の英語論文執筆講座』（単著、化学同人、2019 年）、『理工系の AI 英作文術』（単著、化学同人、2022 年）、「工学分野における科学技術英語ライティング教育の実施と課題」『工学教育』63(4), 10–15（共著、2015 年）

平岡　裕資 (HIRAOKA Yusuke) ［担当：第 2 部付録、第 13 章］
立教大学大学院博士課程
専門分野：翻訳学、翻訳実務
主な研究業績：Pre-editing plus neural machine translation for subtitling: Effective pre-editing rules for subtitling of TED talks. *Proceeding of Machine Translation Summit XVII: Translator, Project and User Track*, 64–72, 2019.（共著）

守田　智裕 (MOCHIDA Tomohiro) ［担当：第 12 章］
愛知県名古屋市立富田高校教諭
専門分野：英語教育内容学
主な研究業績：『be English Logic and Expression I・II Clear』（共著、いいずな書店、2022・23 年）、「日本人高校生の「受験訳」と「作品翻訳」による英文再生率の違い」『通訳翻訳研究』18, 85–98, 2019（共著）.

山下　美朋 (YAMASHITA Miho) ［担当：第 9 章］
立命館大学生命科学部准教授
専門分野：外国語（英語）教育、第二言語ライティング、対照修辞学研究、その他
主な研究業績：『英語ライティングの指導　基礎からエッセイライティングへのステップ』（編著者、三修社、2023 年）、『理系 国際学会のためのビギナーズガイド』（共著、裳華房、2019 年）、『中・上級英語ライティング指導ガイド』（共著、大修館書店、2019 年）

山中 司 (YAMANAKA Tsukasa) ［担当：第 4 章、第 9 章］
立命館大学生命科学部教授
専門分野：応用言語学、言語哲学
主な研究業績:『プロジェクト発信型英語プログラム：自分軸を鍛える「教えない」教育』（共著、北大路書房、2021年）、An exploration of Davidson's passing theory with suggestions from Peirce's pragmatic abductive inference, *The International Journal of Communication and Linguistic Studies* 20(2), 103–111, 2022、『プラグマティズム言語学序説：意味の構築とその発生』（共著、ひつじ書房、2023 年）

幸重 美津子 (YUKISHIGE Mitsuko) ［担当：第 10 章］
学習院大学非常勤講師
京都外国語大学京都外国語専門学校前副校長
専門分野：英語教育学
主な研究業績 :「医療現場における異文化コミュニケーションの問題 : 言語バリア」『医学哲学・医学倫理』第 32 号（単著、日本医学哲学倫理学会、2014 年）、「大学英語授業における機械翻訳の活用――実践的英語使用者としての自律学習者育成に向けて――」The JACET International Convention Proceedings: The JACET 60th Commemorative International Convention, 179–180（共著、大学英語教育学会、2021 年）、『Let's Work with AI! AI 翻訳で英語コミュニケーション』（共著、三修社、2022 年）

ラングリッツ 久佳 (LANGLITZ Hisaka) ［担当：あとがき］
愛知工業大学基礎教育センター前教授
JAITS プロジェクト「機械翻訳と外国語教育について考える」代表
専門分野：翻訳学
主な研究業績 :「機械翻訳と外国語教育について考える」日本通訳翻訳学会第 22 回年次大会（口頭発表、共同、2021 年）、「機械翻訳と外国語教育について考える」私情協教育イノベーション ICT 戦略大会 2022 年度大会（口頭発表、共同、2022 年）

英語教育と機械翻訳
——新時代の考え方と実践——

2023 年 9 月 30 日　初版発行

監　修　山田　優
編　著　小田　登志子
発行者　福岡　正人
発行所　株式会社 金 星 堂
(〒101-0051) 東京都千代田区神田神保町 3-21
Tel. (03)3263-3828（営業部）
(03)3263-3997（編集部）
Fax (03)3263-0716
https://www.kinsei-do.co.jp

編集担当／横山裕士
組版／ほんのしろ
装丁デザイン／岡田知正
印刷所／モリモト印刷　製本所／松島製本
落丁・乱丁本はお取り替えいたします
本書の内容を無断で複写・複製することを禁じます
ISBN978-4-7647-1228-7 C3082